Mémoires sur Talma

PAR RÉGNAULT-VARIN

Avec Notes et nombreux Documents collationnés

PAR

HENRI D'ALMÉRAS

PARIS

SOCIÉTÉ PARISIENNE D'ÉDITION

ANCIENNE MAISON CHAMUEL & Cⁱᵉ

5, rue de Savoie, Paris-VI°

1904

Mémoires sur Talma

REGNAULT-WARIN

Mémoires Sur Talma

AVEC NOTICE ET NOTES

PAR

Henri d'ALMÉRAS

PARIS

SOCIÉTÉ PARISIENNE D'ÉDITION

5, RUE DE SAVOIE, 5

1904

NOTICE

PRINCIPALES DATES DE LA VIE DE TALMA

Ne le 15 janvier 1763, à Paris, rue des Ménétriers.

1772. — Joue un rôle dans une tragédie, *Tamerlan*, composée par son maître de pension, M. Verdier.

1786. — Il entre à l'Ecole de Déclamation.

1787. — 21 novembre : Débute dans le rôle de Seïde de *Mahomet*, au théâtre du faubourg Saint-Germain. « Le jeune acteur, dit le *Journal de Paris* du 1er décembre 1787, en rendant compte de ces débuts, annonce les plus heureuses dispositions ; il a d'ailleurs tous les avantages naturels qu'il est possible de désirer pour l'emploi qu'il a choisi : taille, figure, organe, et c'est avec justice que le public l'a applaudi, surtout dans les trois premiers actes... Nous croyons qu'avec du travail cet acteur peut espérer de brillants succès. »

1789. — 1er avril : Admis comme sociétaire. — Fait voir pour la première fois la toge romaine dans le rôle de Proculus.

1790. — 20 avril : Prononce le discours d'ouverture. — 14 juillet : Joue avec une vérité saisissante le rôle de J.-J. Rousseau dans le *Journaliste des Ombres* ou *Momus aux Champs-Élysées* (par Aube).

19 juillet : Le district des Cordeliers, par l'entremise de Danton, les députés des gardes nationales de Provence, par l'inter-

vention de Mirabeau, réclament la représentation de *Charles IX*
de M.-J. Chénier. — Talma écrit à Mirabeau pour déclarer qu'il
n'est pour rien dans cette demande. — 23 juillet : Représentation de *Charles IX*. Talma est acclamé. — Altercations au petit
foyer et dans les coulisses. — 27 juillet : Les sociétaires s'enga-
gent à ne plus jouer avec le « sieur Talma » et les pensionnaires, le 2 août, prennent la même résolution. — 20 août : La
commune de Paris ordonne « que la pièce qui a pour titre
Charles IX lui sera apportée pour être ensuite par elle statué ce
qu'il appartiendra ». — M.-J. Chénier retire sa pièce, Talma s'é-
loigne momentanément de la scène. — Il se lie avec Bonaparte.

1791. — Talma revient au théâtre du faubourg Saint-Germain,
mais s'en sépare bientôt avec Grandmesnil, Dugazon, Mmes Vestris, Desgarcins et Lange. — Le 1er avril il va au théâtre du
Palais-Royal (de Gaillard et Dorfeuille) qui prend alors le nom
de « Théâtre-Français de la rue Richelieu » et dont l'ouverture
se fait avec *Henri VIII* de M.-J. Chénier (Talma joue le rôle
d'Henri VIII). — 19 avril : Mariage de Talma avec Julie Careau.

1795. — 3 février : Au *Théâtre de la République*, où ont été en-
gagés quelques-uns des Comédiens français, murmures contre
Talma qu'on accuse d'avoir contribué à l'arrestation de ses camarades. Il prononce un discours pour se défendre contre cette
accusation. — 23 mars : Louise Contat publie une lettre dans les
journaux pour le justifier. — 10 mai : Orateur de la députation
de la Section du Mont-Blanc, à la Convention, il demande la
suppression de l'article 4 de la loi du 12 floréal, qui ordonne de
poursuivre ceux qui, par des écrits ou des discours séditieux,
tenteraient d'avilir la représentation nationale ou provoqueraient
la royauté (*Moniteur* du 13 mai).

1798. — Clôture du Théâtre de la République. Talma, Grandmesnil, Michot, Monvel, Mmes Vanhove, Vestris, etc, sont enga-
gés au Théâtre Feydeau (de Sageret).

1799. — Réunion des Comédiens français au Théâtre de la
République, réouvert le 30 mai avec *le Cid* et *l'École des Maris*
(Talma joue dans *le Cid*).

1800. — La retraite de Larive laisse Talma en possession des
grands rôles tragiques.

1801. — 8 février : Divorce entre Talma et Julie Careau. —
Tournées en province.

1802. — 16 juin : Talma épouse Charlotte Vanhove, femme divorcée du sieur Petit.

1803. — 5 avril : Représentation au bénéfice de La Bussière, au Théâtre de la Porte Saint-Martin, ancienne salle de l'Opéra, réouverte en 1802. Talma et les Comédiens français jouent l'*Hamlet* de Ducis. Le premier consul assiste à la représentation ainsi que Joséphine qui avait été sauvée par La Bussière et paya sa loge cent pistoles. (Recette 14,000 francs.)

1804. — Talma jugé par Kotzebue : « J'ai déjà, en différentes occasions, énoncé ma façon de penser sur la *manière* dont on joue la tragédie en France. Je ne peux la souffrir, précisément parce que c'est une *manière*. Tous les héros français sont faits sur le même modèle, tous expriment d'une même façon les sentiments et les passions. Qui a vu une tragédie les a vues toutes. Talma seul mérite d'être excepté ; il avoue lui-même qu'il cherche à réunir la manière allemande à la manière française. Ses envieux le blâment, mais le grand effet qu'il produit journellement prouve, sans réplique, que sa méthode est la meilleure, en ce qu'il sait toucher les cœurs. Talma est un bel homme ; sa figure porte l'empreinte d'une douce mélancolie, mais cependant susceptible d'exprimer énergiquement toutes les passions. Il raisonne très bien sur la nature et sur l'art, auxquels il donne alternativement la préférence. « Il pense aussi, avec raison, qu'il faut essayer de tout et ne garder que le bon. » (*Souvenirs de Paris en 1804.*)

1806. — Talma est nommé professeur au [Conservatoire (avec Lafont, Fleury, Mouvel, Dugazon et Dazincourt).

1807. — A la fin de l'année une maladie de nerfs l'oblige à s'éloigner quelque temps de la scène.

1808. — Il part le 20 septembre avec les acteurs qui doivent jouer à Erfurth, lors de l'entrevue de Napoléon et d'Alexandre 1er. — Cette série de représentations tragiques commence le 28 septembre (*Bajazet*) et se termine le 13 octobre (*Cinna*).

1809. — Talma lit au foyer des artistes deux lettres très élogieuses qu'il a reçues de Mme de Staël et permet qu'on en prenne des copies (qui seront communiquées aux journaux). — A la fin de l'année 1809 et dans les premiers mois de 1810, malade, il paraît rarement sur la scène.

1811. — A la reprise d'*Hector* de Luce de Lancival, lorsque Talma prononce ce vers :

> D'un Hector au berceau, Dieux, protégez l'enfance !

les yeux de l'Empereur, qui pense à son fils, se mouillent de larmes. Le public qui s'en aperçoit éclate en applaudissements. — En septembre, octobre et novembre, tournée de Talma en Hollande.

1812. — 16 novembre : Talma fait insérer dans les journaux que (contrairement aux bruits qui couraient) il n'a pas l'intention de quitter le Théâtre-Français. — 9 décembre : Exaspéré par quelques articles un peu trop sévères, il entre dans la loge du critique Geoffroy et « lui serre la main bien plus fort que ne fait un ami » — 15 décembre : Article de Geoffroy sur cet incident. — 13 décembre : Talma est acclamé par une partie du public et sifflé par quelques défenseurs de la critique.

1813. — Il part pour Dresde avec la troupe chargée par l'Empereur de donner des représentations dans cette ville. Ce déplacement lui rapporte 8,000 francs.

1814. — Après le retour de Louis XVIII, il lit sur la scène des vers de Brifaut, où est exprimée (et considérablement exagérée) l'affection des Français pour leur roi. — 21 octobre : Représentation à son bénéfice (*Hamlet. — Shakespeare amoureux*). — Tournée en Suisse.

1816. — Talma reçoit du roi, ainsi que Mlle Mars, une gratification annuelle de 30,000 francs. — A la fin de l'année 1816 et en 1817, tournées à Lille (où il est l'objet de manifestations hostiles), à Boulogne, en Angleterre avec Mlle Georges), dans le midi de la France.

1817. — 6 juin : Il prend part, à Londres, au banquet offert au grand acteur Kemble, le lendemain de sa représentation de retraite. Il y prononce un discours qui, considéré à tort comme peu favorable au gouvernement anglais, soulève de vives polémiques.

1818. — Il fait sa rentrée au Théâtre-Français. De nouveaux démêlés avec ses camarades le poussent à donner sa démission, mais, après de nombreux pourparlers, il la retire.

1819. — Février : En qualité de haut dignitaire de la Franc-Maçonnerie, il joue avec Mlle Duchesnois, dans la loge, *Belle et*

Bonne, présidée par Mᵐᵉ Villette, le quatrième acte d'*Œdipe*, devant la statue de Voltaire. La représentation est suivie d'un bal. — 8 mars : Représentation à son bénéfice (*Athalie*). — Tournée en province (il a droit à un congé de 4 mois par an, mais ces 4 mois prennent régulièrement la moitié de l'année). — Indépendamment de ses appointements de 30,000 francs, il réclame deux parts et demie. Comme dédommagement à quelques sacrifices pécuniaires (il était joueur et perdait souvent), il reçoit 20,000 francs. Il fait partie, à l'Odéon, du comité d'examen « des sujets qui se présentent pour débuter ». A peu près seul, il donne sa voix à Frédérick Lemaître qui est refusé.

1820. — Tournée en province et en Belgique (à Rouen en avril — à Bruxelles en mai). — 20 juillet : Fait sa rentrée au Théâtre-Français dans le rôle d'Œdipe. — 1ᵉʳ novembre : Admis depuis longtemps par faveur aux séances du comité administratif, il est prié par Chéron de se retirer. Ce petit coup d'État donne lieu à un échange de lettres très agressives.

1822. — Le roi des Pays-Bas accorde à Talma l'usufruit d'une rente de 10,000 francs, à condition que, pendant six ans, il consacrera ses congés à jouer sur le théâtre de Bruxelles les principaux rôles de son répertoire.

1823. — 16 avril : Dans la représentation donnée au bénéfice de Baptiste aîné, Talma joue le rôle (muet) d'un bourgeois invité à la noce du *Philosophe sans le savoir*. — 6 décembre : Incursion dans la comédie. Rôle de Danville dans l'*École des Vieillards*. Démêlés avec Chéron et Damas.

1824. — 1ᵉʳ avril : Il joue le rôle de Glocester dans *Jane Shore*, de Lemercier et s'y montre très inférieur à lui-même. Après cet essai malheureux, il renonce à peu près complètement au drame.

1825. — 21 mars : Représentation de retraite dans la salle de l'Opéra. A propos de cette représentation, le critique dramatique Charles Maurice signale « les *six gestes*, dont le retour forme la contexture principale de la tenue de Talma : relever sa ceinture, se frotter les mains, les croiser en les jetant sur une épaule, s'essuyer le front, lever les yeux au ciel et faire trembler la jambe gauche en la pliant ».

1826. — Dans les premiers mois de l'année, tournée en province. — 13 juin : Talma paraît pour la dernière fois au théâtre dans le rôle de Charles VI. — Sur les conseils de sa famille, il va à Enghien prendre les eaux et y reste quelques semaines. — 19 octobre : Sa mort (d'un cancer aux intestins) à 11 heures 35 du matin. — 21 octobre : Ses funérailles (au cimetière du Père-Lachaise).

1827. — 27 mars : Vente publique de ses costumes de théâtre (Charles VI, 160 fr., la perruque, 45 fr.; Ladislas, 230 fr.; Le Cid, 62 fr.; Mithridate, 100 fr.; Richard III, 120 fr.; couronne de Néron, 132 fr.; Othello, 131 fr.; Léonidas, 200 fr.; Clovis, 97 fr.; Joad, 120 fr.; le Maire du Palais, 115 fr.; Philoctète, 40 fr.; Tippoo-Saïd, 96 fr.; Leicester, 321 fr.; Meineau, 45 fr.; Falkland, 42 fr.; Danville, 130 fr.; le Misanthrope, 400 fr.; Bayard, 51 fr.; le Grand-Maître des Templiers, 40 fr.; Jean de Bourgogne, 79 fr.; Manlius, 80 fr.; Sylla (avec la perruque), 160 fr.; Hamlet et son poignard, 236 fr.; Oreste d'*Andromaque*, 100 fr.; Oreste de *Clytemnestre*, 80 fr.; total, 3,882 francs. La plus grande partie de cette défroque tragique fut achetée par un acteur, Delaistre, qui, plus tard, lorsqu'il jouait en province faisait mettre sur l'affiche : *M. Delaistre jouera ce soir avec les costumes de Talma*). — 19 octobre · Exhumation des restes de Talma. Le corps est placé dans un caveau construit non loin du tombeau de Delille.

ROLES NOUVEAUX JOUÉS PAR TALMA

PENDANT TOUTE SA CARRIÈRE THÉÂTRALE

Cléandre, dans *la Jeune Épouse*, com. 3 a. v., Cubières (4 juillet 1788); — le chevalier Tristan, dans *Lanval et Vivianne*, com., André Murville (13 sept. 1788) : — le comte d'Orsange, dans *le Présomptueux*, com. 5 a. v., Fabre d'Eglantine (7 janv. 1789); — le garçon anglais, dans les *Deux Pages*, 2 a. p., Dezède (6 mars 1789); — le chevalier de Sabran, dans *Raymond V, comte de Toulouse*, com., Sedaine (22 sept. 1789); — Charles IX, dans *Charles IX*, trag. 5 a. v., Chénier (4 nov. 1789); — Juan, dans *le Paysan magistrat*, dr., Collot d'Herbois (7 déc. 1789); — d'Harcourt, dans *le Réveil d'Epiménide à Paris*, com., Flins des Oliviers (1er janv. 1790); — le comte d'Amplace, dans *l'Honnête criminel*, dr., Fernouillot de Falbaire (4 janv. 1790); — Dorvigny, dans *le Comte de Comminges*, dr., Darnaud-Baculard (14 mai 1790); — J.-J.

Rousseau, dans *le Journaliste des ombres ou Momus aux champs Elysées*, Aude (14 juill. 1790) ; — Henri VIII, dans *Henri VIII*, tr., Chénier (27 avril 1791) ; — le Cimbre, dans *Marius à Minturnes*, tr., Arnault (19 mai 1791) ; — Cléry, dans *l'Intrigue épistolaire*, com., Fabre d'Eglantine (15 juin 1791) ; — Jean, dans *Jean Sans-Terre*, tr., Ducis (28 juin 1791) ; — Lasalle, dans *Jean Calas*, tr., Chénier (6 juillet 1791) ; — le prince époux de Zuleima, dans *Abdélazis et Zuleima*, tr., André Murville (3 octobre 1791) ; — Alonzo, dans *la Vengeance*, tr., Dumaniant (29 nov. 1791) ; — Monval, dans *Mélanie*, tr., La Harpe (7 déc. 1791) ; — Fulvius Flaccus, dans *Caïus Gracchus*, tr., Chénier (7 février 1792) ; — Othello, dans *le Maure de Venise*, tr., Ducis (26 nov. 1792) ; — Delmance, dans *Fénélon*, tr., Chénier (9 février 1793) ; — Mutius Scévola, dans *Mutius Scévola*, tr., Luce de Lancival (23 juillet 1793) ; — Néron, dans *Epicharis et Néron*, tr., Legouvé (3 février 1794) ; — Timoléon, dans *Timoléon*, tr., Chénier (11 sept. 1794) ; — Servilius, dans *Quintus Cincinnatus*, tr., Arnault (31 décembre 1794) ; — Pharan, dans *Abufar*, Ducis (12 avril 1795) ; — Quintus, Fabius, dans *Quintus Fabius*, tr., Legouvé (31 juillet 1795) ; — Dorlis, dans *les Artistes*, com., Collin d'Harleville (9 novembre 1796) ; — Junius, dans *Junius ou le Proscrit*, tr., Monvel fils (3 avril 1797) ; — Egisthe, dans *Agamemnon*, tr., Lemercier (25 avril 1797) ; — Kaleb, dans *Falkland*, dr., Laya (25 mai 1797) ; — Moncassin, dans *les Vénitiens*, tr., Arnault (15 octobre 1798) ; — Thaulas, dans *Ophis*, tr., Lemercier (22 décembre 1798) ; — Etéocle, dans *Eteocle et Polynice*, tr., Legouvé (19 octobre 1799) ; — Pinto, dans *Pinto*, com., Lemercier (22 mars 1800) ; — Montmorency, daus *Montmorency*, tr., Carrion de Nisas (1er juin 1800) ; — Thésée, dans *Thésée*, tr., Mazoyer (25 nov. 1800) ; — Phœdor, dans *Phœdor et Waldamir*, tr., Ducis (24 avril 1801) ; — don Pèdre, dans *le Roi et le Laboureur*, tr., Arnault (5 juin 1802) ; — Orovèze, dans *Isule et Orovèze*, tr., Lemercier (23 décembre 1802) ; — Shakspeare, dans *Shakspeare amoureux*, com., Alex. Duval (2 janvier 1804) ; — Ulysse, dans *Polyxène*, tr., Aignan (14 janvier 1804) ; — Hérald, dans *Guillaume le Conquérant*, dr., Alex. Duval (4 février 1804) ; — Cyrus, dans *Cyrus*, tr., Chénier (8 décembre 1804) ; — Marigny, dans *les Templiers*, tr., Raynouard (24 mai 1805) ; — Henri IV, dans *la Mort de Henri IV*, tr., Legouvé (25 juin 1806) ; — Omasis, dans *Omasis*, tr., Baour-Lormian (10 septembre 1806) ;

— Phyrrhus, dans *Phyrrus*, tr., Le Hoc (28 février 1807); — Plaute, dans *Plante ou la Comédie latine*, com., Lemercier (29 janv. 1808); — Hector, dans *Hector*, tr., Luce de Lancival (1er février 1809) ; — le duc de Guise dans *les Etats de Blois*, tr., Raynouard (22 juin 1810) ; — Mahomet, dans *Mahomet II*, tr., Baour-Lormian (9 mars 1811); — Tippoo-Saeb, dans *Tippoo-Saeb*, tr., Jouy (27 janvier 1813); — Ninus II, dans *Ninus II*, tr., Briffaut (19 avril 1913); — Duguesclin, dans *la Rançon de Duguesclin*, com. her., Arnault (18 mars 1814); — Ulysse, dans *Ulysse*, tr., Lebrun (28 avril 1814); — Rutland, dans *Arthur de Bretagne*, tr., (3 février 1816); — Germanicus, dans *Germanicus*, tr., Arnault (22 mars 1817); — Leycester, dans *Marie Stuart*, tr., Lebrun (6 mars 1820); — Clovis, dans *Clovis*, tr., Viennet (19 octobre 1820); — Jean de Bourgogne, dans *Jean de Bourgogne*, tr., Formont (4 décembre 1820); — Sylla, dans *Sylla*, tr., Jouy (27 décembre 1821); — Régulus, dans *Régulus*, tr., Lucien-Arnault (5 juin 1822); — Oreste, dans *Clytemnestre*, tr., Soumet (5 novembre 1822); — Ebroïn, dans *le Maire du Palais*, tr., Ancelot (16 avril 1823); — Danville, dans *l'Ecole des Vieillards*, com., Casimir Delavigne (6 décembre 1823); — Glocester, dans *Jane Shore*, tr., Lemercier (1er avril 1824); — le Cid, dans *le Cid d'Andalousie*, tr., Lebrun (1er mars 1825); — Abiatas, dans *la Clémence de David*, tr., Draparnaud (7 juin 1825); — Bélisaire, dans *Bélisaire*, tr., Jouy (28 juin 1825) ; — Héonidas, dans *Héonidas*, tr., Pichat (26 novembre 1825); — Charles VI, dans *Charles VI*, tr., Delaville (6 mars 1826).

BIBLIOGRAPHIE DES OUVRAGES RELATIFS A TALMA (1790-1827)

Exposé de la conduite et des torts du sieur Talma envers les Comédiens français, Paris, Prault, 1790, in-8°.

Dénonciation des Comédiens français (par Duchosal) s. l. n. d. (Laillet et Garniéry, 1790).

Réflexions de M. Talma et forces justificatives sur un fait qui concerne le Théâtre de la Nation. Paris, Bossanges, 1790 in-8°.

Réponse de François Talma au Mémoire de la Comédie-Française. Paris, Garnéry, an II de la Liberté (1790).

Réponse de M. Naudet à une lettre de M. Talma, du 27 octobre 1790, insérée dans la CHRONIQUE, *le* JOURNAL *et les* PETITES AFFICHES (librairie Pottier de Lille 1790).

Détail exact du duel qui vient d'avoir lieu entre Larive et Talma artistes du Théâtre Français, dans lequel Larive a été dangereusement blessé, s. l. n. d. (Paris, Renaudière).

Epitre (en vers) *à Talma,* par Népomucène. L. Lemercier, Paris, L. Colin, 1807.

L'Elève de Melpomène. A. M. Talma (en vers), par J. M. B. Paris, Giquet et Michaud, 1808.

Epitre (en vers) *à M. Talma, sociétaire du Théâtre Français et pensionnaire du Roi,* par J.-D. Cherot, professeur de déclamation, ci-devant instituteur de' jeunes artistes, Paris, Dondey-Dupré, 1821.

Epitre (en vers) *à Talma,* par Mlle Vanhove. Paris, Petit. 1821.

Talma, par Eugène Barbier-Vémar fils (en vers). Paris, Chaignieau, 1822.

Epitre (en vers) *à Talma,* par L. Moreau, étudiant en médecine. Paris, 1822.

Parallèle de Talma et de Joauny. Paris, Giraudel, 1822.

Elégie sur la mort de Talma, improvisée par Eugène de Pradel, le 19 octobre 1826. Melan, Michelin, 1826.

Chant national sur la mort de Talma. Paris, Setier, 1826.

Talma n'est plus !!! Hommage (en vers) *à sa mémoire,* par M. Henri Magnien, Paris, 1826.

Dialogue (en vers) *aux Champs-Élysées* (entre Talma et Geoffroy). Paris, Ponthieu, 1826.

A la mémoire de Talma, ode, suivie de notes, par Nestor de Lamarque. Paris, Ladvocat, 1827.

Discours prononcés sur la tombe de Talma, par MM. Jouy, Arnault et Lafon, le 21 octobre 1826. Paris, V. Cabuchet, 1826.

Notice sur Talma, par Adolphe Laugier. Paris, Hautecœur, 1827 (fait partie de la Galerie biographique des artistes des théâtres royaux, publiée par A. Laugier et A. Mollet).

Mémoires historiques et littéraires sur F.-J. Talma, par M. Moreau. Paris, Ladvocat, 1826.

Souvenirs historiques sur la vie et la mort de F. Talma, par P.-F. Tissot. Paris, Baudoin, 1826.

Vie de Talma, par M..., Paris, Guien, 1826, in-32.

Talma, précis historisque sur sa vie, ses derniers moments et sa mort, suivi d'un choix d'anecdotes recueilli d'après des documents authentiques... par Paul Duval. Paris, Mansat, 1826, in-18. Portrait (le portrait est curieux mais l'ouvrage est sans intérêt).

Napoléon et Talma aux Champs-Élysées. Dialogue à la manière des anciens; précédé d'une notice sur la vie, la maladie, les derniers moments, les funérailles et discours prononcés sur la tombe de ce grand tragédien. Par C.-F. Bertu. Paris, 1826, in-32.

Napoléon et Talma. Elégies nationales nouvelles; par Gérard (de Nerval). Paris, Touquet, 1826, in-12.

Parallèle entre Talma et Lekain, esquisse. *Suivi de quelques réflexions sur l'art dramatique.* Par M. Firmin aîné. Paris, Hautecœur, 1826.

De la tolérance et de l'intolérance; mention funèbre de Talma. Extrait du Gallican ultramontain. Paris, Dentu, 1826.

De la liberté religieuse en France, à l'occasion des funérailles de Talma, et sous le rapport des conséquences politiques à cet événement Par L.-F. Lestrade. Paris, Pillet aîné, 1826.

Talma, Anecdotes et particularités concernant ce tragédien célèbre et le voyage qu'il fit en 1817 à Boulogne-sur-Mer. Paris, Ladvocat, 1827 (par Pierre Hédouin).

Mémoires historiques et critiques sur F.-J. Talma et sur l'art théâtral, par M. Regnault-Warin. Paris, A. Henry et Tétot frères, 1827, in-8°. — Avec cet épigraphe.

> Or, il faut, quelque loin qu'un talent puisse atteindre,
> Eprouver pour sentir, et sentir pour bien feindre.
>
> PIRON, « Métromanie. »

REGNAULT-WARIN

Ecrivain fécond mais dont presque aucun ouvrage n'a survécu, Regnault-Warin (Jean-Baptiste, Joseph, Innocent, Philadelphe) naquit à Bar-le-Duc, le 25 décembre 1775. Il avait déjà composé quelques pièces de théâtre fort mauvaises, lorsqu'au début de la Révolution il adopta les idées nouvelles, sans être encore bien capable de les comprendre, et se crut appelé, comme la plupart

des français, en ce temps-là, à jouer un rôle politique. Il publia,
à *quinze ans*, en 1790, des *Eléments de politique*, inspirés par sa
précoce expérience, et l'année suivante, une *Bibliothèque du Citoyen*, un *Eloge de Mirabeau*, et divers autres opuscules dont le
seul résultat fut de le faire dénoncer par les autorités de son département. Heureusement pour lui, on le trouva trop médiocre
et trop jeune pour être réellement dangereux.

Lié avec quelques membres de la Gironde, Vergniaud, Brissot.
etc., il partagea leurs opinions et collabora à un de leurs journaux, la *Bouche de fer*, que dirigeait le futur évêque Fauchet. Il
entra ensuite dans l'administration militaire et fut tour à tour
secrétaire-militaire de la place de Verdun, employé à l'état-
major de l'armée des Ardennes et adjoint à un adjudant général.
Dans ce dernier emploi, il n'hésita pas, quoique la lâcheté fut à
l'ordre du jour, à rendre d'importants services à plusieurs de ses
compatriotes qui étaient proscrits. Dénoncé au Comité de Salut
public et incarcéré aussitôt, il ne dut son salut qu'au 9 thermidor.
Il se hâta de quitter la France devenue trop peu sûre pour lui
et la Révolution, dont il avait salué l'aurore avec tant d'enthousiasme, inscrivit son nom sur la liste des émigrés.

Lorsque l'ordre fut rétabli, Regnault-Warin qui avait obtenu
sa radiation, put revenir à Paris et publia en 1800 un très curieux roman qui servit, dit-on, à documenter Naundorff, le *Cimetière de la Madeleine* (auquel il donna une suite en 1802, les *Pri-
sonniers du Temple*).

Le *Cimetière de la Madeleine* était un roman à tendances royalistes. Il attira l'attention du gouvernement sur le malheureux
écrivain qui fut à nouveau emprisonné, mais pas pour longtemps.
Joséphine s'intéressa à lui et il redevint libre après quelques
mois de captivité.

Plus tard dans une note de l'ouvrage dont nous donnons la
réimpression — note que nous mettons ici à sa véritable place
— Regnault-Warin constatait avec plus d'orgueil que d'amertume
le rôle, vraiment exagéré, pris par la persécution dans sa vie :
« Proscrit au plus fort de la Terreur, et dans un âge qui touchait à l'enfance, pour avoir disputé à Robespierre en personne
et arraché aux Comités du gouvernement six victimes qui bientôt réagirent contre lui, et après deux longues détentions, le con-
traignirent à s'expatrier, le rédacteur de ces mémoires, à peine

rentré en France, fut honoré d'une troisième incarcération pour publication, alors bien dangereuse, du *Cimetière de la Madeleine*, incarcération à laquelle succéderait une quatrième, puis une cinquième proscription, méritées par la publication du *Contemplateur* et de l'*Homme au masque de fer* (1804). La Restauration n'a pas plus ménagé M. R.-W. que la République et l'Empire; car tous trois ont offert à sa plume véridique leur tyrannie à combattre et leurs abus à signaler. C'est ainsi que les *Cinq Mois de l'Histoire de France* (1815) et l'*Histoire des Cent jovrs* (1815) lui ont valu une condamnation à un an ; et que récemment encore le ministère avait commencé contre son dernier ouvrage intitulé : *Les Précurseurs* ou *Premier coup de Tocsin de la contre-Révolution* une instance bientôt abandonnée. La même instance avait eu lieu quelques années auparavant contre la *Lettre pastorale du Muphty*, sur les nombreuses éditions de Voltaire; et enfin la *Réforme évangélique* proposée par M. R.-W. dans une *Introduction à la profession de foi du vicaire Savoyard*, a provoqué certain examen théologique et politique, dont la sagesse d'un prélat justement révéré, a prévenu l'intolérante poursuite et l'inévitable condamnation. »

A part les ouvrages dont il étale si complaisamment la liste on ne peut citer de Regnault-Warin que ses *Mémoires pour servir à la vie du général Lafayette et à l'histoire de l'Assemblée constituante*, publiés en 1824, et ses *Mémoires sur Talma*, qui parurent en 1827. Ce dernier livre est de tous ceux qu'il a écrit le plus documenté et le seul qu'il soit encore agréable à lire (1).

Ce littérateur qui après avoir eu deux noms ne devait en laisser aucun mourut très pauvre et très oublié.

---

(1) Regnault-Warin est un peu prolixe. Nous avons supprimé dans ces Mémoires des réflexions et dissertations qui ne présentaient aucune espèce d'intérêt.

MÉMOIRES SUR TALMA

CHAPITRE PREMIER

Pardonnez à l'indiscrétion d'une question que je vais vous faire, disais-je un jour à Talma ; mais elle est indispensable. Il s'agit d'écrire avec votre nom, sous ce nouveau portrait que G..... a fait de vous, la date de votre naissance : quel âge avez-vous ? — Pour réponse, l'artiste que je crois préoccupé, prend parmi des livres quatre volumes que je reconnais pour des *Biographies* : ce sont celles de Bruxelles, de Leipsick, des *Contemporains et des Hommes vivans*. Il les ouvre successivement, et je lis :

1° Talma (*F.-J.*), né à Londres, le 17 janvier 1766 ;
2° Talma, né le 15 janvier 1760 ;
3° Talma, né à Paris, au mois de janvier 1762 ;
4° Talma (*Jos.-Franç.*), né le 15 janvier 1767

Si j'étais seul avec ces gens si bien informés, je ne vois pas trop, continuai-je, comment je sortirais d'embarras ; mais vous voilà, et vous allez fixer mon incertitude. — Mon ami, interrompt Talma en souriant, ne savez-vous pas que les comédiens, comme les jolies femmes, n'ont point d'âge ? Quel est, par exemple,

celui d'*Othello*, que je jouais avant-hier, celui de *Léonidas* que j'ait *fait* il y a huit jours, celui de *Joad* que,
probablement, je représenterai samedi ? Mon ami, un
véritable acteur a tous les âges, comme il prend tous
les caractères : ceux-ci sont tracés par le poète ;
l'extrait de naissance des personnages est dans leur
costume, et quelquefois dans leur barbe. — Il n'est pas
question ici des personnages, mais de l'homme qui les
représente. — Mon ami, vous vous adressez on ne peut
pas plus mal pour connaître mon âge : il y a si longtemps que je suis né, que je l'ai oublié. — Il faudra donc
que le graveur aille le demander au registre de Saint-
Nicolas, à l'état civil.... — (*Talma, très-vivement*).
Qu'il prenne une moyenne proportionnelle, peut-être
trouvera-t-il l'époque vraie! »

Obéir à cette saillie a été un besoin pour le nouveau
biographe qui prend la plume après la mort de Talma.
Tous les journaux, échos de toutes les biographies, ont
parcouru l'échelle des dates de sa naissance, depuis
1760 jusqu'en 1767. Ce dernier chiffre était en effet
celui qu'on avait adopté dans la maison du tragédien.
L'idée de se rajeunir contre l'évidence, ne serait jamais
venue à un homme aussi sincère, s'il n'avait remarqué
ce que nous savons tous, que la déception n'est devenue
partie intégrante des arts, que parce que la crédulité
du public fait partie nécessaire du succès. Jusqu'à quel
point est-il permis de tromper le peuple ? a demandé
Voltaire. Tel n'aurait pas cru à la jeune impétuosité
d'Achille, s'il avait cru Talma sexagénaire ; et Talma
lui-même se fût peut-être moins abandonné aux fou-
gues de la jeunesse, s'il avait bien connu la date de
son acte de naissance. Expliquez ainsi la même igno-

rance dans Lekain, une réserve à peu près semblable dans Baron, et cette discrétion que l'on reproche à certains personnages dont les grâces et les
formes juvéniles sembleraient peut-être bien surannées
aux véritables jeunes gens s'ils se doutaient qu'elles
sont contemporaines de leurs aïeux. Fixons donc au
15 janvier 1763 l'époque de la naissance de notre
Roscius.

Issu de parents honnêtes et aisés, il commença sa vie,
en recevant chez eux et par eux les premiers éléments
d'une éducation très soignée. Aux notions de quelques-unes des sciences du jeune âge, ils joignirent les
connaissances positives de quelques arts, parmi lesquels celui du dessin tenait la première place. C'est
ce qui explique la supériorité de l'élève dans ce genre
qu'il ne cessa de cultiver toute sa vie, qu'il appliqua
bientôt à la science théâtrale, et dans lequel il aurait
pu même obtenir un rang distingué.

Son père, dentiste habile, prêt à se rendre à Londres
où il était mandé pour y introduire de nouvelles méthodes relatives à sa profession ; son père le plaça au
collège de Louis-le-Grand, en le recommandant aux
soins d'un habile professeur. Celui-ci bientôt remarqua son nouvel élève, dont la physionomie expressive
annonçait une âme sensible et un esprit réfléchi : qualités dont le jeune homme ne tarda pas à donner des
preuves. Ici, nous laisserons parler un témoin de la
scène extraordinaire dans laquelle le jeune Talma, à
peine âgé de dix ans, joua le rôle principal, préludant
ainsi à ceux qui devaient, par la suite, lui faire tant
d'honneur.

« Après le plaisir d'admirer des talents naissants, la

plus vive satisfaction est de s'en entretenir ; et la mienne, mon ami, sera d'autant plus grande, que j'ai à causer avec un père des triomphes de son fils. Oui, mon ami, j'ai trouvé *Sulpice* (1) digne de vous, c'est tout dire ; et il ne se passera pas beaucoup d'années qu'il ne soit en état, si non de vous remplacer, au moins de vous suppléer dans vos fonctions. A dix-sept ans, il est formé comme on l'est à vingt ; et la manière dont il a représenté *Tamerlan*, dans la tragédie de ce nom, prouve qu'il est aussi développé au moral que dans ses facultés physiques. Cette pièce de *Tamerlan*, quoique faite pour un collège et par un jésuite (2), ne sent pas trop le jésuite ni le collège. Ils nous la donnèrent après la distribution des couronnes, dans laquelle notre cher Sulpice n'a pas été oublié. Mais sa plus brillante, selon moi, a été la manière dont il a rempli un rôle long et difficile. Enfin, jusqu'au milieu du cinquième acte, Tamerlan avait eu les honneurs de la soirée, lorsqu'immédiatement après sa mort, intrépidement reçue au champ de bataille, ces honneurs sont passés à un petit confident fort éveillé, dont j'avais déjà remarqué la physionomie prodigieusement mobile et le débit animé.

« On disait autour de moi que cet enfant était le fils du dentiste Talma, homme recommandable par sa conduite, habile dans son art, et qui prend à cœur de

---

(1) Le fils du correspondant auquel cette lettre était adressée. Ce *Sulpice H**** a joué un rôle un peu moins fictif et presqu'aussi tragique que celui de Tamerlan, après le 10 août.

(2) L'auteur n'était point jésuite : il se sommait *Verdier*, et tenait un pensionnat au Jardin du Roi, sur l'emplacement où fut bâtie depuis la maison de Buffon.

donner à ses enfants une belle éducation. Celle que reçoit ici son jeune fils lui profite visiblement; mais que serait la bonne culture sans d'heureuses dispositions? Non-seulement celles du jeune Talma paraissent prématurées du côté de l'intelligence; mais j'oserais dire qu'elles le sont beaucoup trop en ce qui touche à la sensibilité. Chargé du récit, fort bien fait, de la mort du héros, cet enfant, qui d'abord avait commencé avec beaucoup de mesure, s'anime peu à peu, et s'identifie tellement avec son personnage, qu'il en oublie la fiction et s'abandonne à la vraisemblance qu'il prend pour la vérité. Bientôt les sanglots le gagnent, et à mesure qu'il parle, ses larmes tombent tellement dans sa voix, qu'elles l'étouffent. En ce moment, et comme suffoqué par des sensations trop fortes pour son âge et pour sa complexion, il peut à peine proférer quelques mots entrecoupés, et finit par perdre la parole au milieu d'une désolation que rien ne peut calmer. Vous jugez, par le récit très-succinct de cet incident, s'il a interrompu la représentation. Tout s'émeut dans la salle et sur le théâtre. On s'approche du sensible narrateur, on l'entoure, ou lui prodigue des secours, des caresses, des consolations. Oui, mon ami, des consolations: car sa douleur, que dis-je, son désespoir était aussi réel que la cause en était fabuleuse et l'événement imaginaire. Persuadé, convaincu de la réalité de cette grande infortune, il en pleurait consciencieusement les lamentables résultats, auxquels se mêlait, par je ne sais quelle confusion d'idées, le souvenir d'un camarade chéri. Le nom de ce dernier que l'enfant accolait de temps en temps avec celui de Tamerlan, a inspiré la pensée de faire venir Sulpice, dont la résurrection, en ravissant le jeune Talma, a changé les sanglots du désespoir, les pleurs des regrets, en larmes de joie. Eh bien ! mon ami, que dites-vous de cette vivacité, de cette fougue d'imagination, de cette force d'illusion dans un âge où il semble que les impressions soient aussi fugitives que légères ? Si beaucoup de précautions ne refroidissent point, ne garantissent pas un cœur, une tête, des sens si faciles à émouvoir, n'est-il pas à craindre qu'ils n'en fassent un maniaque..... à moins qu'ils n'en fassent un grand homme ? »

CHAPITRE II

Dans les documents qui me servent de guide pour la rédaction de ces Mémoires, je vois d'abord que Talma commença ses études scolaires au collége de Louis-le-Grand ; je le retrouve ensuite au collége Mazarin, où l'on suppose même qu'il reçut ou put recevoir des leçons d'un professeur qui, depuis, a rendu fameux, trop fameux peut-être, le nom de Geoffroy. Cette contradiction n'est qu'apparente, et les deux variantes peuvent se concilier. La première s'explique par le séjour que fit longtemps le père de notre acteur dans le voisinage du premier de ces colléges ; et l'on comprendra aisément la seconde, en admettant que la pension dans laquelle il fut ensuite placé, envoyait ses élèves aux Quatre-Nations. Là, en effet, il connut, ou plutôt il vit le futur auteur du *Feuilleton*, lequel y tenait alors, et avec distinction, la chaire de rhétorique. Quelque précocité qu'eût déjà montrée notre écolier dans un genre où il était appelé à devenir maître, la marche et le développement de ses études n'avaient pas été si rapides : c'était un élève assez ordinaire, et quelquefois un disciple fort mutin. Dans les caractères de la trempe du sien, les défauts, ou plutôt les excès, apparaissent d'abord : je dis les excès, et cette exhubérance est de bon augure et de facile emploi ; il ne s'agit que d'émonder la surabondance, que d'ôter le trop : *ramos compesce fluentes*. Le difficile, l'impossible même, et surtout l'inutile, est de faire germer dans le sable, de cultiver où il n'y a rien.

Il y avait chez Talma ; mais, par exemple, à côté de l'ardeur qui excite, se trouvait l'inquiétude qui retient ; près de l'intelligence qui éclaire, on remarquait l'indocilité qui obscurcit ; avec des résolutions promptes, et quelquefois une volonté courageuse, éclataient les caprices qui la détournent, intervenait la paresse qui l'anéantit. En indiquant la paresse, je m'explique mal peut-être : à la suite d'un grand mouvement sans objet, d'une prodigieuse agitation sans résultat, l'enfant, comme épuisé de tant d'efforts en pure perte, tombait dans une stagnation, un engourdissement, une apathie, au moins apparente, qui se décelait par la taciturnité et l'entêtement. Toutes les tentatives pour le tirer de cette situation devenaient inutiles, ou plutôt elles en redoublaient le danger : c'était une nacelle échouée. Dans l'atonie qui s'emparait du jeune nautonnier, que fallait-il pour remettre son petit bâtiment à flot ? M. Geoffroy l'apprit au maître de Talma.

J'ai dit que ce professeur enseignait la rhétorique ; il n'y avait donc entre lui et le jeune obstiné aucune relation directe. Mais M. Geoffroy n'était pas seulement un professeur habile : c'était encore un homme de beaucoup d'esprit ; et, dans cet esprit, il y avait une bonne dose de malice infusée dans autant de contemplation. A ces titres, on peut juger s'il était consulté et redouté.

« Que feriez-vous d'un enfant qui ne veut rien faire, lui demanda un jour le maître de Talma? — Expliquons-nous pour que je vous réponde, dit Geoffroy : ne *veut-il* rien faire, ou ne le *peut-il?* — Il peut, dès qu'il a pu; mais il ne veut pas. — Dites qu'il ne veut plus : dans peu, il *revoudra*. — Et comment l'y amener? — A-t-il de l'amour-propre? — Excessivement. — Et de la sensibilité? — Je lui en ai cru, je lui en ai vu; mais elle dort. — Il faut la réveiller. — Comment? c'est ce que j'ai l'honneur de vous demander : j'ai épuisé les moyens. — Quels furent ces moyens? Les encouragements d'abord, les promesses, la flatterie même et les caresses. — Si tout cela a échoué, et que pourtant le cœur soit bon, c'est signe que l'humeur l'emporte sur le sentiment. Est-il humoriste, le jeune homme? — Par accès. — Laissons passer l'accès. — Mais il dure depuis une éternité, et le père n'est pas content. — Il faut qu'un père résigne son autorité entre nos mains; qu'il n'examine jamais nos procédés, et ne nous juge qu'au dernier résultat. — Mais je ne suis pas content moi-même. — Je le conçois. — Et si j'avais dix élèves comme le petit Talma, je renverserais ma chaire. — Cela serait un peut violent. La moitié des talents d'un maître est dans la patience : n'a-t-il pas le temps d'attendre? Il a cela de commun avec Dieu qui attend si longtemps avant de punir. — Je ne suis pas Dieu, moi; et, après avoir usé les caresses, j'ai puni. — Et vous avez redoublé l'obstination et l'humeur? — Si complètement que je suis à bout. — Vous quittez la partie quand vous êtes prêt à la gagner. — Je ne vois point cela : j'ai épuisé tous les moyens. — Dites tous les obstacles. Soit en bien, soit en mal, qu'on la caresse ou qu'on la flagelle, la fantaisie augmente dès qu'on s'occupe d'elle ; et l'humeur n'est qu'une fantaisie. Elle a pour mère une imagination farouche, mais qui a l'avantage, si elle s'est blessée elle-même, de se guérir sans le secours de personne. — Si bien que, selon vous, il faut *planter là* notre opiniâtre? — L'annuler, le faire disparaître, l'anéantir. Il faut qu'il soit touché de l'anneau de Cygès, et devienne, pour vous, pour ses camarades, pour tout ce qui l'entoure, invisible. — Mais le moyen de ne pas s'occuper de ce qui intéresse? car, au fond, je l'aime cet enfant; et, si je l'aimais moins, je ne serais pas si furieux. — J'applaudirais à cette colère de l'amitié, si elle était moins ivre d'égalité. De nous à ces enfants, l'attachement doit être paternel sans contredit; mais de cette paternité qui n'a ni perdu, ni même aliéné son pouvoir. Faites sentir le vôtre en négligeant le jeune rebelle. — En le négligeant! — Jamais vous le soignerez davantage qu'en ayant l'air de l'abandonner. — L'abandonner! — Et jamais il ne sera plus près de vous revenir, que quand vous lui aurez jeté la bride sur le cou. »

Tels furent les conseils du judicieux rhéteur, conseils qu'il étaya, huit jours après, par un exemple Suivant l'usage de ce temps, la fin de chaque trimestre voyait arriver un examen à huit clos, dans lequel cinq professeurs assemblés y faisaient subir aux élèves un examen préparatoire, et par la qualité, quelquefois même la quantité de leurs productions, constataient les travaux du passé, préjugeaient les efforts, les succès même de l'avenir. C'était un grand jour, que celui où se tenait cette cour d'assise scolaire, devant laquelle

chaque élève, traduit pour ses faits, arrivait avec ses
craintes et ses espérances. Chacun d'eux aussi y
apportait son caractère particulier, et, dans l'ingénuité
de son âge, se montrait avec ses qualités heureuses
et ses travers. Le jeune Talma, timide et fier, s'assied
au milieu de vingt camarades, parmi lesquels sa pétu-
lance, à demi contrainte, éclate par l'effort même
qu'il fait pour la réprimer, M. Geoffroy, avec son
large visage sournois, siège en face, et, de son œil
unique (1), il cherche à démêler ce qui se passe dans le
jeune âme qu'il veut éprouver. L'appel se fait, Talma
n'est point nommé. Il s'élance, et prétend réclamer ; le
réappel a lieu : son nom reste enseveli dans un absolu
silence. Surprise pénible, chagrin, indignation même
du jeune homme, chez lequel une foule d'idées remuées
par cet incident imprévu, ne rencontre que des expressions sans valeur et sans clarté. L'autorité du préfet
rétablit le silence et l'examen se passe avec solennité.
A l'appel de chaque nouveau candidat, on devine que
le petit opiniâtre, devenu furieux par la contradiction,
sentait son cœur battre à coups redoublés, pâlissait,
rougissait, éprouvait une émotion, un tremblement qui
lui ôtait presque, avec la liberté de la parole, l'exercice de la raison. On concevra d'autant mieux l'anxiété
de sa situation, qu'en entrant en séance, il croyait
l'avoir améliorée. En effet, l'amour-propre, ranimé
par la seule annonce de l'examen, lui avait inspiré
deux petites compositions relativement remarquables ;
et l'espoir, assez légitime, qu'il fondait sur leur succès
avait totalement dissipé les nébulosités qui, depuis

(1) Il était à peu près borgne.

plus d'un mois, ternissaient son heureux naturel. Toutefois, cet heureux naturel semblait s'être démenti ; et, pour le rendre à sa rectitude native. M. Geoffroy n'avait rien imaginé de mieux que l'oubli et le dédain. Encore si le dédain seul eût puni le coupable ! il n'atteint guère que ceux qui l'acceptent ; et le moyen de le neutraliser, c'est de lui opposer un dédain encore plus marqué. C'est vraiment de quoi le jeune orgueilleux eût été bien capable ; mais est-il des armes contre l'oubli ? Celles que le pauvre enfant avait cru si bien trempées dans la colère, dans l'indignation, surtout dans ce qu'il croyait son bon droit, ses armes tombaient émoussées de ses mains devant l'œil flamboyant du terrible Geoffroy. Involontairement, les beaux yeux de l'enfant, levés timidement et par intervalles, devant son juge, se baissaient chargés de larmes. A cet aspect, son maître, jeune encore et compatissant, poussait du coude son vieux collègue qui, sans tourner sur lui son œil de Polyphême, se contentait de lui dire séchement ; *prenez donc garde, M. Giraud, vous me gênez.*

Enfin, elle se termina cette cruelle scène. L'examen finit sans qu'on eût parlé à Talma, et sans qu'il eût pu parler. Pâle d'angoisses et tout en pleurs, il remonta vers sa pension, conduit par son maître, dont il serrait la main en sanglotant, et, à son arrivée, il se précipita dans ses bras où, par de nouvelles larmes, il abjura l'humeur maussade, la hautaine opiniâtreté, et en obtint aisément le pardon.

CHAPITRE III

Depuis *la Journée de Tamerlan*, ainsi qu'on la nommait dans le pensionnat de Talma, cet enfant qui, relativement à ses dispositions théâtrales, était presque un jeune homme, fréquentait assidûment le Théâtre-Français. Là, il commença l'étude de ces écrivains immortels auxquels il devait un jour servir d'immortel organe. Son âme naturellement élevée, sympathisa bientôt avec le génie sublime *qui crayonna l'héroïsme d'Horace et l'âme de Cinna* ; son esprit, déjà méditatif, s'essaya à découvrir dans les rôles d'Acomat, de Mithridate, d'Agrippine, de vastes sujets de contemplation ; mais il est à remarquer que, dès lors, la tendresse de Britannicus et de Bajazet lui plaisaient moins que l'impétuosité d'Achille, et surtout que les passions emportées et les vices naissants de Néron. Il s'enivra, comme tout débutant dans la carrière ; il s'enthousiasma des tableaux magiques et de la philosophie qui animent les écrits de Voltaire ; mais, de tant d'illustres interprètes des passions et des crimes, ceux dont le génie commença, pour ainsi dire, à couver ce talent précoce, furent Grébillon, du Belloy, ou quelquefois Lemière, et plus spécialement Ducis. C'était vers cette époque que le Shakespeare français, toujours original en imitant, importait sur notre scène ces tragiques beautés dont étincelle le Shakespeare britannique : l'âme, l'esprit, les sens de notre futur Garrik, les reconnurent comme éléments de sa propre nature, et hâtèrent par des vœux ardents l'occasion de les faire valoir en les exhalant.

Talma vit souvent aussi passer sous ses yeux cette belle galerie d'acteurs dans les deux genres, auxquels notre Thalie et notre Melpomène devaient leur constante supériorité. Tout était pleins de souvenirs de mademoiselle Clairon, de Lekain, de mademoiselle Dumesnil. Pour les amateurs nombreux qui avaient pu admirer ces grands comédiens, chaque représentation était un sujet de comparaison avec leurs successeurs. Tout le monde, comme aujourd'hui, croyait bien que l'achat d'un billet donnait, ainsi qu'au temps de Boileau, le droit de siffler ; mais, comme aujourd'hui, tout le monde ne se croyait pas la capacité de juger. Un petit nombre seulement en montrait la prétention ; et, un nombre plus réduit encore, justifiait cette prétention par une connaissance parfaite des règles, par une étude approfondie des modèles, par la longue habitude et la vieille expérience des coulisses et du foyer. Longtemps avant le lever du rideau, dans les entr'-actes, quelquefois après sa chute, un ou deux groupes se formait dans des coins du parterre : rarement ces réunions allaient jusqu'à trois. Là, sous la présidence spontanée d'un vieux connaisseur qui, s'il n'avait pas vu Baron, avait du moins connu Dufresne et Granval, et n'avait pas manqué dix représentations de Lekain ; là, s'agitaient le mérite des pièces et plus souvent encore le talent des acteurs. On applaudissait consciencieusement aux belles scènes de du Belloy, aux tableaux dramatiques de Lemière, et mieux encore à la verve sombre et tragique, aux caractères vivants, aux situations terribles de Ducis ; mais on n'épargnait ni l'emphase, ni l'enflure du premier, ni les déclamations de l'auteur d'*Hipermnestre*, ni la direction incorrecte, sauvage trop souvent triviale du peintre du *Roi Lear*. Voltaire lui-même, ce magicien pour tous les âges, idole de tous les parterres, le grand Voltaire, n'échappait point à une juste censure. Que d'éloges on prodiguait à la fécondité de son pinceau, à la magnificence de ses couleurs, à la haute raison de cette muse qui, pour s'insinuer dans toutes les intelligences, s'embellissait de tous les charmes du style, s'enflammait des ardeurs de toutes les passions ! Mais que de critiques saines ou plaisantes de ces plans romanesques, de ces moyens fabuleux, de ces situations forcées ! — Les comédiens, les actrices avaient leur tour ; et, cette revue, il faut en convenir, quoique le bon goût l'inspirât, n'eût pas toujours été avouée par l'équité. La justice distributive est facile envers les morts ; combien elle l'est moins quand il s'agit de réputations vivantes, de renommées contemporaines ! C'est que, comme l'a si bien dit un poëte : *La mémoire est reconnaissante*, et que *les yeux sont ingrats et jaloux*. Ceux des amateurs qui, dans le *Coin du Roi* et dans *le Coin de la Reine*, évoquaient à leur tribunal les Molé, les Monvel, les Larive, les Raucourt, les Saint-Prix, ne manquaient jamais d'opposer aux défunts qu'ils leur cherchaient, les qualités qu'ils n'avaient pas toujours trouvées à leurs prédécesseurs. On accordait à Molé de la chaleur

et de l'esprit ; mais Bellecourt étalait plus d'élégance
et d'aplomb. On ne pouvait refuser à Monvel l'intelligence la plus parfaite et la plus exquise sensibilité ;
mais quel *physique* grêle, quelle santé frêle, quel organe rauque et brisé !... Et mademoiselle Raucourt, si
fière, si imposante, il est vrai, mais si peu flexible et si
automatique ! Et Saint-Prix ! quelle âme engourdie sous
ses formes d'athlète ! quels accents glacés avec cette
voix sonore !... Quant à *Monsieur* Larive (car la dignité connue du personnage avait attaché ce titre à son
nom) il était beau, mais froid ; imposant, mais sévère ;
majestueux, mais monotone ; intelligent, mais insensible. Son génie, plus épique que tragique, tel que ces
lampes qui brûlent sur les tombeaux, jetait une lueur
pâle et uniforme ; son talent, qu'on ne contestait pas,
était mécanique, et tout son jeu, assujetti à des ressorts
assez savamment combinés, réveillait l'idée de ces
automates fameux auxquels Vaucanson, en leur impri-
mant des mouvements musculaires, a fait *simuler* la
vie auxquels il n'a pu donner une âme. Une âme ! sans
elle on peut-être acteur encore ; jamais comédien. Une
âme ! c'est ce qui brûlait dans Monvel (1), c'est ce qui
était gelé dans Larive ; c'est ce qui avait dirigé,
enflammé, fait triompher Lekain malgré sa laideur :
l'absence, le sommeil, la léthargie de l'âme, devaient
donc tenir dans un état habituel de chute et Larive et
Saint-Prix, malgré leur beauté. — Tels étaient à peu
près les discours quotidiens des habitués, et telle était

1. On disait de Monvel « que c'était *une âme sans corps* », et de
Larive, « que c'était *un corps sans âme* ; » « Par conséquent, ajoutait Champfort, si vous voulez avoir un acteur parfait, il faut
obliger Larive *à avaler Monvel.* »

leur conclusion. Le jeune Talma n'en perdait rien ; et, pour mieux en profiter, il s'insinuait parmi les interlocuteurs, auxquels il se permettait d'adresser de temps en temps quelques questions. Un soir que Larive, dans l'Oreste d'*Andromaque*, venait d'exciter des applaudissements assez nombreux pour être qualifiés d'universels, un connaisseur, qui avait remarqué Talma et se plaçait toujours à ses côtés, lui demanda son sentiment : Si je jouais jamais ce rôle, répondit le futur successeur de Larive, je ne ferais peut-être pas si bien, mais je ferais autrement.

CHAPITRE IV

Ce fut quelque temps après cette époque que le
jeune homme, ainsi que nous l'avons dit, alla rejoindre
son père dans la capitale de la Grande-Bretagne. Des
études bien différentes remplacèrent alors celles qui
n'avaient été pour lui qu'un amusement. Destiné à
prendre l'état de chirurgien-dentiste, on arma ses
mains de tenailles et de daviers, et des traités anatomiques de la mâchoire succédèrent aux œuvres dramatiques de nos poètes. On va s'imaginer que, selon
l'usage immémorial établi par les biographes en faveur de leurs héros, je vais représenter le mien donnant
aux regrets le temps qu'il devait à ses nouvelles
occupations. Elles n'envahissaient pas tellement toutes
ses journées et toutes ses facultés, qu'il ne trouvât
plus d'un moment pour se livrer à ses goûts favoris ;
il en étendit même les jouissances, en ce livrant à
l'étude de la langue anglaise ; je dis étude raisonnée,
dans laquelle de savantes théories dirigeaient ou re-
dressaient la pratique routinière et souvent erronée ;
car il y avait déjà quelque temps qu'il parlait, non-
seulement la langue britannique dans son idiome pur
et natif, mais les divers dialectes qui, suivant le mou-

vement des âges et la situation des localités, l'ont altérée et modifiée. Les progrès qu'il fit dans cette étude se mesuraient au temps qu'il pouvait consacrer au spectacle. Le plaisir de lire, de comprendre Milton, Pope, Ben'Johnson, Thompson, Adisson, Otway, Shakespeare ; surtout la satisfaction de voir sur la scène les pièces de ce dernier, représentées dans toute leur *nationalité*, commençaient à communiquer au jeune amateur des idées bien différentes que celles qui, dans son pays, avaient captivé sa première attention. Cette imagination ardente, qui déjà le pressait de son aiguillon, n'avait point banni chez lui le frein du jugement : en même temps qu'il rêvait à des conceptions confuses que l'opportunité des occasions devait débrouiller, il se plaisait à comparer les sensations variées et quelquefois contraires qui les lui avaient inspirées. Quelle opposition ne remarquait-il pas entre la régularité majestueuse, mais uniforme de notre scène, et les diversités, trop souvent bizarres, mais presque toujours intéressantes de la scène britannique ! Quelle distance entre le noble et puissant génie qui, chez nous, évoqua, pour les agrandir, les ombres des Romains, et ce génie, non moins puissant et plus fécond qui peupla de souvenirs nationaux le théâtre de son pays ! Quel contraste entre la mélodie de ce Racine, que notre goût, épuré par lui, nomma inimitable et divin, et l'âpreté sauvage du poète de Strafford, qu'un enthousiasme populaire surnomma aussi divin et inimitable ! La singulière diversité de ce sentiment et de ces tableaux ne pouvait manquer d'étonner l'esprit méditatif de l'étudiant, bien autrement frappé d'ailleurs de l'énergie des derniers qu'il a depuis essayé de transplanter parmi nous, en les modifiant. C'est ainsi, pour n'en citer en passant que cet exemple, sur lequel nous reviendrons, c'est ainsi qu'à l'imitation du poète anglais, il sembla avoir transporté sur le personnage d'Othello toute l'ardeur amoureuse, toutes les fureurs jalouses qui rugissent dans le cœur des tigres de l'Afrique; mais c'est encore ainsi qu'il sut amollir ce cœur sauvage par toutes les émotions de la tendresse, par toutes les effusions d'une inépuisable pitié.

Quels étaient cependant les délassements du jeune chirurgien? Beaucoup de variété dans les études, la fréquentation des théâtres, comme nous venons de le dire, et quelques liaisons formées au milieu des Français qui abondent à Londres en tous temps, et dont le nombre avait redoublé à cette époque. Ces réunions amenèrent l'établissement d'une société dramatique destinée, par la plupart de ceux qui la composaient, à leurs seuls amusements; par Talma, aux essais d'un art pour lequel il se sentait de jour en jour une vocation plus irrésistible. Durant les six premiers mois de cette association, elle ne se hasarda à jouer que de petites pièces, presque toutes en un acte, un très petit nombre en trois : c'étaient de celles qu'on a qualifiées en France de *Variétés*; en Angleterre, on les surnommait des *Plum-pouddings*. Beaunoir, Guillemain, Dumaniant en faisaient les honneurs : Dumaniant surtout, dont le génie souple sait si flexiblement ourdir une intrigue; dont le style, incorrect quelquefois, mais toujours sans manière, s'adapte si aisément au dialogue. Croira-t-on, aujourd'hui que de graves idées se réveillent au seul nom de Talma, que d'imposantes images s'identifient avec la sienne ; croira-t-on qu'il prêtait au caractère entreprenant du marquis de *Guerre ouverte*, toute l'étourderie, tout l'abandon, tout le sémillant, toute la pétulante amabilité d'un Provençal amoureux ? Certains amateurs, qui datent de 1791 leurs souvenirs dramatiques, m'entendront sans étonnement, en se rappelant avec quelle aisance, quelle vivacité, quelle inspiration Talma avait *établi* le rôle de Cléry dans *l'Intrigue épistolaire :* « C'était (selon l'expression d'un vieil habitué que je trouve assez souvent endormi dans une stalle de l'orchestre), c'était le plus joli courage d'amour qui eût jamais brûlé dans l'écritoire d'un clerc de procureur. »

Qu'étaient-ce pourtant que ces jeux qui donnaient le change aux désirs de Talma, peut-être même à ses projets, comparés aux études que réclamaient les besoins de son esprit ? En voyant ceux des acteurs qui, à cette époque, illustraient les deux théâtres de Londres, en les observant, en les étudiant, il avait cru démêler en soi, outre une aptitude générale aux arts d'imitation, des dispositions particulières à développer le genre de ces acteurs, à étendre leurs moyens, à perfectionner leur jeu. Mais comment y parvenir ? Ce n'était certainement point en se montrant auprès d'eux sur les mêmes planches, où il aurait fallu qu'un Français, encore habitué à l'idiome de son pays, l'eût assez oublié pour n'en pas montrer l'accent à travers la poésie anglaise ; ce ne pouvait être qu'en essayant devant un auditoire anglais des pièces françaises, de celles qui concouraient au répertoire dont Talma, quelques années auparavant, s'était donné le spectacle. Cette première idée, présentée par lui à ses amis, fut accueillie par eux; et ces jeunes gens, parmi lesquels il y en avait de très remarquables, offrirent à l'élite de la société un amusement, je dirais presque une occupation digne d'elle. Ame de ces exercices, Talma s'y montra moins avec les goûts de son âge et la suffisance de notre nation, qu'avec l'aplomb d'un âge plus avancé, et toutefois avec l'ardeur et la véhémence qui caractérisent les jeunes années. Bientôt on ne parla que du jeune dentiste; et, successivement tout Londres, en venant lui applaudir, fit une connaissance plus réelle avec les principaux personnages du répertoire français. C'est de ce moment que date l'affaiblissement du préjugé qui ne permettait point à un véritable Anglais, je ne dirai pas d'approuver une pièce française, mais d'écouter un de ses rôles avec quelque attention, mais d'y applaudir, ne fût-ce que par entraînement. Celui que produisit Talma durant le cours de ses essais, fut immense, et présagea l'enthousiasme, l'ivresse qu'il devait exciter par la suite; non pourtant que ce concours de suffrages fût la conséquence de l'examen et le résultat de la réflexion : parmi les germes d'un talent très réel, et qui promettait de devenir éminent, l'examen aurait découvert de notables défauts, des écarts dangereux, l'absence de toute expérience, et les élans, quelquefois hasardés, d'une imagination désordonnée, substitués à la sagesse de la méthode, dont le génie lui-même a besoin pour ne pas broncher; la réflexion aurait conseillé de tempérer, par une censure appropriée, ce que des applaudissements emportés ont d'enivrant pour l'amour-propre et d'empoisonné pour le talent. Mais le moyen de payer, par les avis d'une sagesse austère, le plaisir que nous fait un artiste ! En ne guidant pas, mais en adulant la précocité de celui-ci, qui sait si l'on n'égara pas son inexpérience, et si ce n'est pas à l'indulgence excessive que nous avons dû cette première et vicieuse manière qui, dans le plus rare génie dont l'art théâtral s'honore, a failli ne montrer que les écarts de la bizarrerie et l'exagération de la médiocrité?

Quoi qu'il en soit, les succès de vogue qui couronnèrent cette société dramatique, et plus spécialement Talma, s'exaltèrent au point qu'ayant gagné la cour, le prince de Galles voulut jouir d'un spectacle que tout le monde vantait, et sur lequel lord Harcourt, admirateur déclaré du jeune Français, s'exprimait avec passion. Georges IV était un prince très éclairé, auquel le goût fort vif des jouissances avait inspiré, ce qui est assez rare, l'amour et la recherche des plaisirs de l'esprit. Ceux que lui procurait la lecture de nos poètes lui avaient semblé fades et peu piquants : l'homme pour qui le spectacle varié et animé de Shakespeare a des attraits, en trouve difficilement à nos pièces régulières, dont il ne voit que la monotonie compassée et les effets calculés. En contemplant Talma dans le rôle de Néron de Britannicus, de Cinna, de Brutus, dans Œdipe, dans les Orestes (car, dès lors, son infatigable activité s'essayait sur ces grandes figures), le prince retrouva l'allure franche et libre, le caractère altier, les émotions fortes du théâtre anglais ; ou plutôt il reconnut toutes ces passions que le génie évoque, que le talent fait jouer pour reproduire, à force d'art, une nature vivante et réelle. Quelques jours après, lord Harcourt, en engageant le père du jeune homme à permettre les débuts de son fils sur le théâtre de Covent-Garden (1), offrit à Talma, avec les témoignages de la satisfaction du Prince, l'assurance de sa protection. Sans la dédaigner nullement, des circonstances, étrangères à ce récit, ne lui permirent point de l'accepter; il était écrit que Talma ne devrait qu'à lui-même son avancement.

(1) Ou de Drury-Lane, ainsi que le porte une autre tradition.

CHAPITRE V

Rien n'était plus heureux alors que l'existence du jeune Talma, partagée entre une occupation lucrative qui assurait son avenir, et des études, les unes sérieuses, les autres aimables, qui devaient l'embellir. A la suite de mûres délibérations de famille, il avait été convenu entre son père et lui qu'il adopterait définitivement la profession du premier, et que la charge de chirurgien-dentiste du roi, que M. Talma était sur le point d'obtenir, passerait en survivance à son fils. Voilà donc un état qui semble assuré et des destinées qui paraissent invariables. Quelles furent les causes qui leur donnèrent une tout autre direction ? Sur la foi de quelques journaux de Londres, répétés depuis dans des recueils d'anecdotes qui ne furent jamais démentis, nous allons nous hasarder d'indiquer ces causes, ou du moins la plus décisive, sans prendre sur notre responsabilité de la garantir, quoiqu'elle n'ait rien que d'honorable pour Talma.

Un matin, comme il sortait de la répétition, il fut abordé par un jokei sans livrée qui, après s'être enquis de son nom, lui remit un billet, duquel cet enfant ne voulut pas attendre la réponse. Talma, rentré chez lui,

lut ce qui suit : « Les sentiments que vous m'avez ins-
« pirés sont proportionnés à votre mérite : c'est vous
« dire qu'ils sont bien forts. Si vous voulez en avoir la
« preuve, trouvez-vous demain à onze heures sous le
« portail de Saint-Paul, et suivez la personne qui vous
« présentera un petit volume relié en maroquin rouge,
» et intitulé : *la Vie de Shakespeare*. Invité par un
» grand homme, pour lequel on connaît votre admi-
» ration, vous marcherez sans défiance. » L'écrit était
sans date, sans signature, sans orthographe. Tracé en
français, mais en caractères évidemment allemands, il
était en outre remarquable par un papier de soie
ambré et par un petit cachet de non pareille, sur lequel,
malgré qu'il l'eût brisé en l'ouvrant, Talma reconnut
distinctement un C gothique ; c'était bien là quelques
indices qu'il était envoyé par une femme, et par une
femme de qualité ; mais était-elle Anglaise ou Allemande ? et ce cachet d'ailleurs, employé assez impru-
demment, était-il le sien ? Beaucoup d'autres questions
se présentèrent au jeune homme qui, suivant le privilège de cet âge et de notre nation, les décida en sa
faveur. D'autres, moins présomptueux, n'auraient pas
manqué de conclure, ainsi que lui, qu'il était, comme
M. d'Étieulette (1), « destiné aux grandes aventures. »

Le voilà donc, dix heures et demie sonnant à l'hor-
loge de Saint-Paul, sous le porche de cette cathédrale :
le voilà se promenant pendant vingt-cinq minutes et
rêvant à la singularité de son aventure. A la vingt-
sixième, débusque d'une rue qui conduit, par le Strand,
à Saint-James s'Parck, une espèce de *groom*, de pale-

(1) De *la Gageure imprévue*, comédie de Sédaine.

frenier, qui s'achemine en sifflant, monte pesamment les marches, le cherche un instant des yeux, l'aborde en se dandinant, et, ayant entr'ouvert sa casaque, en tire un petit livre rouge qu'il lui présente avec raideur et gravité. Talma ouvre le volume et reconnaît Shakespeare. Au seul mot de *com!* proféré par son guide, il répond *allons!* et les voilà traversant toutes les rues qui, du pont de Black Fryers, conduisent à celui de Westminster, et s'arrêtant, après de longs détours, à la petite porte d'un petit pavillon bâti depuis peu à l'extrémité méridionale du parc de Saint-James. Là, dis-je, s'arrête tout court l'homme à la casaque, lequel, après en avoir tiré un fouet à manche gros et court, se met à faire claquer sa lanière pendant près de trois minutes. Le Français, impatient, veut l'interrompre et l'interroger ; mais le *cicerone*, qu'on a deviné être un Allemand, fixe sur lui de gros yeux blancs, et commence tristement la fameuse réponse *cani fürch ston, misérable!...* Au même moment, un coup de sifflet très-aigu se fait entendre derrière la petite porte qui s'ouvre, tandis que le conducteur s'évade, et que Talma se trouve en face d'une duègne grande et sèche qui, l'index sur la bouche, lui fait signe de le suivre.

Il obéit, marche quelque temps à travers les allées sinueuses d'un jardin encore verdoyant (c'était à la fin de l'automne) ; monte les marches d'un perron sur lequel ouvre un vestibule bordé de lauriers-rose et d'orangers, franchit lestement le premier étage de l'escalier ; et, toujours sur les pas de sa conductrice, se voit introduit, par une antichambre décorée de tableaux, dans un grand cabinet, qu'aux objets qui le meublent, il juge un cabinet d'études. Demeuré seul, et, après avoir parcouru des yeux ce qui l'entoure, son regard tombe sur une lettre ouverte qui lui est adressée, et qu'il s'empresse de lire. « On s'excuse de l'espèce de mystère qui l'environne par l'urgence des circonstances : on en appelle à sa délicatesse pour ne pas essayer de le pénétrer, à son honneur pour ne le divulguer jamais. Peut-être a-il soupçonné qu'il était invité par une femme ; il ne s'est point trompé : c'est une femme jeune, qu'on dit aimable, qui ne se croit pas belle, mais qui est aimante et sensible. Elle a vu l'intéressant Français dans ses rôles divers ; c'est dire qu'elle l'a admiré. Elle l'a suivi dans ses principaux ; c'est supposer, s'il la connaissait mieux, le désir de l'entendre encore, le désir plus vif de l'imiter ; et, pour y parvenir, de recevoir en même temps ses exemples et ses leçons. Mais, ainsi qu'on vient de le lui dire, des obstacles puissants, invincibles même, les séparent : il ne doit pas la voir, elle veut pourtant le contempler. C'est la satisfaction qu'elle se procurera à travers la jalousie voilée qu'il peut remarquer au fond du cabinet. Les œuvres dramatiques des poètes français sont à sa disposition, rangées par ordre sur les troisième et quatrième rayons de la bibliothèque ; et des rafraîchissements lui sont servis sur la console de l'anti-chambre. » « Je relus plusieurs fois l'épître en forme d'instruction que j'avais sous les yeux, disait Talma en racontant cette aventure de longues années après ; et, quoiqu'on y parlât plutôt au comédien qu'à l'homme, je ne sais quel autre espoir, ou, si l'on veut, quel autre désir s'insinua dans mon cœur, dans mes sens peut-être, bien préparés à les recevoir par ces mystérieux antécédents. » Quel jeune homme, en

effet, n'eût pas supposé, sur des apprêts aussi singu-
liers, qu'il s'agissait de tout autre chose que de déclamation? Néanmoins Talma commença la sienne;
mais afin de réunir, et même, autant qu'il était en lui,
d'exprimer les deux idées, il choisît pour début la
déclaration d'Hippolyte à Aricie, après laquelle, sous
prétexte de s'évertuer, il dirigea ses pas vers la jalousie
voilée. De là, sortaient distinctement de longs soupirs,
qu'il ne traduisit pas avec infiniment de modestie, et
son exaltation augmenta, lorsqu'il entendit une voix,
à la vérité un peu rauque, prononcer le nom d'*Orosmane*. Aussitôt Voltaire s'élance de la tablette pour
passer dans ses mains; et l'amant de Zaïre, qui peut,
sans trop d'illusion, se croire dans le sérail, adresse
à la sensible jalousie la déclaration la plus brûlante
que jamais amoureux et poète ait pu mettre dans la
bouche d'un sultan. A ces acents si facilement vain-
queurs, des sanglots partent de la loge grillée, dont,
en Français galant, autant qu'en Musulman enflammé,
il s'approche avec vélocité; mais une main assez petite,
assez blanche, apparaît vivement, soulève le voile, et,
avec l'accompagnement de ce mot durement prononcé,
assez!... congédie l'Orosmane déconcerté. Plus prompt
que l'éclair, il se jette sur cette main cruelle dont son
baiser, moins respectueux qu'ardent, ne fait qu'effleurer
les doigts. A la minute précise, la duègne se montre,
indique la porte d'entrée, devenue si vite la porte de
sortie; et, toujours l'index décharné sur ses lèvres
flétries, elle ramène l'acteur à la petite porte qu'elle
ouvre, et sur laquelle s'appuyait, en sifflant, le fidèle
et stupide palefrenier. Talma, qu'il prétendait guider,
le précède, le devance avec rapidié, et l'a bientôt

perdu de vue. Rentré chez lui, préoccupé, et n'ayant recueilli de cette aventure bizarre et tronquée, non la *Vie de Shakespeare* que la duègne lui avait fait déposer en entrant, mais que le volume de Voltaire, glissé dans sa poche par distraction, il l'examina, et remarqua, avec un prodigieux étonnement, les armes d'Angleterre imprimées sur la reliure.

Trois jours après, on lisait dans l'*Evening-Post*, l'article suivant :

« Ce ne sont plus les sultans qui font acheter dans toutes les îles de la Grèce de belles esclaves pour leurs jouissances : ce sont des sultanes qui font recruter dans toute l'Europe d'aimables icoglans pour leurs plaisirs. Hâtons-nous d'ajouter, dans la crainte que la médisance n'équivoque, affirmons même qu'il n'est ici question que des plaisirs de l'esprit, et que, si les susdites sultanes choisissent, pour les leur procurer, de jeunes et beaux garçons, c'est que les âmes correspondent d'autant mieux avec les âmes, qu'elles prennent pour organes des interprètes dignes de leur beauté. C'est ce qui semble confirmé par une lettre que nous venons de recevoir des frontières de l'Allemagne et de la Turquie. On nous mande qu'une très-grande dame de Brunswick, devenue la compagne légitime d'un prince qui, après le sultan est le premier, a fait enlever et conduire dans son sérail un jeune Arabe du nom d'*Amlat*, aussi remarquable par sa bonne mine et la noble régularité de ses traits, que, renommé pour son talent à réciter les vers des poètes de l'Occident. Une fois que la haute et puissante dame a tenu le jeune homme à sa disposition, elle lui a imposé pour rançon un certain nombre de vers qu'il a fallu qu'il déclamât : ce qu'il a fait, dit-on, avec autant de grâces que d'énergie. A la suite d'un premier morceau, dont la sultane a paru très contente, elle a demandé la fameuse déclaration d'Orosmane, et exigé qu'Amlat la traitât en Zaïre, Elle semblait enchantée de ce rôle qu'elle jouait sans doute pour la première fois, l'orsqu'un bruit terrible annonçant le retour du véritable sultan, a épouvanté la Zaïre de Brunswick, et déterminé la retraite du jeune Arabe. On ne dit pas quels souvenirs il a rapporté de cette entrevue ; mais il est certain que si elle eût duré un quart d'heure de plus.... » (Ici l'écritnre de la lettre, devenue illisible, n'a pas permis de deviner le sens d'une phrase que chaque lecteur complétera à son gré.)

CHAPITRE VI

Est-ce à l'évènement dont nous venons de hasarder le récit qu'il faut attribuer le retour de Talma dans sa patrie? Rien ne prouve le contraire ; et voici ce qui peut autoriser cette conjecture. Quelques jours après sa visite au pavillon du parc Saint-James, comme il se promenait dans Hide-Park en apprenant le rôle de *Falstaft*, des *Commères de Windsor*, il fut abordé par une espèce de gentleman qui lui prit la main et la lui secouant avec force : Vous êtes le fils du dentiste Talma ? lui dit-il. — Oui, Sir, répondit le jeune homme avec politesse et quelque fierté ; je suis Talma fils de M. Talma, chirurgien français, et dentiste de Sa Majesté Britannique. — Vous êtes comédien de société? — Je ne fais pas cette profession, et ne connais pas ce titre. Je joue la comédie en société, quelquefois pour le plaisir des autres, et toujours pour le mien. — Vous êtes fier, M. Talma! — Un peu, Sir. — Un homme fier doit justifier son orgueil par son courage. — L'occasion de montrer le mien ne s'est pas encore présentée : je saurais gré à celui qui viendrait me l'offrir. — Je puis être cet homme-là. — Vous, Sir ? (En ce moment Talma s'arrête, et l'interlocuteur en fait autant. Talma devient fort attentif, et l'interlocuteur continue.) Vous êtes Arabe, *que je crois?* — Arabe !... moi, Sir ? J'ai l'honneur d'être Français. — L'honneur, l'honneur !... soit. Eh bien ! moi, M. le Français, j'ai l'honneur d'être Anglais. — L'Angleterre, Sir, et la France sont deux grandes et généreuses nations. Elles sont faites pour s'estimer, pour s'admirer pour se rendre réciproquement de bons offices. — Elles sont faites pour se haïr, Monsieur, pour être rivales et se battre éternellement. — Vous perdez de vue l'objet de cet entretien, Sir : vous me faisiez l'honneur de me demander?... — Je ne vous demandais pas, j'affirmais que vous êtes Arabe. — D'origine (1), dit-on : cela est possible. — Cela est : votre nom est *Almat*, dont celui de *Talma* n'est que l'anagramme. (Ici, le gentleman tire de sa poche l'*Evening-Post* dont nous avons relaté l'extrait. Le jeune Français, qui l'avait lu le matin même, et qui en avait beoucoup ri, commence à deviner, et rit davantage, ce qui augmente le sérieux du gentleman). Monsieur, Monsieur, je n'aime point qu'on soit gai lorsque je parle sérieusement. — Sir, Sir, je n'aime pas qu'on parle sérieusement lorsqu'il n'est question que d'être gai. Au surplus, de quoi s'agit-il ? — Il s'agit, Monsieur, de l'aventure que vous connaissez et que voici (il montrait le journal). Il s'agit qu'Arabe ou Français, amateur ou comédien, *Amlat* ou *Talma*, c'est vous qui êtes le héros de cette aventure, et qui en fûtes peut-être le provocateur. Il s'agit que si, selon les mœurs de votre nation, elle

(1) *Talma*, en arabe, signifie *intrépide*. Nous éclaircirons plus tard cette origine réelle ou prétendue.

vous paraît glorieuse, à nous autres Anglais, qui jugeons, qui sentons d'après les principes de la nôtre, elle semble un peu moins réjouissante. Il s'agit que l'injure faite à la *haute personne* dont parle l'article, rejaillit sur toute la nation ; que cette injure retombe sur elle avec tant de violence, qu'il n'est aucun Anglais digne de ce nom, aucun Anglais *de la vieille Angleterre* qui n'en ait reçu, ou qui n'en recevra le choc ou le contre-coup. Et comme ce choc, ce contre-coup, cette contusion sont personnels, il s'agit qu'il n'est aucun Anglais qui n'ait le droit de s'en plaindre et le désir de s'en venger. — Venger de quoi? — Ne m'entendez-vous pas? de la honte que verse, qu'imprime sur la nation la honte de ceux qui ont l'honneur de la gouverner (1). — Mais, de quelle honte parlez-vous? — De celle que l'article épanche à pleine coupe sur *une personne* dont la conduite, dont les mœurs, dont les sentiments même et la pensée ne peuvent être soupçonnés. — Les soupçons ne sont pas dans l'article, mais dans ceux qui l'interprètent. Qui vous dit, d'ailleurs, qu'il soit question de *la personne* que vous osez soupçonner? Qui vous démontre, d'autre part, que l'article soit vrai? Mais je le suppose vrai, je le suppose relatif à *cette personne,* comment et en quoi la compremet-il? — Monsieur, Monsieur, la femme de César ne doit pas

(1) Cette délicatesse, poussée par tout bon Anglais jusqu'à la susceptibilité la plus ombrageuse, le rend, par une fiction très noble et très politique, solidaire, de la probité des souverains et de la pudeur de leurs femmes. Ces principes, dont Molière autant que Law, Terray et M. de Villèle nous ont appris à nous moquer, expliquent la gravité du procès de la reine d'Angleterre lequel contristait tout le royaume-uni, tandis qu'il aiguisait nos piquantes et immorales épigrammes.

être soupçonnée. — Sir, Sir, un homme prudent, un Anglais *de la vieille Angleterre* ne doit pas soupçonner la femme de César. — Langage de complice. — Le vôtre, Sir, est celui d'un insolent. Il n'y a point de complice là où il n'y a point de crime. En imputer un *à la personne* que vous osez compromettre, c'est attentat ; m'en attribuer la complicité, c'est calomnie. (Après un moment de silence.) Et vous savez ce qu'on fait aux calomniateurs. (Talma, qui n'avait pas perdu son sang froid, et qui se rappelle la scène de D. Diègue et du comte de Gormas, effleure de son gand la joue du gentleman. Celui-ci, qui prend apparemment ce geste pour une caresse, ne s'émeut point d'abord. Puis, comme par réflexion, il met habit et chapeau bas, ôte sa cravatte relève jusqu'aux aiselles les manches de sa chemise ; puis, écartant et arquant les jambes, il tend le jarret, dresse les avant-bras et fait le double moulinet avec ses poings fermés. Talma observe l'attitude et la manœuvre et sourit.) Monsieur, Monsieur, s'écrie l'Anglais furieux, il ne faut pas rire : boxons ! — Sir, Sir, s'écrie Talma en riant aux éclats, il ne faut pas boxer : rions. — Quelques promeneurs que la pantomime du bourgeois de Londres avait attirés, voulurent séparer les contendants, ou les réunir après explication. Mais l'un était trop irité pour la comprendre, l'autre de trop bonne humeur pour ne pas la dédaigner. La nuit vint, qui empêcha le combat, *faute de combattants* ; mais, dès le soir même, Talma, qui s'était enquis du nom de la demeure de son adversaire, n'avait pas manqué de lui adresser un cartel à la française. — Dites à cet arabe, avait répondu le baronnet *Charing*, que nous sommes à Londres et que je me bats à l'anglaise.

D'ailleurs, avant qu'il soit quarante-huit heures, Orosmane aura de mes nouvelles.

Le surlendemain, le jeune homme, décidé par son père, cheminait dans une de ces petites voitures (1) qui entretiennent les communications de Londres à Douvres. Comment, et part quels mobiles invisibles s'était opéré ce prompt départ? c'est ce qu'il est loisible de soupçonner, c'est ce qui ne me serait pas si facile à dire. Quoi qu'il soit, quelques jours après, Talma était à Paris, où il ne tarda pas à ouvrir un cabinet de dentiste, rue Mauconseil.

(1) Voitures à six chevaux qui font, en vingt-quatres heures, et pour le prix d'une guinée, le trajet de Douvres à Londres et retour: on les appelle *Machines originales*, ou *Volantes*.

CHAPITRE VII

La, il exerça durant plus d'une année la même profession que son père. Jeune, spirituel, fait pour plaire, et encore plus pour aimer, il ne manqua pas de devenir le héros de quelques aventures galantes, peut-être même l'objet de quelques sentiments passionnés. Je connais une dame, depuis longtemps mère de famille et excellente mère, sur laquelle, non-seulement le nom de Talma, mais celui de tous ses rôles, fait une expression encore visible. Rarement elle parle de lui ; mais à la manière dont elle analyse le caractère des personnages dont il fut durant quarante ans le digne interprète, on voit qu'elle a fait de celui de l'homme qui les représentait, une étude profonde et suivie. Elle m'a avoué, en effet, que durant les dix années qui ont suivi la rupture de leur liaison, elle n'avait pas manqué dix de ses représentations. Il eut même, durant tout ce temps, l'attention délicate d'envoyer, non à elle, mais à une amie commune, des billets de loge grillée ; car il n'avait pas oublié que cette femme timide et valétudinaire, fuyait le grand jour et la société. Elle connut Talma un peu moins de quinze mois, et le regrettera toute la vie. Aujourd'hui, un sentiment plus amer se

mêle à ses anciennes douleurs, qui ne seront vraisem-
blablement pas de longue durée; car la pauvre créature, atteinte d'un mal incurable, dont la mort de
Talma hâtera les progrès, achèvera bientôt de mourir.

Les nouvelles occupations auxquelles le livrait l'exercice de sa profession, n'absorbaient pas tellement ses
journées qu'il ne pût en consacrer quelques parties à
l'art qu'il chérissait de prédilection. Il y était également rappelé par le regret de ne pouvoir le cultiver, et
par l'espérance de pouvoir s'y abandonner un jour.
Quelques rapports fortuits avec le célèbre Molé ali-
mentaient cette dernière, que fortifièrent de plus
en plus quelques conversations avec Fleury, et des
conseils, plus exprès et plus décisifs, prodigués par
l'amitié, par l'expérience de Dugazon.

A son retour de Londres, il s'était chargé pour le
premier de ces artistes de lettres dans lesquelles trois
seigneurs anglais lui proposaient, au moyen d'une souscription facile à remplir, la création d'un théâtre-Français dans la capitale de la Grande-Bretagne. Le prince
de Galles était à la tête des souscripteurs. Molé, qui
n'était plus dans l'âge des illusions, avait répondu : Ce
n'est pas la *tête* des souscripteurs qui m'inquiète, *c'est
la queue.* A-t-on oublié la tentative infructueuse, déplorable (1) même, de Jean Monnet, et les dégats qui

(1) A l'ouverture de ce théâtre, autour et dans l'intérieur duquel
mugissait cette populace anglaise qui s'est surnommée elle-même
Jean-le-Taureau, les bancs furent arrachés, les lumières éteintes,
les instruments de musique brisés, les décorations mises en lam-
beaux. Non-seulement des huées, mais des projectiles de toutes
matière et de volume accueillirent les acteurs qui, de guerre
lasse, se retirèrent le troisième jour. Il y eut aussi bon nombre
de blessés. Les représailles de cette journée ont eu lieu

signalèrent l'ouverture de son théâtre à Hay-Market ?
John Bull ne souffrira jamais ce qu'il appelle *des comédiens de Paris;* et ce n'est pas en riant que *Jean-le Bœuf* prouve qu'il a des cornes. Il n'y faut plus penser.
— Et sur ce que le jeune dentiste insistait, un peu sans doute par intérêt particulier et dans un espoir personnel : On m'écrit, Monsieur, reprit agréablement Molé, que vous avez eu des succès sur un théâtre de société ; il ne faut pas vous voir longtemps pour être convaincu que ces succès étaient légitimes et bien mérités. Vous auriez le désir de les continuer, comme vous vous en sentez les facultés : rien n'est plus naturel. Mais, n'est-il donc que ce moyen?

Talma, encouragé par cette ouverture, raconta à Molé ses essais, ses travaux, ses tentatives. Il n'oublia ni la tragédie de M. Verdier, ni les applaudissements qu'elle lui avait valus, ni les espérances qui en avaient été la suite. Ce que venait de dire un acteur si renommé, si bon juge dans ce genre, ne devait-il pas faire renaître ses espérances? Elles se ranimèrent; mais comment les remplir? Précisément, continua Molé, il est question d'une école de déclamation, dans laquelle M. Dugazon, M. Fleury et moi serions professeurs. Qu'elle s'établisse, et je tiendrai à l'honneur de vous nommer mon premier écolier.

En effet, quelque temps après, l'école de déclamation fut instituée: Fleury, Dugazon et Molé en furent nommés les premiers professeurs ; et malgré

à la porte de Saint-Martin, d'où une haine prétendue nationale a chassé les tragiques de Londres qui importaient parmi nous Shakespeare en original.

les nombreuses occupations de son état, Talma ne manqua pas d'en être le premier élève.

Chacun des professeur de Talma concourait à développer en lui les qualités dont nous avons pu blâmer et admirer l'emploi. Molé, l'artificiel Molé lui enseignait à gouverner le naturel en le soumettant au frein de l'art; le sage Fleury lui démontrait, par un exemple vivant, qu'il n'est point de difficultés qui ne cèdent aux efforts continus de l'application et de la volonté. Quel était maintenant l'objet des leçons, ou, pour mieux dire, des conseils de Dugazon ? car l'amitié que ce professeur aussi habile que comique original, avait conçue pour son élève, substituait son doux langage à la sécheresse didactique de l'autorité. « Mon enfant, lui disait-il, en entrant dans cette école, vous avez trouvé l'enseignement partagé par deux doctrines : l'une, ingénue et libre, ne veut admettre dans les arts d'imitation que l'expression de la nature ; et j'avoue que je suis souvent de son avis ; l'autre prétend régler cette expression, quand sa rudesse touche à la grossièreté, par les convenances de l'art ; et je confesse encore que je partage quelquefois ce sentiment. S'il s'agissait de moi, je me dirais : abandonnons-nous à la nature, lorsque la fougue des passions nous fait rentrer sous son influence primitive ; mais ne dédaignons pas les belles théories des arts qui ont réduit ces passions en lois, et dont les préceptes embellissent même leurs mouvements désordonnés. Toutefois, lorsqu'il s'agit de jeunes têtes toujours prêtes à céder aux chaudes inspirations d'un talent brut, comme elles le sont à obéir aux premiers élans des passions, je crois utiles, je juge indispensables le joug des règles et les exemples de la tradition. Cependant, il est certaines parties de la science théâtrale sur lesquelles ni la tradition, ni les règles n'ont rien statué, ni rien pu statuer. C'est surtout la pantomime. Ce langage de l'action, universel et intelligible, même pour les esprits les plus obtus, doit être incessamment parlé par l'acteur tant qu'il est sur la scène : c'est avec lui que sont remplis les vides de l'événement, les lacunes du dialogue ; c'est par lui que sont rectifiées les erreurs du discours et suppléées les absences du talent qui n'abandonne que trop souvent le génie pendant ses créations laborieuses. Durant ces éclipses, la pantomime se montre, se déploie, se fait comprendre ; et quand la lumière de l'inspiration reparaît pour le poète, celle qui perce encore à travers le silence de son interprète, augmente et propage son éclat. Sans pantomime on peut entendre une belle diction, accompagnée de gestes savants ; mais il n'y aura jamais de diction juste et de gestes vrais : c'est leur réunion, que j'appellerais harmonique, qui produit l'expression ; et celle-ci est, pour ainsi dire, centuplée par la pantomime qui lui survit, et qui parle aux yeux longtemps après que la bouche de l'acteur est redevenue muette. La pantomime ne l'est en aucun instant : elle ne parle même jamais plus éloquemment que dans le silence général. C'est alors qu'elle emploie cette faculté de traduire, cette science d'interpréter, ces moyens de transmettre qui sont ses plus puissantes ressources. C'est alors surtout qu'elle se montre habile à écouter, plus habile à réfléchir, par la mobilité de la physionomie et l'énergie des attitudes, l'expression que les passions d'autrui produisent en elle. Cet art de s'écouter les uns les autres avec intérêt, d'échanger les sensations respectives, de pénétrer dans les sentiments réciproques, est le sublime de la pantomime, le triomphe de l'intelligence, la source la plus abondante de la sensibilité. Quand il est porté au point où l'avait laissé Roscius, où Garrick nous l'a montré, et où nous le voyons chez Préville, on peut dire qu'il supplée la parole, vaut mieux que le jeu lui-même, et tient la place du génie. Qu'est-ce, en effet, que le génie dans les arts d'imitation, si ce n'est la faculté de communiquer aux âmes, par des moyens analogues aux sens, les sensations et les sentiments qu'elles éprouveraient en présence de la réalité? Et c'est ce but qu'atteint au plus haut degré, et par une grande simplicité d'exécution, la pratique que je vous recommande. Vous êtes fait pour en concevoir l'importance; vous en ressentirez bientôt l'efficacité, et ne tarderez pas à en recevoir le prix. La nature, mon cher Talma, qui vous a doué d'une âme susceptible du bon dans la morale et du beau dans les arts, a voulu que vous eussiez une physionomie apte à exprimer ces nobles émotions. Je prophétise à coup sûr, en prédisant que, si vous-le voulez, nul, plus et mieux que vous, ne se distinguera par l'énergie, par la vérité de son jeu muet. Sur vos traits mobiles, les passions, les émotions simples même, et tous les mouvements intérieurs se peignent avec une grande naïveté. Vous avez, dans le système nerveux, je ne sais quelle disposition au spasme, assez peu favorable à la santé, mais fort utile à la culture des arts. De là une irritabilité permanente qui maintient les sens dans une tension continue : La vôtre est ce qu'en Angleterre on appelle *impressionnable*. Tout vous touche, tout vous inter-

resse, tout vous émeut. Par un élan sans effort, mais
dû à votre nature électrique, vous vous jetez soudain
dans le centre des affections étrangères que vous vous
appropriez. De passif vous devenez agissant, de témoin vous vous faites personnage principal. Moi, qui
vous parle, j'ai parfois éprouvé ce que vous ressentez
toujours; et probablement c'est à cette faculté singulièrement irritable que je dois quelque succès. Sans
beaucoup de contention, je m'identifie avec l'individu
que je représente : et, dès lors, épousant toutes ses
affections, je fais de ses intérêts les miens, et conséquemment de ses pensées mes propres pensées. Ainsi
transformé, je n'ai pas de peine à communiquer aux
spectateurs les mouvements qui me sont devenus personnels, et ils les reçoivent d'autant plus rapidement, et
mieux sentis, que je parle moins. La parole du poète
je l'ai éprouvé mille fois, en exprimant une idée, limite
le sentiment et circonscrit la sensation qu'il procure;
la pantomime ouvre à cette dernière un champ illimité.
Ceux qui écoutent ont une attention vague et stérile;
elle est fixe et féconde dans ceux qui regardent. C'est
alors que, par une sympathie qui, du mime, se communique au spectateur, chacun traduit à sa manière, et
selon ses facultés, l'impression qu'il a reçue : impression que la même sympathie, si contagieuse dans les
grandes réunions, répercute, multiplie, et qui se
manifeste par des explosions simultanées et automa-
tiques. Former de tous ces sentiments épars un sentiment identique, composer de ces sensations indivi-
duelles comme un faisceau d'une unique sensation,
c'est quelquefois le chef-d'œuvre de l'éloquence parlée;
c'est toujours celui de la pantomime. »

Une foule d'exemples vient à l'appui de cette théorie
un peu subtile, un peu abstraite, et que Dugazon
n'énonça peut-être pas dans les termes précis de cette
analyse, mais dont un témoin nous a reproduit le sens.
Probablement même ce résumé de ses leçons sur la
partie de l'art qu'il a pratiquée avec le plus de succès,
n'était-il pas inconnu à un acteur très recommandable
du Théâtre-Français, M. Aristippe, lorsqu'il ajoutait
à ce qu'il a écrit d'ingénieux sur la pantomime, les
remarques par lesquelles nous terminerons les chapitres
qui concernent l'éducation théâtrale de Talma ; car il
nous a semblé que c'était en généralisant les doctrines
dont, avec tant d'autres, cet élève partageait l'enseî-
ment, que, sans déplaire au petit nombre de connaisseurs, nous serions utiles à la multitude annuellement
renaissante des écoliers.

« En étudiant dans la législation de l'histoire les
effets de la langue des signes, on se convaincra qu'on
frappe plus généralement et plus fortement en s'adressant aux yeux qu'aux autres sens, et principalement
à l'ouïe.

« Pylade et Bathylle apportèrent à Rome un genre
inconnu qui joignait un mérite réel aux attraits de la
nouveauté : ils déployaient, dans leurs gestes seuls,
toutes les ressources de l'éloquence. On raconte des
prodiges de cette imitation muette de la nature.

« Dans le geste de lady Macbeth qui, somnambule,
croit voir du sang sur ses mains, les frotte pour l'effacer, et croit toujours le voir, quelle effrayante expression du remords ! quelle pantomime ! Elle en dit plus
qu'un long discours.

« L'acteur doit toujours intéresser, même en gardant

le silence. Son extérieur doit annoncer, avant qu'il parle, ce qu'il va dire. Le sublime de l'art est d'être deviné, par un jeu muet, des uns et des autres; enfin, c'est de faire parler son silence. Cette manière de l'exprimer est la science de tout acteur qui se trouve sur la scène. Rien de ce qui s'y passe ne doit lui être étranger. En Angleterre, mistress Siddons, Kean, Kemble ; en Allemagne, Iffland et Eckoff ont donné la plus grande importance au jeu de leur physionomie.

« Roscius s'exerçait à représenter, par la pantomime seule, la même phrase ou le même fait que Cicéron déclamait.

« L'acteur vulgaire joue de la voix, du geste: le grand comédien joue de la physionomie ; il est véritablement peintre et grand peintre. Il connaît tous les signes, toutes les nuances des affections humaines (1). Sans se mouvoir, sans parler, il peut à volonté les exprimer, et faire passer dans l'âme des spectateurs les impressions les plus variées.

« Garrick surtout a excellé dans ce langage silen-

(1) En attendant les chapitres dans lesquels nous exposerons les doctrines et la pratique de Talma dans *l'Expression*, disons un mot de celle que peut offrir la partie du visage qui en paraît le moins susceptible: nous voulons parler *du nez*.

Dugazon prétendait qu'il y avait quarante manières de remuer le nez.

Les acteurs chargés des premiers emplois dans le haut comique finissent par acquérir une mobilité remarquable dans l'appareil musculaire des ailes du nez et de la lèvre supérieure : tel était Fleury, dont cette appareil avait une mobilité et une action qu'on ne retrouvait pas dans les autres parties de son visage; ce qui le rendait si supérieur dans l'expression des caractères d'hommes à bonnes fortunes, de roués, de séducteurs, et surtout dans l'ironie et le persiflage,

cieux. A une représentation du roi Lear, il porta à un tel degré de sublimité le pathétique, que deux hommes, placés au milieu du parterre, poussèrent des hurlements et se meurtrirent le visage. Ces deux hommes étaient des chefs de tribus de sauvages, qu'un capitaine de vaisseau de la Compagnie des Indes avait amenés avec lui. Les cris de ces insulaires valurent pour Garrick autant que les applaudissements de l'assemblée entière. »

Ce chapitre serait incomplet si, après avoir démontré les avantages de la pantomime, nous ne disions pas quelques mots de ses inconvénients. Ici, nos idées se rencontrant, sous quelques rapports, avec celles de Marmontel, nous fondrons ce que nous concevons dans ce qu'exprime l'académicien, et ce que celui-ci a pensé dans ce que nous avons écrit.

Rien n'est plus rare qu'une pièce parfaitement jouée, car elle a pour juge l'oreille dédaigneuse, les yeux souvent inattentifs, l'esprit pointilleux, quelquefois le caractère difficile, et surtout la raison qui exige que le génie, que le talent soient accompagnés du bon sens. Les yeux sont moins exigeants : comme l'action qui se représente sur la scène arrive rapidement à l'âme du spectateur et s'y identifie, il lui semble que ce sont ses propres intérêts qu'il démêle, parce que ce sont ses propres sensations : le succès de toute pantomime, même médiocre, ou médiocrement figurée, est donc assuré. On attend de l'ordre, des raisonnements d'un drame parlé ; d'un drame en attitude, on n'attend que des émotions. C'est ce qui explique, je ne dirai pas la supériorité, mais l'ascendant de la pantomime, qui parle aux yeux, sur les autres spectacles qui, par l'oreille, arrivent ou prétendent arriver à l'esprit. Cet ascendant augmente à mesure que la civilisation descend du spiritualisme aux jouissances matérielles ; il marqua la naissance du Théâtre-Français dans la production, sur une scène profane, de nos mystères sacrés : on y cherchait, on y retrouvait, avec le souvenir confus des émotions ascétiques, les tableaux corporels des événements prodigieux ; et le spectateur vouait une foi fervente à des miracles qui prenaient, sous ses regards, des formes palpables ; car si le cœur est croyant, les sens seuls sont crédules.

En remontant jusqu'aux Romains, chez lesquels la pantomime éclipsa aisément la dramaturgie, on arrive aux mêmes causes par les mêmes effets. Tandis que les spectacles des Grecs ingénieux se révélaient à des esprits fins et délicats, les Romains austères ou dissolus demandaient à leur scène des émotions sensuelles. Incapables de pénétrer, par l'analyse, les secrets du cœur ou les opérations de l'esprit, ils devaient se complaire, dans l'exaltation de leurs passions, aux spectacles qui les reproduisaient plus agitées encore. Or, la pantomime parle aux yeux un langage bien autrement énergique que la parole ; aucun idiome ne l'y peut égaler pour la force et la chaleur. « Chez elle, dit textuellement Marmontel, tout est action, rien ne languit : l'attention, vivement excitée, ne se fatigue jamais. En se livrant au plaisir d'être ému, on peut s'épargner la peine de penser. La parole semble retarder et refroidir l'action ; elle préoccupe l'acteur et rend son art plus difficile. Le mime est tout à l'expression du geste ; ses mouvements ne lui sont point tracés : la passion seule est son guide. En un mot, l'acteur est continuellement le copiste du poète, tandis que la pantomime est originale. »

Peut-être faut-il ajouter à tant d'attraits celui de la difficulté vaincue, et cette surprise, sans cesse renaissante, de voir un muet se faire entendre. « Enfin, ajoute encore l'académicien cité, dans l'expression du geste, les pantomimes, uniquement occupés des grâces, de la noblesse, de l'énergie de l'action, donnaient à la beauté du corps des développements inconnus aux comédiens, dont le premier talent est celui de la parole ; et, comme on en peut juger encore par l'impression que font nos danses et nos ballets, l'idolâtrie des Romains et des Romaines pour les pantomimes était un culte rendu à la beauté. »

Maintenant, quels étaient et quels sont encore les inconvénients de la pantomime? Elle dispense le siècle qui la voit renaître et le pays qui la voit fleurir, de produire de grands poètes ; elle ne demande que l'esquisse de l'action imitée: c'est un programme ; elle sauve son spectacle de tous les écueils qui environnent la poésie ; et, réduisant tout à l'éloquence du geste, elle se donne pour juges des yeux séduits, après avoir récusé l'oreille, l'intelligence et la raison.

Qu'arrive-t-il? que le peuple, enivré de ce spectacle, commence à dédaigner la comédie et la tragédie, et finit par n'y plus rien comprendre. Que lui importent en effet les mœurs et les caractères que la première met en jeu! que lui font les passions imitées par la seconde! Ce sont les résultats dont il est avide, et ce résultat se compose toujours de situations exagérées, de mouvements sans proportion et d'événements impossibles. Peu à peu la multitude qui, sans s'inquiéter des moyens, veut des effets, n'accorde des succès qu'aux coups de théâtre : plus ceux-ci sont forcés, plus ils sont applaudis. Et comme ces effets ne peuvent être causés que par la passion qui, dans la pantomime, ne peut avoir pour correctif la morale raisonnée, il suit que, dans un tel spectacle, les mœurs s'en vont avec le goût, et qu'au lieu d'instructives leçons, il n'étale que de précieux exemples.

Toutefois ceci, qui concerne la pantomime exclusive, ne saurait s'appliquer à la pantomime, lorsqu'elle est subordonnée à la déclamation : elle en devient, au contraire, l'agréable compagne et l'utile auxiliaire ; et c'est elle que l'expérimenté Dugazon enseignait à Talma.

CHAPITRE VIII

Notre écolier essayait alors sur le théâtre de Doyen la doctrine de ses maîtres. On était d'abord frappé de la régularité de ses traits, de la grâce de son maintien, de la chaleur de son débit ; mais rien, sous cet extérieur plus agréable qu'imposant, ne révélait ces facultés puissantes qui devaient donner une nouvelle face à la scène française, et commencer, dans toutes les parties de l'art théâtral, une révolution arrêtée seulement par sa mort. Pourtant, il était difficile qu'avec l'esprit méditatif qu'il avait reçu de la nature, et le caractère rêveur que déjà les événements politiques mûrissaient, il était impossible qu'un tel homme n'apportât pas au concours général quelques neuves idées. Anatomiste, il aurait augmenté, reculé les découvertes du scalpel ; artiste dramatique, il devait marcher sur des traces célèbres, et les effacer par des tentatives nouvelles et des succès inouis.

L'école dont il faisait partie, et dont il était sans contredit l'élève le plus distingué, n'offrait, pour ainsi dire, qu'un embryon, que tout le talent des maîtres, que tout leur zèle ne pouvait développer, parce qu'il trouvait, à chaque effort, des obstacles invincibles.

Dans ce temps (c'était, qu'on ne l'oublie pas, à la veille
de la révolution) toutes les idées mises en fermentation
détournaient tous les esprits de résolutions fixes, de
partis arrêtés : on projetait beaucoup, on dissertait
davantage, on craignait d'exécuter. Il y avait, jusque
dans les moindres recoins de l'édifice social, une sorte
d'ébranlement qui en présageait la chute prochaine,
et qui faisait redouter d'y adopter un asile permanent.
Une crise n'est pas éloignée, lorsqu'à la stabilité antique succède je ne sais quel esprit, ou plutôt quel délire
provisoire qui déménage tout et ne place personne.
Par suite de ces inquiétudes, de ces indécisions uni-
verselles, les écoles se remplissent de néophytes ;
mais, par l'effet de cette même versatilité, ces écoles,
fondées sur le papier, manquent d'aplomb et de ressources pour s'asseoir à perpétuité. Telle se présentait
la nouvelle institution dramatique, lorsque Talma y
fut admis : elle s'honorait de professeurs fameux, elle
regorgeait d'écoliers ; mais, réduite à un beau projet,
il lui manquait des principes et une doctrine pour la
cimenter, des établissements accessoires pour la con-
solider. Vingt ans après, et lorsque le Conservatoire
l'eut remplacée, Talma en pensait encore ainsi, et
plusieurs d'entre nous se rappelleront avec quelle
chaleur et quels regrets il s'exprimait sur un sujet si
nécessaire à la fondation de sa doctrine à l'unité de
l'enseignement, à la propagation des traditions.

Les études anatomiques et celles de la science théâtrale partageant les loisirs de Talma, tenaient sa destinée comme suspendue entre deux inclinations contraires. Je dis inclinations, je devrais dire aptitudes,
tout au plus ; car, certes, il y avait déjà longtemps

que son goût très prononcé le faisait pencher vers le théâtre. La mort de son père, dont, par déférence peut-être, il aurait continué la profession, le rapprocha de celle qu'il chérissait de prédilection : une circonstance singulière, et qui devint l'événement décisif de sa vie, acheva de le déterminer.

C'était souvent vers le jardin du Roi qu'il dirigeait ses promenades studieuses. Plus d'une affection, puissantes sur un caractère tel que le sien, l'y ramenaient sans cesse. Là, près des échantillons que la science a comme emmagasinés pour l'instruction des naturalistes, il pouvait admirer, sous des couleurs plus vives, une nature plus majestueuse et qui semble couronner de guirlandes indigènes tant de produits exotiques.

Presque au bout de la longue allée latérale qui encadre le côté gauche de ce beau jardin, et comme pour contraster avec cette magnifique voûte d'ormes et de marronniers, on a planté un joli quinconce de sycomores et d'acacias dont le feuillage découpé projette, sur une pelouse verdoyante, son ombre mobile. Là, autour de bancs solitaires, broutent quelques chèvres avec leurs chevreaux, parmi lesquels deux ou trois chiens, compagnons d'autant de promeneurs, se mêlent et jouent en les harcelant.

C'était sous ce frais réduit, qu'après avoir erré longtemps dans les vastes espaces du jardin, notre élève venait terminer ses excursions savantes par une station donnée tout entière au plaisir. Ordinairement c'était le soir, quand le soleil à l'horizon, lance, à travers les portiques de verdure, des faisceaux colorés de ses rayons mourants. Tout est calme dans la solitude : un souffle, à peine sensible, effleure les palmes légères des acacias ; à travers leur réseau transparent, on voit errer quelques oiseaux, échappés des nombreuses peuplades qui gazouillent sous les marronniers ; les chèvres, lasses d'opposer leurs têtes cornues aux jappements des chiens folâtres, offrent à leurs petits leurs mamelles toutes gonflées de lait; et de vieux promeneurs fatigués s'asseyent en silence dans ce lieu tranquille et qui convient si bien à la paix de leur âme.

Celle de Talma n'était pas si paisible. Dans l'âge où les passions commencent à élever leur tourmente, il éprouvait ce malaise, cette anxiété qui signalent la plus intéressante, mais aussi, peut-être, la plus pénible époque de la vie ; et sa mélancolie naturelle, redoublée par la mort récente de son père, avait pris un caractère inquiet, presque lugubre même, par les incertitudes où le jetaient la nécessité et l'embarras de choisir un état.

Voilà les dispositions chagrinantes qu'il apportait partout, mais qui s'adoucissaient, comme par enchantement, à l'aspect de cette magnifique solitude qui, d'ailleurs, lui retraçait des souvenirs personnels. N'était-ce pas dans cette enceinte, en effet, et sur le terrain même où l'on construisait alors la maison de Buffon, qu'il avait reçu les premières révélations littéraires et la première initiation dramatique ? La *journée de Tamerlan* n'était pas encore si loin des jours qui se déroulaient pour lui. Pouvait-il faire un pas, saluer un arbre, reconnaître une *cabane*, une *maisonnette*, sans se rappeler que c'était en leur présence qu'il avait récité les premiers vers ? Il voyait encore, au milieu des débris de son pensionnat, une portion de la salle d'études qui avait retenti de ses gémissements, arrachés pendant les répétitions de son fameux récit. Et lorsqu'un Racine à la main, il se retrouvait sous des ombrages si rapprochés, est-il étonnant que ce mélange confus de souvenirs pénibles et doux ait livré son jeune cœur à je ne sais quelle sensation de tendre tristesse qui n'est ni sans soupirs, ni sans volupté?

Par une belle matinée du mois de juin, après avoir, selon sa coutume, fait le tour du jardin et stationné quelques minutes au belvéder qui couronne le labyrinthe, il en était descendu lentement, et du penchant d'un sentier étroit dont la vigne vierge et la clématite bordent les contours sinueux, ses yeux, après avoir erré sur l'horizon immense que limitent de toutes parts les monuments de Paris, venaient de s'arrêter sur le cèdre qui déploie ses vastes rameaux toujours verts, et que M. de Jussieu rapporta du Liban dans son chapeau. Cette faiblesse de l'homme, que souvent la nature, dans sa force, invoque en auxiliaire, suggérait à notre promeneur quelques réflexions philosophiques, bientôt redoublées à l'aspect du buste de Linné. Talma, qui portait sous le bras un volume du *Spectaculum Naturæ* (1), s'étonnait, se serait presque indigné, qu'on eût élevé un monument si mesquin à un si grand homme ; et sa pensée comparait involontairement cette image, à peine visible et déjà rongée de mousses, aux statues insolentes, aux mausolées fastueux que la vanité des vivants consacre trop sou-

(1) L'un des principaux ouvrages du naturalisme suédois, et dans lequel il a commencé la régénération de la botanique, continuée par Tournefort, les Jussieu, Lamarck, etc.

vent à la nullité, quelquefois même aux crimes des
des morts. Cependant il se trouvait en face du sage
d'Upsal, et n'avait pas remarqué qu'une partie du
banc circulaire qui entoure le cèdre, était occupée
par deux dames, dont l'une, d'un âge mûr, faisait une
lecture que la seconde, plus petite et voilée, semblait
écouter avec un vif intérêt. Ce recueillement était
même si profond, qu'il permit au jeune homme d'examiner celles qui s'y livraient, et de saisir quelques
phrases de leur lecture. C'était *Œdipe chez Admète*,
cette œuvre où la critique a pu trouver à reprendre,
mais qui respire, dans les tragiques vers du Sophocle
de nos jours, tout le génie de l'ancien, avec un organe
plus touchant qu'animé, la lectrice, arrivée à cette
scène que le talent de Brizsard, si bien d'accord avec
l'âme de Ducis, a rendue célèbre, proférait ces mots :

> D'être heureux, en naissant, l'homme apporte l'envie ;
> Mais il n'est point, crois-moi, de bonheur dans la vie.....

Non, non, il n'en est point ! s'écria la personne
voilée, qu'à la douceur de sa voix il était aisé de reconnaître pour une très jeune fille, mais qu'à son accent plein de mélancolie, on pouvait soupçonner d'être
malheureuse.

« Ma fille, s'écria la dame âgée, en s'interrompant....., puis, d'un ton plus bas, et d'un accent pénétré, mon enfant, dit-elle, serez-vous toujours si
peu raisonnable ! » Silence de la jeune personne qui
rajuste son voile et soupire. Talma, immobile, écoute
attentivement. La mère continue :

> Il lui faut d'âge en âge, en changeant de malheur,
> Payer le long tribut qu'il doit à la douleur.....

Ici la demoiselle, qui tenait un bouquet, ou plutôt un faisceau de plantes fleuries, le laisse échapper, afin de porter à ses yeux son petit mouchoir blanc : il est clair qu'elle pleurait ; mais pourquoi, et de quoi pleurait-elle?

La mère continuait, sans avoir remarqué le mouvement de sa fille :

Ses premiers jours, peut-être, ont pour lui quelques charmes.

« Ah! maman, s'écrie la fille, ce *peut-être* ne doit pas exprimer le doute ; il est dans l'intention d'Œdipe de le rendre affirmatif : Œdipe ne fut-il pas toujours malheureux ? »

Voilà, dit Talma en lui-même, une petite personne à qui le chagrin inspire des réflexions bien fines et bien mélancoliques. Le cœur a donc aussi ses subtilités?

« Ma Louise, répond la mère d'un ton presque de reproches, ma Louise a donc oublié *le charme de ses premiers jours?*..... Alors ton père vivait encore, et nous étions tous trois heureux!.... »

Ici nouveau silence, pendant lequel Louise, saisissant la main de sa mère, la couvrit de larmes et de baisers. Cette dame cependant ne pleurait point : sous un extérieur assez commun, et avec une physionomie peu distinguée, elle offrait l'image de la résignation et de la bonté. Elle reprit :

Ses premiers jours, *peut-être*, ont pour lui quelques charmes,
Mais qu'il connaît bientôt les soupirs et les larmes!.....

Ceux de la jeune fille avaient augmenté; et ce petit tableau de famille commençait à provoquer l'attendrissements du jeune spectateur. Aux derniers vers du couplet :

> Il meurt dès qu'il respire, il se plaint au berceau;
> Tout gémit sur la terre, et tout marche au tombeau.....

il ne put se défendre d'un mouvement très marqué qui fit porter vers lui les regards des dames. Celle que cachait son voile se leva vivement, et se tournant vers le bas de la colline, elle commença à la descendre avec quelque rapidité. La mère, moins agile la suivit à trois pas de distance, et répétant ces derniers mots d'un ton plus soutenu : « Voilà, dit-elle, de bien beaux vers! » « C'est qu'ils sont vrais, » ajouta Louise, dont la voix, affaiblie par l'éloignement, arriva à peine jusqu'à Talma.

Il les avait perdues de vue depuis une minute au moins, et réfléchissait à cette rencontre, que son caractère, d'un tour tant soit peu romanesque, transformait en premier chapitre d'une aventure, lorsque, jetant les yeux au pied du cèdre, il y découvrit les fleurs échappées à la main de la jeune fille, et qu'il ramassa aussitôt. C'était un bouquet de plantes champêtres, évidemment cueillies dans quelques-uns de ces terrains sans culture qui avoisinent les barrières, sur lesquels un poète naturaliste, Bernardin de Saint-Pierre, je crois, a prétendu que la Flore parisienne avait épanché sa corbeille (1).

---

(1) Paris et son enceinte intérieure abondent en plantes assez nombreuses pour figurer avantageusement dans tous les genres, dans toutes les espèces, et même dans la plupart des familles. C'est ce qui compose la *Flora parisiensis*. Il fut même un temps

Peut-être, sans cette circonstance, le souvenir de cette petite scène eût-il été tout ce qui en serait resté dans la mémoire du promeneur mais ce promeneur était galant : en examinant le faisceau, il n'eut pas de peine à reconnaître, qu'il avait coûté plus d'une exploration laborieuse; il était donc naturel qu'en cherchant à le restituer à celle qui les avait faites, il la récompensât de la peine qu'elle avait prise à les faire.

Mais, où la retrouver ? Quel sentier avaient suivi ces dames pour descendre, du monticule où s'élève le labyrinte, dans la plaine où la science étale ses plates-bandes botaniques? Une idée, qu'il jugea lumineuse, fut de remonter le tertre avec vélocité et de quêter des yeux, à travers les cimes verdoyantes, la trace des fugitives. Elle paraissait d'autant plus aisée à suivre, cette trace, que ces dames, vêtues en *lévites* blanches du matin, apparaîtraient nécessairement en quelqu'endroit du jardin qu'elles fussent, et que d'ailleurs la matinée n'était pas assez avancée pour que cette belle solitude du jardin du Roi fût peuplée de promeneurs ou d'écoliers.

Voilà donc Talma qui décrit, avec une rapidité égale à son impatience, la spirale ascendante qui aboutit au belvéder ; et, de cet observatoire, le voilà qui promène ses regards circulaires dans les carrés, dans les enceintes, autour des bassins. Il n'est point d'allée dont ses yeux ne suivent l'alignement, dont ils ne parcourent la perspective, en dépit de la voûte de verdure

où la solitude avait tellement ensemencé certains quartiers, qu'un botaniste a pu nous donner une nomenclature classée sous le titre de *Flore de la Place Vendôme.*

qui se balance sur leurs colonnes. Vains efforts ! Rien ne se montre au perquisiteur, alors, après plusieurs tentatives infructueuses, il redescend tristement et s'achemine, d'une allure machinale qui le ramène, sous le cèdre, au pied de Linnæus, et qui l'asseoit sur le banc encore jonché de quelques plantes fannées.

Que faire alors? Regretter et rêver : regretter l'occasion manquée, et qui probablement ne se retrouvera plus ; rêver aux circonstances qui la rendaient favorable, aux circonstances qui la rendent inutile. Une mère respectable, une fille charmante !....... de l'éducation !........ de l'instruction !.,... les secrets de la science et l'amour des beaux-arts!..., et quel art encore ! celui du théâtre ; car on ne lit pas si correctement des vers, on ne les écoute pas avec ce recueillement religieux, qu'on n'en sente la valeur, qu'on n'en connaisse le prix. Que penser aussi, que dire de ces caractères si attachants dans leurs contraste, celui d'une mère aimant avec réserve, celui d'une fille abandonnée à tous les élans de la sensibilité? Mais c'était surtout la voix de cette dernière qui résonnait encore aux oreilles de notre jeune curieux. Jamais, se disait-il, pareil organe n'a surpris mes sens ; que dis-je? ses vibrations ne sont pas dans mon ouïe, c'est sur mon cœur qu'elles retentissent. Elle n'a dit que quelques mots ; mais avec quelle mélodie ils se sont exhalés jusqu'à moi !...... Quelle pureté dans le son! quelle flexibilité dans l'accent! quelle suavité dans l'expression ! Ah ! que la bouche dont ils émanent doit être adorable, puisque, sans la montrer, ils sont encore si séduisants ! Puis, cette dernière réflexion provoquant je ne sais quelle curiosité impatiente : mais pourquoi ce voile? se demandait-il ; avec cette taille molle et flexible, cette main qu'on croirait modelée par Julien (1) ou par madame Lebrun (2), et ces beaux cheveux, dont quelques anneaux jouaient sur son cou délicat, un voile ne saurait cacher de difformité. Ah ! le penser seulement serait un blasphème ! Il vaut mieux croire qu'en nous dérobant un prodige, il ménage notre fragilité.

Et, sur cette pensée que la disparition de celle qui en était l'objet empoisonnait de nouveaux regrets, Talma quitte brusquement le tertre où il était assis ; il parcourt dans tous les sens, il visite dans tous ses recoins ce jardin, qu'il trouve désert pour la première fois, et ne le quitte, après deux heures de recherches, qu'avec l'intention de les recommencer dès le lendemain.

Le lendemain, la suite d'un orage qui avait éclaté la nuit, enchaîna Talma dans son cabinet ; et cette suite, qui se prolongea durant trois jours, lui permit de s'occuper de tout, hormis de théâtre et d'odontalgie. Mais de quoi se serait-il occupé préférablement au souvenir de l'inconnue, dont l'image voilée lui apparaissait à chaque instant au millieu de ces plantes qu'elle-même

(1) Sculpteur célèbre : c'est à son ciseau que l'on doit *la Galathée*, nymphe bocagère, dont les jambes, les pieds et les mains sont modelés avec le sentiment de l'antique et du beau fondus dans la perfection moderne.

(2) Les portraits de madame Lebrun, indépendamment de beaucoup de mérite, altéré quelquefois par un peu de mauière, sont fameux par l'élégance avec laquelle elle dessinait les extrémités. Les mains du portrait de la reine sont un chef-d'œuvre en ce genre.

avait cueillies, et dont il se disposa à faire un herbier. Ce doux passe-temps remplit assez bien le vide des trois journées ; dans la crainte même que la pluie qui les avait gâtées ne continuât, il allongea tellement son travail, que la quatrième le surprit quand il en était à peine à la moitié. Pourtant, comme le retour du soleil amena celui de ses espérances, il décida aussi celui de ses nouvelles recherches.

Ceux qui n'ont connu ce grand acteur que dans ses dernières années, ont quelquefois remarqué, avec un étonnement mêlé d'une sorte d'attendrissement, qu'aux idées mâles, inspirées probablement par les grands hommes qu'il représentait, Talma joignait, avec certains goûts de l'enfance, quelques-uns des aimables défauts compagnons de la puberté. A l'époque de sa vie que nous retraçons, il portait ces défauts à l'excès. Par exemple, quelle n'était pas son impatience, lorsqu'un obstacle s'opposait à des désirs qu'il regardait comme légitimes ? Et, pour la passion, en est-il qui ne le soient ! Qu'on se le figure donc se *dardant* tout d'un trait, dans ce jardin, où, sans le vouloir, sans s'en douter, il a reçu la première atteinte qui n'ait pas même effleuré ses sens, et qui, par cela même, ait touché son cœur, Qu'on se le représente *arpentant* à grands pas les longues allées, circulant rapidement autour des bassins, gravissant les deux labyrinthes, furetant les massifs et les bosquets, revenant vingt fois sur lui-même, et toujours ramené par les désirs et l'espoir au pied du cèdre de Jussieu. Qu'y trouvait-il ? hélas ! une vaine image, bien mieux empreinte dans sa pensée, et quelques vertiges encore de cette apparition dérisoirement montrée, trop vite disparue. C'est alors qu'il accusait le sort, et, comme tout jeune homme en pareil cas, qu'il invectivait contre sa propre destinée. L'ignorance où il était sur l'héroïne de ce qu'il appelait son aventure, redoublait son mécontentement. Du moins, se disait-il, si je l'avais vue!..... Mais, ajoutait-il avec désespoir, ces choses ne sont faites que pour moi, et je ne la reverrai jamais !.....

Le lecteur, que je n'ai point ramené sous le quinconce des acacias, me demande pourquoi Talma, qui lui semble n'avoir oublié aucun coin du jardin, a pourtant négligé celui-là? Et qui vous dit, lecteur honorable, mais un peu impatient, qui vous dit qu'après le banc du cèdre, ce n'est pas ce joli réduit qu'ait visité notre promeneur passionné? Il est de ces détails qu'on doit épargner à la pénétration de qui n'ignore pas certains antécédents ; et par ceux que l'on connaît déjà du caractère, ou si mieux n'aimez, du tempérament de notre jeune homme (car, à cette période, le tempérament achève de se former, pour servir de moule au caractère), n'est-il pas aisé de conclure la plupart de ses démarches dans une circonstance donnée? Ainsi donc, reprend la vive lectrice qui veut bien dialoguer avec son auteur, ainsi M. Talma, descendu pour la troisième fois du tertre de Linnée, a traversé rapidement la rampe, tourné le bassin des plantes aquatiques, franchi d'un saut la grande allée latérale des marronniers ; et, tout essoufflé, le front humide de sueur, la poitrine pantelante, le voilà qui tombe affaissé sur son banc favori, ou peut-être qu'il se jette sur le fin gazon, encore humide d'une pluie de trois jours? — Pardon, Madame ; mais tout jolis, tout possibles qu'ils sont, ces détails ne sont pas exacts. M. Talma, quelqu'impatient que vous le supposiez, quelque contrarié qu'il soit, s'est donné le temps de tempérer ses contrariétés, d'exhaler son impatience. Un petit vent d'est-sud, tout embaumé des parfums de l'Inde, a singulièrement rafraîchi ses idées. Hier, ce matin même, il désirait beaucoup ; maintenant, il désire mieux : il désire retrouver celle que beaucoup d'illusions, qu'un peu de mystère lui ont fait imaginer une divinité ; mais enfin, cette divinité qui, malgré le voile dont, comme sous un nuage, elle se dérobait aux adorations, cette divinité s'est révélée, au moins une fois, sous des formes palpables ; pourquoi ne daignerait-elle pas se manifester encore ? Et, pour jouir de sa présence, il faut la chercher ; et pour la chercher, il faut de la réflexion, du sang-froid. Toutefois, ce sang-froid qui voit juste, cette réflexion qui conseille bien, vient de conseiller à Talma de moins chercher, de plus attendre. Ce n'était pas la première fois que ces dames visitaient le jardin du Roi ; ce ne sera pas la dernière. Mais elles ne le visitaient pas, elles s'y promenaient. Elles y étaient en toilette du matin, au sortir d'une herborisation : donc elles en sont voisines, donc elles aiment, elles cultivent la botanique, donc cette proximité favorable, ce goût aimable les ramèneront. Il faut imaginer un rendez-vous ajourné : elles s'y trouveront ; il ne s'agit que de persistance, il ne s'agit que d'attendre.

— Comment, Monsieur (c'est ma charmante lectrice qui parle), comment, M. Talma n'est point descendu au quinconce ; et là, comme je le souhaitais, comme je l'aurais parié, et comme le veut toute aventure galante, il n'a pas découvert son inconnue, cachée sous la pénombre d'un jeune acacia ? Un voile à demi levé ne lui a pas permis de vérifier le rêve de son imaginaiion ? Et la demoiselle, dont la mère prudente cueillait des pâquerettes à deux pas, ne lui a pas lancé un de ces regards qui disent : *je vous attendais ?* — Hélas, Madame, je suis désespéré que, dans la réalité de notre histoire, tout n'aille pas aussi vite que dans la chaleur d'un roman. Dussiez-vous fermer le livre à cette page, je dois, en conscience, vous assurer que rien ne s'est passé comme vous l'avez imaginé, peut-être aussi comme je l'eusse désiré moi-même ; mais, en vérité, notre héros, arrivé au quinconce, n'y trouva que deux vieux promeneurs qui le saluèrent à titre de connaissance, et quelques chèvres dont il eut beaucoup de peine à se débarrasser, attendu que sa main gauche avait ramassé, sur le banc du cèdre, quelques rameaux de cytise, dont, comme vous ne l'ignorez pas, les descendantes d'Amalthée sont très friandes. — Monsieur, vous vous moquez de moi, avec ces détails ignobles ; et quand j'attends une situation dramatique, vous me donnez des observations d'histoire naturelle ! — J'ai eu l'honneur de dire à Madame qu'elle pouvait fermer le livre qui a le malheur de lui déplaire. — Non, Monsieur, non, je ne ferme pas le livre ; je persiste, et suis bien aise de savoir où aboutiront tant d'inutilités.

Or, parmi ces bêtes broutantes et bêlantes (c'est des chèvres que je veux parler), il y en avait une aussi remarquable par la blancheur de sa toison, que par l'ampleur de ses mamelles, et qui, suivant Talma à la piste, lui arrachait brin à brin les branches flexibles du cytise, et paraissait les gruger avec beaucoup d'appétit. Un enfant de dix à douze ans, marchant à côté de l'animal qu'il tenait en lesse, essayait de lui faire lâcher prise, ce à quoi il parvenait de temps en temps, jusqu'à ce que la chèvre, délivrée par un coup de tête, se soit remise au ratelier dont elle s'était écartée par un bond. Ce petit jeu, la beauté de l'animal, l'air éveillé de son conducteur, avaient d'abord distrait notre rêveur, et commençaient à l'intéresser. Il s'arrête, passe sur le dos soyeux de la chèvre une main caressante, et, lui présentant de l'autre l'amer feuillage : elle aime donc bien cette plante ? dit-il, en souriant, au jeune garçon. — Ça mange de tout, répond celui-ci ; mais elle préfère celle-là, parce que notre demoiselle l'a gâtée. — Et comment cela, mon petit homme ? — Oh ! c'est qu'ils disent comme ça que le *certyse* donne du lait... — Cela est vrai, et l'instinct de la bête eût suffi pour le lui faire préférer. — Et notre demoiselle *est au lait* de chèvre pour tout potage. — Je comprends. Elle est malade, ta maîtresse ? — Pas notre maîtresse, Monsieur, mais bien notre demoiselle. — Sa nièce, peut-être, ou sa fille ? — Sa fille, Monsieur : ils disent comme ça que, depuis *son gros* accident, elle *menace* d'être *pulmonaire.* — C'est *pulmonique* que vous voulez dire. Mais quel fut donc ce *gros* accident ? — Pour ce qui est de ça, Monsieur, je ne saurais le dire, car je ne le sais pas ; et si je le savais, je le dirais *tout de même* ; car il n'y a pas de mal d'avoir des maladies ou des accidents. Tout ce que je sais, c'est que depuis le sien, notre demoiselle porte un voile. — A ce mot, Talma fait un soubresaut, pousse un cri, et se rapprochant rapidement du chèvrier, que sa brusquerie étonne : un voile, dit-il, d'un accent étouffé! c'est elle! Et ce cytise?... il abondait dans les plantes dont j'ai fait un herbier... Ce cytise!... ce voile!... c'est elle, je n'en saurais douter. Eh, dis-moi, mon petit ami : ta demoiselle est jeune? — Oui, Monsieur; et belle donc! Dame, fallait la voir quand elle ne portait pas ce maudit voile! — Ta demoiselle et sa mère viennent souvent ici? — Ici? jamais, Mon-sieur, à cause d'un promeneur qui veut toujours traire ma chèvre, et qui, *par contre-coup*, venait parler à notre demoiselle. — L'insolent! — C'est justement ce que dit notre maîtresse; mais, depuis ce temps-là, elles se promènent ailleurs. — Ah! ce n'est pas elle! que je suis malheureux! — Car tous les matins, ou peu s'en faut, elles *grimpent* au labyrinthe. — Au la-byrinthe? c'est elle. — Eh, certainement *que oui*, Monsieur, c'est elle. — En robe blanche, en chapeau de paille? — Et ce *vilain* voile jaune pardessus. — Et avec sa mère, femme respectable? — Et bien savante, *allez*, Monsieur. Ça ne sort jamais sans son livre. — Un livre! c'est elle. Des tragédies, n'est-ce pas, mon petit ami? *Œdipe chez Admète?* — Je ne comprends pas, Monsieur. — Il a raison... je suis fou?... c'est que j'éprouve une joie, un ravissement, une surprise!... (et donnant une poignée de monnaie à l'enfant), tiens, mon ami, prends... c'est pour acheter des gâteaux... — Est-il donc bon, ce Monsieur! il donne à déjeuner à ma chèvre, et n'oublie pas son petit conducteur. Ah! Monsieur, si pouviez guérir notre demoiselle, et lui ôter son voile qui me *taquine* tant!

Le reste du dialogue se devine. Talma, interrogeant *sur faits et articles* le petit bonhomme qui ne deman-dait qu'à répondre, apprit que la jeune personne se nommait *Louise de Garçin* (1); qu'elle était d'une famille très honnête, et sous la tutelle d'une mère qui, aux soins d'une éducation brillante, avait joint les exemples d'une conduite vertueuse. Par quelques détails échappés aux naïves causeries du jeune pâtre, il devina même que la dévotion, ou du moins la piété faisait partie de *la manière d'être* de ces dames. Elles se promenaient presque chaque matin au jardin du Roi, dont, comme il l'avait conjecturé, elles étaient voisines ; et de là, se rendaient à la messe des Enfants-Trouvés : c'était même parmi eux que madame de Garçin, à laquelle l'aumônier de la Pitié l'avait recommandé, avait choisi son petit chévrier.

De retour chez lui, notre jeune homme, dont cette aventure enveloppée venait d'exalter prodigieusement les facultés, se livra à la recherche des moyens qui pouvaient l'aider à la terminer. Par une contradiction qui ne paraîtra inexplicable qu'à ceux qui n'ont pas aimé, il fut presque fâché d'en avoir tant appris ; mais, pourtant, il lui restait encore assez de circonstances à pénétrer, pour tenir en haleine sa curiosité amoureuse et son esprit romanesque.

La principale de ces circontances, la plus insoluble en apparence, et probablement la plus décisive, était ce voile contre lequel il avait déjà murmuré le premier jour, et sur lequel, depuis que le petit pâtre lui en avait parlé, il redoublait ses conjectures. Puisqu'une laideur repoussante n'avait pas prescrit cette précaution, de quelle nature était donc *l'accident* qui l'avait conseillée?

---

(1) L'usage a prévalu de la nommer *Desgarçin*, parce que, dans ses débuts, l'affiche altéra ainsi son nom.

Après avoir promené sa pensée sur une foule d'hypothèses, il s'était enfin condamné à n'attendre un éclaircissement que du temps et du hasard. Au milieu de
ces idées, mais plus tranquille sur la possibilité de
retrouver l'objet de sa sollicitude, il acheva son herbier ; et lorsqu'il fut terminé, il retourna au jardin du
Roi. Les dames n'y étaient pas. Après avoir visité le
tertre du cèdre et le quinconce d'acacias, où il ne trouva pas non plus le chévrier, il supposa qu'elles assistaient à la messe de l'église voisine. En conséquence,
il s'achemina, son herbier sous le bras, vers les Enfants
de la Pitié.

Tout l'édifice, tendu de blanc, était parfumé de la
senteur des roses blanches et des bluets, dont une
guirlande courait en festons le long de la corniche, et
se nouait en faisceau sous le chapiteau de chaque colonne, où elle réunissait les longs plis de la draperie.
Un *parement* de satin blanc *habillait* l'autel, en deçà
duquel, et presqu'au milieu de la nef, était placé, sur
des tréteaux un modeste cercueil, couvert aussi d'un
drap blanc, et décoré de cinq couronnes de violettes,
en forme de croix. Tel était alors le cérémonial chrétien et champêtre pratiqué aux obsèques d'un enfant-
trouvé. La religion, qui avait recueilli son existence
délaissée, ne l'abandonnait pas sur le seuil de la
tombe ; et tandis que l'orgueil étalait, aux funérailles
du puissant, de riches métaux et de somptueuses draperies, la charité, une couronne de bluet et un cierge
à la main, conduisait aux dernières demeures, l'enfant
qu'elle avait nourri dans son sein.

Un grand silence régnait dans l'église quand Talma
y entra. On y respirait, avec l'odeur des roses, le par-

fum de l'encens qui voilait, d'un nuage diaphane, la clarté de quatre torches brûlant aux coins du cercueil. Celui qui s'y endormait au milieu de ces honneurs funèbres, était un jeune homme de dix-neuf ans, mort, disait-on, d'une langueur inconnue, et qui, selon les *récits* du voisinage, avait pris sa cause dans une passion sans espoir. Peut-être apprendrons-nous bientôt quelques détails sur cette aventure.

Six prêtres dans le sanctuaire, deux-cents garçons dans les bas-côtés, une douzaine autour du mort, et autant de femmes du voisinage, remplissaient l'église. Du milieu de cette réunion silencieuse, une voix se faisait entendre (c'était celle d'une jeune fille) : elle chantait, sur un mode plus doux que triste, une de ces lamentations que Jérémie prophétisa contre Jérusalem, et dont la communication catholique a placé quelques-unes dans l'office des morts. On a deviné peut-être que cette personne était la demoiselle au voile. Talma ne l'avait pas encore regardée, qu'il en était convaincu. Par je ne sais quel indéfinissable instinct, son désir avait pressenti la realité. C'était en effet mademoiselle de Garcin. Sollicitées par l'aumônier de la maison, elle et deux amies n'avaient pu se refuser à paraître dans cette cérémonie, à la décorer de leurs talents. Le sien, dans la musique vocale, était bien moins remarquable par l'étendue ou les agréments de l'organe, que par sa pénétrante expression. Il était difficile de l'entendre sans être ému ; il était impossible de l'écouter sans comprendre, sans partager les sentiments, les passions même auxquels cette voix servait de véhicule et d'interprète. Elle disait alors, sur un rythme de tendre mélopée, la béatitude d'une âme qui sait trouver en

Dieu la source de tout amour; elle disait encore les désastres d'un cœur qui cherche ailleurs que dans Dieu la source de la félicité. Ici, changeant de mode et s'armant d'un accent sévère, elle chanta l'Eternel irrité, les enfers menaçants, les supplices préparés. Mais bientôt le repentir du pêcheur a fermé ces gouffres, ses larmes éteignent des flammes qu'on dit immortelles. Ah! il n'y a d'immortelle que la bonté de Dieu; et c'est elle, c'est Dieu lui-même qui ouvre son sein paternel à l'âme suppliante que la mort lui porte sur ses ailes, et qu'il enveloppe dans sa miséricorde. Tels furent les chants, ou plutôt *le récit* (1) de mademoiselle de Garcin. Que notre auditeur en ait tressailli plus d'une fois, c'est ce que comprendra toute femme sensible, et même tout homme qui n'a pas un cœur de rocher; mais comment soupçonner qu'à son âge, au début d'une passion flagrante, et négligeant l'occasion de l'alimenter, en tendant un rapprochement si longtemps, si ardemment désiré, il se soit contenté de tressaillir? Cela pourtant est exact; toutefois, il faut ajouter que, malgré le lieu où elle se trouvait, et l'espèce de fonctions qu'elle y remplissait, l'aimable, l'éloquente cantatrice n'avait point ôté son voile. Or, cet ornement, plus que jamais déplacé, selon Talma, et qui d'abord ne s'était montré que comme un préservatif, avait cessé d'être un attrait, et commençait à devenir un obstacle. En effet, et malgré les documents contraires fournis par le petit chévrier, s'il n'eût point caché quelque notable disgrâce, pourquoi l'eût-on gardé dans une circonstance spéciale qui devait le voir

1. Récitatifs.

disparaître ? Cette idée, d'abord fugitive, ayant pris, dans cette tête pointilleuse, la consistance d'une supposition, Talma attendit, non sans anxiété, mais avec résignation, que la cérémonie s'achevât, que la foule fut écoulée, et qu'il ne restât plus personne à l'église. L'y voilà seul ; mais, dans sa préoccupation, il n'a pas remarqué le jeune pâtre, l'un des camarades du défunt, et enfant trouvé comme lui, lequel l'ayant aperçu, n'avait pas manqué de l'indiquer à madame de Garcin. Celle-ci, prête à sortir, revient sur ses pas, après avoir coudoyé sa fille qui la suit, et, toutes deux, marchant droit à Talma stupéfait, débutent par lui faire une profonde révérence. Notez que le gardeur de chèvres souriait à l'écart, et se tenait derrière elles. Voilà Gaspard, dit-elle, qui m'apprend, Monsieur, les bontés que vous avez pour ma fille et pour moi. Veuillez en recevoir tous nos remercîments ; mais permettez-nous de n'en pas profiter. M. le docteur Malouet est le médecin de ma fille ; elle se trouve parfaitement bien du régime qu'il lui a prescrit ; et vous connaissez trop les convenances, Monsieur, pour prétendre à le supplanter. — Moi, le supplanter ! s'écria Talma déconcerté, moi remplacer le docteur Malouet ! Pour qui donc, Madame, me prenez-vous ? — Pour un très-galant homme, Monsieur, et même, je me plais à le croire, pour un très-habile médecin... — Moi, madame, interrompit notre amoureux, en redoublant d'étonnement, moi médecin !... Mais qui a pu vous dire ?... — N'est-il pas vrai, M. le docteur, que j'ai eu là une bonne *avisée ?* dit alors le chévrier en se mêlant à la conservation. — Mais, mon petit ami, qui t'a dit que je fusse médecin ? — Oh ! dame, vous parliez de notre demoiselle dans de si beaux termes, avec de si grands gestes, que j'ai bien vu que vous connaissiez sa maladie. Peut-être que vous l'aviez vue au labyrinthe. Et ce voile? il ne faut pas être grand sorcier pour deviner que ce voile vous tenait au cœur, et que vous n'approuviez pas cet autre docteur qui l'a fait prendre à notre demoiselle.

Allez, allez, plus fin que moi n'est pas bête. — Quoi, Madame, c'est par ordonnance de M. Malouet que mademoiselle Louise porte un voile? — Mademoiselle Louise! vous voyez bien, notre maîtresse, que Monsieur connaît notre demoiselle, et que je ne me suis pas trompé. — Eh! mais sans doute, Monsieur, ne le saviez-vous pas? Je vous proteste, Madame, que vous me l'apprenez à l'instant. — J'ai cru, Monsieur, sur le *rapport* de Gaspard, que ce traitement vous semblait nuisible...... — Certainement, Madame, qu'il est nuisible...... d'une certaine manière cependant.,..; car, d'une autre.... — Et j'avais même été jusqu'à supposer qu'ayant eu souvent l'occasion d'observer ma fille..... — Mais, Madame, jamais je n'ai eu l'indiscrétion d'observer mademoiselle Louise. — Et le labyrinthe, dit alors le pâtre indiscret? — Vous ne pouvez nier, Monsieur, reprend madame de Garcin, que je ne vous aie vue au labyrinthe? — Comment, Madame, vous avez daigné remarquer?.... — Sans doute, Monsieur, et Louise l'a remarqué comme moi. Elle l'a mieux remarqué que moi, et votre attention fixe, votre immobilité ne lui avaient point échappé. — Cela étant, Madame, j'avouerai que je suis médecin, puisque vous le voulez; mais, à ce titre, permettez-moi de vous demander une grâce. — Pourvu qu'il ne s'agisse pas de contrarier M. Malouet..... — Je m'honore d'être de son avis en tout ; mais, Madame, puisque l'occasion de voir, d'admirer, je veux dire, d'observer Mademoiselle, se présente, souffrez que j'en profite sous vos yeux. — Je vous entends, Monsieur, c'était mon intention, c'était celle de Louise : et plus d'une fois, depuis qu'elle a su de Gaspard que vous étiez médecin, elle a désiré vous consulter. — Grands dieux, Madame, se peut-il ?... Que vous ai-je fait pour me rendre si heureux ?.... Mais, Madame, mais, Mademoiselle, imaginez-vous l'excès de mon bonheur ?....— Voilà, disait la mère en se rapprochant de la petite personne, voilà un jeune médecin qui aime prodigieusement son art. — A ces mots, le voile, relevé par la plus belle main du monde, permet à l'amoureux Talma de voir à son aise, de contempler une figure..... J'ai tort de dire *vois à son aise, contempler* : car, au moment même, l'aumônier, qui entre dans le sanctuaire par la porte de la sacristie, et les amies de madame de Garcin qui rentrent dans l'église par le porche, interrompent l'entretien, suspendent le consultation et détruisent l'extase. La mère se hâte d'adresser au prétendu docteur un signe discrétion, tandis que la fille lui fait une profonde révérence, en rabattant son maudit voile de safran.

Maintenant le lecteur veut savoir quel était le visage caché sous ce voile fameux. Ceux qui ont connu mademoiselle Desgarcins au théâtre ont peut-être oublié sa figure ; ils n'ont pu oublier sa voîx. Depuis mademoiselle Gaussin, jamais organe plus tendre n'avait enchanté les oreilles des vieux amateurs. C'étaient quelques-uns de ces accents qui d'abord avaient captivé Talma, et ceux qu'il venait d'entendre étaient loin

d'avoir dissipé cette magie. Toutefois augmenta-t-elle
par ce coup d'œil rapide, par cette courte vision ? Il
avait vu un visage pâle, des yeux noirs, où, à travers
de longues paupières, étincelait la passion ; il avait
remarqué ce sourire mélancolique qui décèle la souf-
france tempérée par la résignation. Vous avez la clef
du caractère de notre héros : douterez-vous un instant
des progrès, des ravages même que cet aspect causa
dans son cœur ? C'est pour de telles complexions que
semblent [pétries ces figures que la beauté régulière
ne négligea un peu que pour les abandonner à la mélancolie. Eh ! les passions qu'elle inspire ou qu'elle
développe ne sont-elles pas mieux que des grâces ? ne
sont-elles pas aussi de touchantes beautés ?

Talma ne résista donc point : il eût été fâché de résister. Plein d'une sève dont les études autant que
les désirs accéléraient la fermentation, il ne voulait
qu'aimer ; mais à l'objet de son choix, c'était moins
des plaisirs qu'il demandait, qu'un tendre et profond
attachement. Tout le lui promettait dans mademoiselle de Garcin ; et comme, depuis sa première rencontre, il en ressentait l'atteinte sérieuse, il ne déses-
péra pas de lui faire partager.

Un premier amour est toujours sincère. A peine
Talma fut-il revenu de l'émotion occasionnée par les
événements de la journée, qu'il résolut de désabuser
les dames de la méprise qu'elle leur avait causée : « Il
« répugne à un homme délicat, leur écrivait-il, de
« prolonger une erreur, fruit illégitime de certaines
« circonstances ; il lui répugnerait bien davantage
« d'en profiter. Bien que livré naguère à l'étude
« d'une branche de la chirurgie, je ne suis point mé-

« decin, et tout concourt maintenant à m'éloigner
« de cet état que j'honore, et que, depuis l'entrevue
« d'hier, je me trouverais heureux d'exercer. Puissé-je
« l'être du moins assez pour ne pas voir rejeter des
« vœux qu'il me serait doux d'aller présenter moi-
« même ! » A ce billet était joint l'herbier dans lequel
mademoiselle Louise reconnut, en rougissant, les
plantes qu'elle avaient laissées sur le banc du cèdre.
Gaspard, qui se trouvait assez souvent en tiers avec
ces dames, et qui avait son franc parler, ne manqua
pas de faire remarquer que, parmi ses *bouquets* desséchés, il y avait du *certyse tant et plus* : réflexion qui
colora d'une nouvelle teinte d'incarnat les joues pâles
de mademoiselle de Garcin, et qui fit sourire sa mère
« Qu'il vienne, répondit simplement cette dernière au
domestique chargé de la commission n'est-il pas vrai,
ma fille, que M. Talma peut venir? — N'êtes-vous pas
la maîtresse, maman; dit celle-ci. — Nous l'atten-
drons donc aujourd'hui, ajouta Madame de Garcin :
assurez-le, mon ami, qu'il nous fera honneur et
plaisir. » Et Gaspard de répéter au commissionnaire :
il nous fera honneur et plaisir.

Vingt ans après cette entrevue, Talma, devenu alors
homme du monde, comédien célèbre, et presqu'un
personnage dans l'État, se la rappelait encore avec
plaisir. Un beau jour de juillet, entre une brillante
revue que l'Empereur passait au Carrousel, et une
messe solennelle que ses aumôniers se préparaient à
célébrer, nous étions, lui, Lancival et moi, dans ce
salon de la Paix, devenu à cette époque l'antichambre
où les rois de l'Europe mendiaient leur destin. Toutes
ces pompes guerrières auxquelles se mêlaient, sans

s'y confondre, la magnificence de la cour et les gran-
deurs plus imposantes de la religion, souriaient à
l'imagination du chantre d'*Hector* (1), qui y trouvait,
disait-il, toute la poésie des tableaux antiques, ra-
jeunis, embellis par le coloris moderne, Moi, s'il le faut
avouer, je n'y voyais qu'un rêve magique, où le glaive,
faisant à la fois l'office de sceptre et de baguette, évo-
quait, au commencement du dix-neuvième siècle, une
partie des prodiges qui étonnaient alors, mais qui
n'en surprendront pas la fin : c'est que le temps, en
les mûrissant, les aura rendus nécessaires ; ils n'étaient,
à cette époque, qu'intempestifs et prématurés. C'est le
soleil du monde politique ! s'écriait Lancival en atta-
chant sa lorgnette sur le soldat couronné qui traversait
comme la foudre, les rangs pressés des enthousiastes
qui se croyaient ses camarades (2). C'est un météore,
dis-je, à mon tour : il éclaire, mais il brûle ; il détruit et
répare, mais partout où il touche, *il féconde* : le temps
fera éclore les germes qu'il a semés. Voilà, ajouta notre
artiste, voilà le vrai caractère du pouvoir qui possède la
sagesse, ou de la sagesse qui a su conquérir le pouvoir.

(1) Pièce plus héroïque que tragique, et dont les couleurs, souvent empruntée à la palette d'Homère, plaisaient beaucoup à
Napoléon.

(2) « Chacun de vous, leur avait-il dit, a dans sa giberne un
bâton de maréchal : il ne s'agit que de l'en faire sortir. « Et ce
mot ne semblait nullement hyperbolique à des soldats qui avaient
planté leurs drapeaux sur les tours de Lisbonne, sur les forts de
Dantzick, sur la grande pyramide, sur le Kremlin. C'était aussi
dans ce temps que deux *troupiers* se rencontrant, l'un demandait
à l'autre : qu'y a-t-il de nouveau ? — Pas grand'chose, répondait
celui-ci, sinon que le Pape a dit sa messe à Saint-Eustache, et
que Bernadotte *est passé roi* — Et les deux interlocuteurs de rire
en se secouant la main.

Puis, comme s'interrompant, et changeant de ton : mes amis, dit-il en souriant, vous ne devineriez jamais ce qui m'occupe dans ce lieu tout plein de grandes choses, en ce jour tout resplendissant de magnificence? une scène domestique, des souvenirs bourgeois ; et, nous attirant dans l'embrasure d'une de ces fenêtres d'où Anne d'Autriche montrait Louis XVI enfant aux frondeurs tumultueux, d'où Louis XVI offrait aux agitateurs sont front pacifique, et d'où Napoléon faisait planer, sur la foule émerveillée, son regard d'aigle, Talma nous fit, à demi-voix, cette confidence :

« C'est aujourd'hui le 3, époque à jamais mémorable dans ma vie! Il y a juste vingt-trois ans que j'entrai, pour la première fois, dans la maisonnette la plus agréable et la plus remarquable : elle était embellie par tous les talents, elle était décorée par toutes les vertus. Une mère et sa fille l'habitaient : je n'ai rien connu d'aussi vénérable que la mère, je n'ai jamais désiré de femme plus aimable que la fille. On peut être plus belle, il est facile d'être plus jolie ; mais, de ces grâces négligées auxquelles un cœur tendre ne résiste pas, impossible d'en trouver une réunion plus complète. Et un organe! quels sons purs! quelle candeur dans l'accent! quel nombre! quelle prosodie dans la prononciation! Je vous aurai tout dit en la nommant : c'était mademoiselle Desgarcins. — A ces mots, Lancival soupira en s'agitant sur sa jambe de bois ; pour moi, qui avais eu le bonheur d'entendre cette actrice intéressante, je redoublai d'attention.

« Il y avait déjà quelque temps, continua le narrateur, que j'avais rencontré ces dames au Jardin des Plantes. Sur une tragédie de notre ami Ducis, que la mère lisait, sa fille avança quelques remarques dont la délicatesse me fit reconnaître une personne bien née, mais dont le sérieux, plus que philosophique, me permit de soupçonner une créature malheureuse. Vous allez voir que je ne me trompais point. Elle portait alors un grand voile de couleur safranée qui me déroba ses traits. Peu de jours après je la revis, ou pour mieux dire, je l'entendis dans une chapelle où, à l'occasion d'un service funèbre, on l'avait déterminée à chanter. Un peu étonné qu'elle se donnât en spectacle, je le fus bien davantage qu'elle chantât toujours couverte de son voile mystérieux. Mais bientôt ce voile tomba devant moi : par un concours de circonstances que je me retrace avec délectation, mais que vous n'entendriez peut-être pas de même, car elles sont un peu puériles, on avait conjecturé que j'étais élève de l'École de Médecine, et, dans cette supposition, on avait jugé convenable de me consulter. C'est là que commencent mes véritables liaisons avec cette famille intéressante.

« Elle m'avait ouvert l'entrée de sa demeure ; et ce fut à pareil jour, comme je vous le disais, que je m'y introduisis pour la première fois. Élevée sur un tertre sinueux, à demi-cachée par des massifs d'arbustes qui, eux-mêmes, semblaient protégés par quelques grands arbres, cette maisonnette, entourée, couronnée de verdure et de fleurs, ressemblait, avec ses murs blancs, ses volets verts et son toit de tuiles rouges, à une jolie volière suspendue dans une forêt. D'un filet d'eau détourné dans une cour de trois toises carrées, on avait pratiqué de petites cascatelles qui, après avoir humecté, d'une rosée vaporeuse, deux vastes corbeilles de roses, se partageaient en ruisselets, et, courant sur un sable fin, abreuvaient en passant la racine des violettes et la tige des mousses. Il y avait, dans un coin de ce frais réduit, un réduit plus frais et plus *ombreux* encore : c'était comme une grotte creusée à voûtes inégales dans un roc crevassé, d'où sortaient çà et là des pruniers sauvages, des touffes de noisetiers, et de longues banderoles de viorne, avec ses aigrettes emplumées. L'intérieur, autour duquel circulait une banquette de gazon, était tapissé par un vieux lierre dont les bras desséchés, mais vigoureux encore, se couvraient de jeunes grappes bleuâtres parmi l'épais feuillage d'un vert lustré, entremêlé de feuilles couleur de rouille. A l'exactitude de cette description, vous jugerez de la vivacité de mes souvenirs. Ce fut là que, d'abord, je trouvai Louise. La tiède haleine d'une soirée d'été lui avait permis de supprimer ce voile importun, mais salubre, qu'un homme habile lui avait prescrit pour ménager sa poitrine contre les variations de l'atmosphère. Au fond de cette grotte, et en m'attendant, ainsi que sa mère le lui avait permis, elle daignait s'occuper de moi. Je dis *daignait*, et me sers d'une expression impropre. Nulle femme n'avait moins de prétention, mais nulle aussi n'avait moins de modestie. Sans se hasarder à analyser cette dernière qualité, elle disait qu'elle la croyait de la dissimulation sous des formes aimables, et que, quant à elle, si sa conduite eût été modeste, elle aurait jugé sa pensée orgueilleuse. Que dites-vous de cette subtilité dans une jeune fille ? Mais j'ai tort encore de la représenter comme subtile : son esprit était moins fin que son cœur n'était délicat ; et quand il y avait quelque chose d'ingénieux dans son langage, cela était exprimé si simplement qu'il fallait bien l'appeler ingénuité. C'est ainsi que, dès son début avec moi, et lors de cette entrevue, qui était la seconde, elle me dit, au sujet d'une sorte d'herbier qu'elle tenait de moi : « Je m'occupais un peu de votre herbier par ordre de ma mère, et beaucoup de vous, M. Talma, avec la permission de mon cœur. » Et sur ce que je paraissais d'un enchantement qu'on aurait pu prendre pour de l'embarras : « Asseyez-vous là, près de moi, continua-t-elle ; je suis grandement ignorante en botanique, comme en mille autres choses : je veux que vous m'expliquiez ce que c'est que *le cytise*. » Pour comprendre ce que cette question avait de charmant pour moi, il faut vous dire très sommairement qu'un hasard assez singulier avait mis à ma disposition une touffe de plantes herborisées par Louise, et que, parmi ces plantes, le cytise qui, dans une circonstance subséquente, avait joué un rôle principal, venait de servir de prétexte à l'herbier.

« Madame Desgarcins nous surprit dans cette douce occupation. Celle-ci, avec moins d'esprit que sa fille, apportait dans sa conversation la même simplicité qu'elle mettait dans sa conduite. Enfin, il y avait chez l'une et chez l'autre un naturel, une candeur, une franchise qui m'inspirèrent dès lors un total abandon, une entière sécurité. Dites-moi comment il se fait qu'en moins de trois heures, on se trouve, avec de telles personnes, dans une intimité que même de longues années ne peuvent établir avec d'autres ? Ah ! que les points par lesquels se touchent certaines âmes sont délicats, sensibles et délicieux !

« Si les dehors de cette maison semblaient un petit

temple élevé à la nature, l'intérieur éveillait l'idée d'un petit sanctuaire consacré aux arts. Tout retraçait leurs travaux, ou plutôt leurs délassements ; car, quoique ces dames fussent assez *fortes*, l'une dans la peinture, l'autre dans la musique, elles y attachaient si peu d'importance que je les étonnai beaucoup en leur expliquant, après avoir vu les productions de la mère et entendu deux ou trois morceaux de sa fille, qu'elles avaient assez de science dans leurs arts pour s'en faire des états. C'est *métiers* qu'il faut dire, avait ajouté Louise en me corrigeant ; et par les échantillons que je vous ai donnés dernièrement à l'église et tout à l'heure ici, vous pouvez juger que je n'y répugne pas. — Et sur ce qu'à mon tour je paraissais surpris, même ne comprendre qu'à demi : ma fille s'explique peu clairement, dit madame Desgarcins, et vous en serez réduit à deviner, si elle vous cache son projet. — Ce n'est plus un projet, interrompit Louise. — Hélas ! non, ajouta sa mère en soupirant : c'est une résolution ! — Et une résolution fixe, reprit la demoiselle ; mais je ne cherche point à la cacher, seulement je ne la dis pas. — Mais M. Talma est notre ami, continua la dame : toi-même n'as-tu pas fait certaines observations qui le démontrent ? — Cela est vrai, dit mademoiselle Desgarcins ; je crois M. Talma d'autant mieux notre ami, que nous nous sentons ses amies. — C'est ce qu'il ne comprendra que par ta confiance, interrompit vivement la mère. — J'en aurai donc, dit simplement la fille. Et ce fut le dernier mot de cet entretien.

« A quoi passai-je les jours et même les nuits qui le suivirent ? Vous avez aimé, chers amis, et il vous sera

facile de le conjecturer. Je ne pouvais me dissimuler, même avec toute l'humilité possible, que Louise éprouvât pour moi un goût, un attrait même que, dans une personne de ce caractère, je devais considérer comme un attachement ; mais, d'un autre côté, cet attachement s'exprimait avec trop peu de détours pour ressembler à celui que je ressentais moi-même. L'amour le plus naïf a ses artifices, et l'ingénuité d'une femme, lorsqu'il s'agit de tendresse, s'enveloppe de mystères, même à son insu. Voilà ce que ne savais pas alors aussi bien qu'aujourd'hui ; mais ce que je n'ignorais pas, puisque je le tenais d'elle-même, c'est qu'elle avait un secret à me révéler, une confidence à me faire. Or, sa destinée était attachée à ce secret ; et cette destinée, qu'elle-même avait réglée, contre le vœu de sa mère, était arrêtée, et fixement, et irrévocablement, avant que je les connusse. Si, comme je le présumais, c'était une passion contrariée, je ne me trouvais pas dans le cas où le confident de cette passion peut en devenir l'objet. Encore une fois, nous nous connaissions trop peu ; nous n'avions pas eu le temps de nous pénétrer, et cette sympathie montrait chez mademoiselle Desgarcins un instinct trop *primo sautier* pour devenir jamais de l'amour. Tel fut, durant quelques jours, le sujet de mes craintes, le texte de mes réflexions : et vous avouerez qu'il y avait de quoi en faire.

« Durant cet intervalle, je la vis souvent, tantôt seule, tantôt avec sa mère. J'arrivais toujours inquiet ; et, quoiqu'elle fût triste elle-même, elle avait le talent de m'égayer et de me renvoyer presque satisfait. Mais à quand la confidence ? C'est ce qu'elle remettait de jour en jour; car elle avait promis de me *l'écrire* et non de me *la parler*.

« Cependant je n'avais pas laissé ignorer à ces dames que je me destinais à l'état de comédien. La confiance ne peut se payer que par la confiance : la mienne en elles ne me permit pas de leur rien cacher de toute mon existence jusqu'alors ; et, sauf quelques détails assez indifférents, je leur laissai ignorer peu de choses de mon séjour à Londres. Comme tout jeune homme qui n'est pas de la dernière classe, j'y avais eu quelques aventures ; mais comme aucun jeune homme de celle à laquelle j'appartiens, j'y étais devenu le héros d'un événement que je vous conterai, mais dont le récit nous écarterait de celui-ci (1) Ces dames en rirent franchement ; et, quoique cette dernière narration eût dû intriguer Louise, le genre d'intérêt qu'elle y porta acheva de me convaincre que je n'exciterais point en elle celui que seul j'y eusse désiré.

« Pour l'intelligence de ce qui va suivre, il ne faut pas que j'omette une notable particularité, dans l'espérance, je dois dire même dans la certitude de débuter *aux Français*, je suivais assidûment l'école de déclamation nouvellement instituée, trop tôt anéantie, et qui a été le berceau du Conservatoire. J'avais pour maîtres Molé et Fleury, dont je suis devenu depuis le camarade ; et Dugazon, mon professeur spécial, voulait bien fortifier ses leçons officielles des conseils et des exemples de l'amitié. Ce que j'avais appris pour l'école,

(1) Talma veut probablement parler ici de son aventure avec *la sultane de Brunswick* : nous l'avons racontée au commencement de ces *Mémoires*.

j'en faisais l'essai devant ces dames ; et j'avoue encore aujourd'hui, qu'il y avait dans la tête, ou plutôt dans l'âme de mademoiselle Desgarcins, des inspirations bien étonnantes, et dont je faisais mon profit. Peu à peu elle s'était tellement accoutumée à me donner mes répliques, qu'il m'eut été difficile de répéter sans elle. Probablement, électrisé par elle, je ressentais en sa présence quelques-unes de ces inspirations qu'elle me soufflait, si j'ose dire ; peut-être aussi nous inspirions-nous réciproquement, et c'était l'avis de madame Desgarcins. Quoi qu'il en soit, il est bien avéré, du moins pour moi, qu'autant le jeu de la chambre était ardent, naturel, animé, *vivant*, autant l'exercice de l'école devenait terne, sans mouvement, sans couleur et sans vie. Hélas ! où les aurait-il puisés ? Ne les laissais-je pas tous auprès de Louise ? Ceux qui longtemps après, m'ont vu *faire* Othello, lorsqu'elle représentait Hédelmone, sauront à peu près ce que je veux dire. — Ici, nouveau mouvement de l'ami Lancival ; et celui-ci fut si marqué, que Talma éprouva, dans son narré, une interruption involontaire. C'est que ni lui, ni moi, ne savions que Lancival eût été vivement épris de mademoiselle Desgarcins, et que son amour datait précisément des représentations d'Othello C'est ce que j'ai appris depuis.

« Vous remarquerez, s'il vous plaît, reprit le narrateur, que Louise habituellement couverte de son voile, le détachait lors de nos répétitions, et qu'en même temps que je pouvais la contempler face à face, il m'était loisible de l'entendre sans obstacle. Je ne dois pas répéter ce que j'ai dit, ce que vous-mêmes avez ouï, de cet organe enchanteur, de cette voix qui avait des cordes pour toutes les passions, de cet accent qui se ménageait des intelligences dans tous les cœurs. On a dit depuis, on a imprimé que mademoiselle Gaussin était ressucitée, sinon avec plus de charmes, du moins avec un attrait de plus ; car mademoiselle Desgarcins était douée d'un esprit distingué. Depuis je n'ai entendu au théâtre qu'une voix qui rappelât la sienne et digne aussi de la louer (1).

« Un jour que j'avais conduit ces dames à un de nos exercices publics, l'élève qui devait *déclamer* le rôle d'*Atalide*, dans *Bajazet*, ayant éprouvé une indisposition subite, l'idée me vint de la faire suppléer par Louise qui savait ce rôle, qui le jouait bien, et qui l'avait essayé souvent avec moi. Outre qu'il était flatteur de présenter, à cette réunion choisie, une jeune personne aussi distinguée, j'y trouvais l'avantage de mettre à l'épreuve mon ascendant sur elle. J'allai donc lui communiqner mon projet qu'elle agréa sans la moindre objection et avec la simplicité qu'elle mettait à tout. Sa mère, aussi bonne qu'elle était ingénue, n'y trouva aucune difficulté ; et Molé, prévenu par moi, s'étant approché de cette dame, à laquelle il adressa un de ces riens dont ses grâces, un peu maniérées, savaient faire quelque chose, il reçut, de madame Desgarcins, Louise qui ne mit d'autre condition à cette complaisance que la liberté

---

(1) Le narrateur désigne ici mademoiselle Vanhove, devenue depuis l'épouse de Talma : actrice également distinguée par un esprit fin et délicat, par une conduite honorable et par un talent du premier ordre dans les deux genres dramatiques. Les traditions qu'elle a laissées dans *le sourd-muet de l'Abbé de l'épée*, et surtout dans *Cassandre* de la tragédie d'*Agamemnon*, sont inneffaçables.

6.

de conserver son voile. Cela parut d'autant moins extraordinaire, qu'elle représentait une jeune princesse turque à qui son caractère, mieux encore que les lois du sérail, prescrit la pudeur dans toute sa rigidité.

« Louise paraît : on applaudit à sa démarche élégante, à son geste, mélange heureux de noblesse et de timidité. Mais Louise parle et le silence de la surprise succède aux murmures de l'approbation. Jamais organe plus net, et cependant plus sonore, n'a retenti sous les voûtes de l'école ; jamais accents ne furent plus tragiques, et pourtant plus mélodieux. Les maîtres sont étonnés, les élèves en extase, le public ravi. Jugez quel était mon contentement et quels furent mes transports ! On voulut bien m'assurer que jamais je n'avais été mieux Bajazet : c'est qu'indépendamment de quelques dispositions et de beaucoup d'études, j'étais inspiré par Racine et Louise. Enfin, tout allait à merveille, lorsque, dans sa grande scène avec Roxane, le voile d'Atalide se détacha. Le public put croire que c'était l'effet d'un de ces mouvements passionnés dont cette scène est remplie, et il ne fut pas mécontent de pouvoir contempler les traits de celle dont la voix faisait couler ses larmes. Mais c'était Louise à son tour que cet accident condamnait à en répandre. A peine eut-elle remarqué qu'il fixait sur elle tant de regards curieux, qu'elle éprouva une forte contraction, suivie d'une pâleur qui acheva de blémir son visage naturellement décoloré. Prête à s'évanouir, je la reçus dans mes bras ; et, non moins ému, mais certainement plus alarmé, j'aidai sa mère qui, au milieu de ce désordre avait conservé son sang-froid, à lui prodiguer les premiers secours, ensuite à l'établir dans une voiture qui la conduisit chez elle, où elle ne voulut pas que je l'accompagnasse. De ce moment elle quitta son voile, et me dit en me pressant la main, chose que, malgré l'ingénuité de ses mœurs, elle n'avait jamais hasardée : « Vous saurez bientôt pourquoi je l'ai pris, et pourquoi je l'abandonne. Adieu ! oubliez Louise, ou du moins ne vous en inquiétez pas : elle est sous bonne garde. Mais *peut-être un jour retrouverez-vous Atalide.* « A ces mots elle disparut tout en larmes, avec sa mère qui paraissait joyeuse. Et moi, stupéfait, inquiet, tourmenté, je me vis obligé de remettre au lendemain l'explication de cette conduite singulière et de ce langage énigmatique.

« Le lendemain. prêt à me transporter chez ces dames, je vis arriver Gaspard; il était consterné, tout rouge d'avoir pleuré, et entrecoupait de sanglots le peu de paroles qu'il prononça. Elles sont parties, et moi je reste à l'hospice! voilà ce que je pus obtenir de plus clair parmi celles qui échappaient à son bavardage mécontent. Il jeta sur ma table un paquet assez volumineux, et disparut en reprenant le cours de ses plaintes.

« Elles sont parties! m'écriai-je dans ma douleur mêlée d'étonnement. Jour fatal d'hier, est-ce toi, est-ce mon imprudence qui a déterminé cette résolution horrible?... Ah! madame Desgarcins, ah! Louise, vous pour qui j'aurais donné ma vie, que vous ai-je fait pour me donner la mort?...

« Cependant leur lettre était là, sur ma table, toute cachetée, et je ne la voyais point. Quand je l'eus découverte, je la rejetai et ne voulais point la lire. Mais, en la saisissant pour la soustraire à mes regards, je reconnus l'écriture de Louise... je la reconnus, et pleurai... Pardonnez, mes amis, à ces souvenirs mêlés aujourd'hui de quelque douceur et de plus d'amertume!... Hélas! à cette époque, il me restait l'espérance de revoir Louise! elle vivait encore!... — Ici, troisième interruption du tendre Lancival qui, oubliant que, dans Talma, il écoutait un rival, lui serra affectueusement la main en soupirant.

« Je repris donc la lettre, et, après l'avoir couverte de larmes et de baisers, après l'avoir pressée longtemps sur mon cœur, sur ce cœur trop faible peutêtre, et qui, aimant pour la première fois, ne commençait à connaître l'amour que par ses douleurs, je me décidai à ouvrir ce papier fatal, où je lus, avec une surprise toujours croissante, ce que je vais relire avec vous... »

Talma ne put continuer. Des acclamations qui, du Carrousel et du grand escalier, arrivaient jusqu'à nous, interrompirent sa narration. Un grand mouvement, communiqué de la galerie dans les appartements, annonça l'Empereur. C'était en effet ce prince qui, après la revue, se rendait à la messe. Un nombreux état-major l'accompagnait, et la foule des courtisans, des solliciteurs, des curieux grossissait le cortège. Mais parmi cette multitude toute resplendissante de riches broderies et de décorations, Napoléon, en simple uniforme vert, semblait seul remarquable. Quoiqu'il marchât rapidement, rien n'échappait à ce regard un peu sombre, mais pénétrant, mais scrutateur, et que je n'ai vu qu'à lui. Parvenu jusqu'à nous, il s'arrêta un instant; et, après nous avoir fait de la seule main qu'il eût libre un geste aimable (l'autre était chargée de pétitions), il adressa nominalement la parole à Talma : « Je suis bien aise de vous voir. Hier, vous avez bien joué Néron : on peut le jouer autrement. Venez dans mon cabinet après la messe. J'ai des idées à vous donner. » L'acteur s'inclina; nous entrâmes à la chapelle; et, comme on se l'imagine aisément, il fallut ajourner la lecture de la lettre de mademoiselle de Garcin. Ce fut longtemps après que Talma eut la complaisance de la communiquer. La voici :

« Que pensez-vous de la conduite équivoque d'une fille que vous avez cru franche jusqu'alors? Tout le monde aurait le droit de la soupçonner : vous, Monsieur, vous avez seul le privilège de lui en demander l'explication. Mais je dois, pour me faire comprendre, la faire remonter plus haut.

« Après trente ans de service dans un régiment d'infanterie, mon père obtint la croix de Saint-Louis : il l'avait gagnée dix fois par autant de blessures reçues au service du prince; mais il n'était pas noble, et cette décoration de la valeur que la faveur prodiguait à des jeunes gens titrés, il ne fut permis à M. de Garcin de la porter qu'à titre d'ancienneté.

« Cependant ce titre, tout honorable qu'il fût aux yeux de la raison et de la patrie, l'était moins à ceux du préjugé : le préjugé voulait que les jeunes chevaliers nobles eussent le pas sur ceux qui ne l'étaient point.

« C'est ce que mon père ignorait. Convenablement à son âge, à son rang de capitaine et à ce qu'il croyait devoir à sa nouvelle illustration, il s'avança le premier dans une cérémonie religieuse et publique : c'était à l'offrande. Au moment même, dans le temple de la religion, en face de l'autel, il fut repoussé même par un jeune homme de son grade, mais qui était noble... Vif comme un Provençal, fier comme un honnête homme, mon père tira son épée... Le sanctuaire allait être ensanglanté, quand quelques amis s'interposant, suspendirent la querelle. Après quelques négociations et le rapprochement apparent des deux ennemis, on la crut anéantie : elle n'était qu'ajournée. Un officier de fortune! avait dit l'insolent jeune homme. Dites un officier de mérite, avaient répondu tous ses camarades à l'unanimité. Voyons, avait dit mon père, comment au vieil *officier de fortune* répondra ce jeune *officier de naissance!* Ils se battirent, et vous pressentez le résultat. Après quelques minutes d'un combat dans lequel son adversaire daignait à peine figurer, mon père eut le malheur de le percer d'un coup mortel. Le jeune présomptueux, fidèle à son caractère, tomba en ricanant, et s'écria : « N'est-il pas *guignonnant*, pour un descendant des rois de Chypre, de tomber sous le fer d'un officier de fortune!... » Ce sarcarsme sécha les pleurs de son adversaire, moins humilité pourtant par cet arrogant, que désolé d'en être le vainqueur.

« Ce déplorable duel fut la source de tous nos malheurs. Egalement poursuivi par la vindicte des lois et par la vengeance d'une illustre famille, mon père se vit contraint de s'expatrier. Loin d'une patrie ingrate, il n'en obtint la paix qu'en donnant la démission de son grade, et en renonçant à la décoration qui lui avait été si fatale. Un ministre philosophe voulut le consoler dans son exil par le témoignage de son estime; mais mon père, habitué à envisager les

choses comme elles sont, vit moins, dans cette démarche, la preuve de son propre mérite, que celle de
la faiblesse des hommes du pouvoir : ils permettaient
le mal, et plaignaient les victimes qu'il avait faites.

« C'est en Hollande, et non loin d'Harleim, que mon
père avait fixé son séjour : celui qu'il y avait fait dans
des temps plus heureux, l'y avait ramené aux jours de
la proscription. Lorsque sa principale affaire eut été
pacifiée, et que les affaires accessoires eurent été ar-
rangées par ma mère, elle et moi, bien jeune encore,
allâmes le rejoindre. Il y avait près de deux ans que
nous n'avions joui de sa chère présence ; car le malheur
d'un instant entraîne des suites interminables. Lui,
que nous étions dans l'habitude de voir en France au
milieu des armes, auxquelles il se plaisait alors, nous
le trouvâmes en habit de paysan hollandais, parmi
des plants de tulipes et de jacinthes, les plus belles
peut-être de la Hollande : « Elles font mes plaisirs et
« servent à mon existence, nous dit il : vous avez cru
« que des mains secourables subvenaient aux besoins
« de votre père, de votre époux ; ces mains furent les
« miennes, et voilà mes uniques ressources. J'ai dû
« refuser l'or de ceux qui m'ont ôté ma patrie et qui
« auraient voulu m'ôter l'honneur. Un honnête homme
« ne doit recevoir de secours que de ceux qu'il estime.
« Au surplus, depuis que je ne vis plus avec les hom-
« mes, j'ai cessé de les haïr. Quand je me vois au
« milieu de ces belles fleurs, où semblent se réfléchir
« toutes les nuances de l'arc-en-ciel, elles me retracent
« encore quelquefois nos régiments ; mais ceux-ci sont
« composés d'hommes, c'est-à-dire, d'êtres méchants
« ou lâches, qui font le mal, ou le souffrent, ou le per-

« mettent. Voici d'innocentes créatures, ornement de
« la terre, luxe aimable de la nature et plaisir des
« yeux. Combien de fois, en les cultivant, vous ai-je
« désirées à mes côtés, ô ma vertueuse et bonne
« femme! ô ma fille si douce et si chérie! Maintenant
« que je vous presse dans mes bras, tous mes maux
« sont oubliés; il ne me reste rien à désirer. » En
vous rapportant quelques mots des paroles de mon
père, j'ai voulu donner une idée de ses principes. Ceux
par lesquels il dirigea mon éducation furent les mêmes :
pendant quelques mois que nous nous sommes vus,
vous avez pu les apprécier. Vous avez dû remarquer
surtout avec quelle bonne foi nous croyions à l'égalité
parmi les hommes. Mon père, victime de cette différence humiliante des conditions qui en nécessite l'hos-
tilité, professait sans restriction, avec enthousiasme
même, cette doctrine de l'égalité. Ma mère, avec sa
douce voix et sa raison insinuante, essayait de le ramener à des opinions qu'elle nommait plus sociales.
Dites antisociales, s'écria-t-il; rappelez-vous bien que
vous parlez à l'une de leurs innombrables victimes.
Ne permettez donc pas, qu'en les conservant dans
notre famille, qu'en les inculquant à ma fille, elle leur
sacrifie son bonheur. — Mais, disait ma mère, il nous
faut bien, tous tant que nous sommes, prendre les
choses comme elles sont, et les hommes dans la position qu'ils occupent. Il nous faut bien, ajoutait-elle,
nous conduire avec eux en conséquence. — La nature
est avant la société, répliquait mon père; et, quelque
rang que le préjugé assigne aux individus, ils ne sont,
ils ne peuvent être que ce que notre opinion les fait. —
Comment, insistait ma mère, pour ne parler ici que

de Louise, si le dernier manant de ce village, un ar-
tisan, un pâtre recherchait sa main, vous la lui accor-
deriez? — De préférence à l'homme riche, puissant et
qui aurait ce que la sottise appelle *de la naissance*.
— Mais ces qualités personnelles pour remplacer celles
que la condition impose, vous en exigeriez peut-être?
— Un âge proportionné, un tempérament sain, un caractère facile, des mœurs, de la probité, et, s'il était
possible, un peu d'amour. — A ce compte, concluait
ma mère en badinant, Wilhelm, votre garçon *tulipier*,
est tout le fait de Louise : il la regarde d'une façon
toute particulière, fait de grands détours pour passer
devant elle, lui cueille les plus belles jacinthes...
Voilà ma fille mariée! — Mon père ne répondait rien,
dans la crainte d'accepter l'inévitable conséquence; et,
pour ce qui m'est personnel, le moment n'était pas
éloigné où je devais la subir tout entière.

« Nous passâmes ainsi quelques années d'exil dans la
culture des fleurs et les paisibles joies de la famille.
Mon père se complaisait à me faire partager les lumières qu'il avait acquises, ma mère, les connaissances, les talents plus positifs qui allègent l'existence
d'une fille sans fortune. Cependant un jour plus doux
vint luire sur notre France : le ministère fut changé;
et celui qui succédait, voulant réparer les torts de
l'ancien, s'empressa de rappeler ses victimes. Mon
père fut un des premiers; à cette grâce on joignit
même l'offre d'un régiment. « Je l'accepterai un instant, s'écria mon père transporté, mais ce sera pour
m'en démettre à jamais. Ce n'est pas ma vengeance
que je veux consacrer, mais l'honneur des principes
et le triomphe de l'égalité. » Qui nous eût dit, hélas!

que le plus beau jour de sa vie dût être celui de sa mort, et que, du sein de ces fleurs qu'il ne quitta point sans regrets, il allait succomber et rester comme enseveli dans son triomphe !

« C'est pourtant ce qui arriva. Mon père fut reçu dans tous les lieux de son passage comme un homme à qui, pour excuses, on devait la justice, à qui, pour prix de ses souffrances, on devait des dédommagements. Ceux qui consistent en honneurs, on les lui prodigua ; ceux qui se seraient composés de richesses, il se plut à les refuser. Enfin, nous atteignîmes la ville où, sur la place d'armes, l'attendait le régiment dont il était le nouveau colonel. Par une délicatesse digne du ministère d'alors, ou plutôt de l'excellent roi Louis XVI, ce régiment était celui dans lequel servait mon père, lorsque son aventure l'en fit sortir ; et, par une autre délicatesse digne de ce véritable homme de bien, le lieutenant-colonel qu'il avait demandé était le frère de l'officier qui avait causé tous ses maux. Permettez-moi de passer sur les circonstances de cette double réception. Au milieu d'une allégresse si bien motivée, il n'y en eut qu'une dont la désastreuse mémoire doit à jamais survivre. A peine mon père et son lieutenant, après avoir proclamé leurs serments sur les drapeaux, se furent-ils embrassés, que le premier, par une allocution courte et énergique, manifesta, avec de vifs et profonds regrets, son intention formelle de résigner le commandement à son inférieur immédiat. Etonnement général, rumeur, où, parmi quelques expressions de mécontentement, éclatent celles de l'admiration. Ce sentiment qui, de l'état-major, gagne jusqu'aux derniers rangs des soldats, devient si ardent, si bruyant, si pressé, qu'il fait oublier les lois de l'ordre et les règlements de la discipline. On s'agite, on s'écrie, on se mêle, on s'embrasse. Peu à peu, un certain arrangement s'établit au sein du tumulte même : on se prend par la main, et, aux chœurs d'une chanson guerrière, on forme autour du drapeau et des deux colonels assis pour ainsi dire sous son ombre, une de ces longues chaînes qui se roulent à pas mesurés sur elles-mêmes et se développent en sens contraise d'une course précipitée. A l'aspect de cette *farandoule* qui lui rappelle son pays natal, mon père ne put retenir ses transports, et pourtant il n'a pas assez de forces pour les exprimer. Bientôt ses larmes coulent, mais elles coulent rares et pénibles. Que vous dirai-je de plus? Au sein de ce délire universel, que ma mère et moi nous partagions, nous le vîmes pâlir et tomber renversé dans les bras de son second... La farandoule s'arrêta, les clameurs s'affaiblirent, et un cri douloureux leur succéda... Nous accourûmes épouvantées, et, malgré les obstacles que la pitié nous opposait, nous pûmes pénétrer jusqu'à cet homme vénérable. Il ne parlait déjà plus; mais quand ses yeux, jusqu'alors levés vers le ciel, rencontrèrent nos regards, une vive expression de contentement s'y fit sentir : il nous tendit la main; de nouveaux pleurs se mêlèrent aux nôtres, et, en nous attirant dans ses bras, il put proférer ces mots : « Ma fille!... ma femme!... ma patrie!... mon roi!... » Ce furent ses dernières paroles : il expira au milieu de sa famille, parmi ses camarades, à la face du ciel, sous l'ombre du drapeau, sur le sein d'un ami... Je supprime le reste.

« Cet événement fit réfléchir sur nous la considération qui environnait M. de Garcin. Ma mère, qui est
née à Versailles, et qui y avait quelques recouvrements
à faire, fut visitée, lors de son retour dans cette ville,
par tout ce qu'il y avait de distingué ; mais la démarche qui nous honora le plus fut celle de M. de
Malesherbes ; et cette démarche, d'après ses principes
philanthropiques, il s'en honorait lui-même. Ce digne
magistrat, ce véritable sage, avait beaucoup connu,
beaucoup estimé mon père : il présenta sa femme et
sa fille au roi, qui nous accueillit et daigna nous
adresser des consolations. Et comme nous témoignions
l'une et l'autre un goût très décidé pour la retraite,
ou plutôt une résolution fixe de l'embrasser pour jamais, M. de Malesherbes nous mit en relation avec
l'éloquent historien de la nature, M. Buffon, auquel
son intendance du jardin du Roi permettait de disposer
de quelques petits bâtiments qui l'environnent. Voilà
ce qui vous explique notre séjour dans la maisonnette
où nous vous avons reçu. Par une partie de ce qui me
reste à vous apprendre, il semblerait que j'étais destinée à y passer ma vie, comme, en effet, en ne con-
sultant que mes inclinations, j'y étais résolue ; mais,
par la fin de mon récit, vous jugerez s'il est possible
à un jeune cœur d'obéir aux décisions que lui dicta
l'ignorance, lorsque, bientôt après, ses passions l'ont
mis sous le joug de la fatalité.

« Dans cette jolie maison, où vous nous avez trouvées, et où peut-être, hélas ; nous ne nous reverrons
plus, je cultivais les arts au sein de la nature et de
l'amour maternel. Ma mère (vous avez pu l'apprécier),
douée d'une raison supérieure, dirigeait ma jeune rai-

son, facile à égarer par sensibilité ; son expérience suppléait à mon ignorance extrême des choses de la vie ; et, dans la simplicité de mon âme, j'avais besoin de la fermeté de la sienne pour réprimer les entraînements auxquels je ne suis que trop sujette. Malheureusement, cette consistance dont la nature a, pour ainsi dire, trempé le caractère de madame de Garcin, fléchit et disparaît devant le nom et au souvenir de son mari. Lorsqu'il vivait, elle se permettait avec lui des remontrances respectueuses, quelquefois même de douces plaisanteries ; depuis qu'il n'est plus, elle craindrait d'outrager sa cendre et d'offenser sa mémoire, en faisant la moindre objection contre ses principes. Très-certainement, dit-elle, il avait alors d'excellents motifs pour les professer, et probablement il aurait aujourd'hui d'invincibles raisons pour les soutenir. J'insiste sur cette observation, parce que, sans justifier entièrement ma conduite, elle en fournit au moins l'explication et l'excuse.

« Il y avait près de deux ans que nous vivions tranquilles, presque heureuses même, dans cette solitude, quand un de ces petits incidents, dont la vie abonde, et qui ne paraissent rien, vint, pour jamais, pour longtemps du moins, troubler la sénérité de ma mère et la paix de mon cœur.

« Ma mère, en revenant un matin de la chapelle de la Pitié, où nous allions souvent entendre la messe, se présenta à moi dans une émotion qui lui permettait à peine de respirer. « Mon enfant, me dit-elle quand elle eut recouvré la parole, je suis hors de moi, et ne sais si je veille. L'étonnement, le plaisir, la douleur remplissent mon âme : j'y sens une joie inconnue qui se termine par des larmes... Laisse-les couler ; elles me soulagent et me permettent de m'expliquer. Dieu ! peut-il exister une telle ressemblance ?... C'est lui, avec des années de moins ; c'est ton père que j'ai revu ! » Et sur ce que, moi-même stupéfaite et tremblante, j'insistais pour obtenir des renseignements : « Je veux que tu le voyes, ajouta-t-elle, et tu en seras frappée comme moi : ce sont ses yeux, son sourire aimable, son teint brillant et fleuri ; ce sont ces jolis cheveux châtains clairs, roulés en mille anneaux ; c'est sa démarche élégante et fière, son regard si doux et si pénétrant, où respiraient tout son esprit et surtout sa bonté. Mais ce qui est plus étrange, plus inexplicable, c'est sa voix, cet organe touchant dont tu as hérité, ma fille, et que l'inconnu partage avec toi. Mon Dieu ? pourquoi l'ai-je vu ? Pourquoi cette douce et cruelle apparition est-elle venue renouveler toutes mes peines et troubler mon repos ? » Mais enfin, quel était cet inconnu ? J'appris que c'était un de ces orphelins abandonnés par leurs parents et recueillis par la Providence ; ma mère, qui venait de le voir et de l'entendre, le jugeait, à sa taille et au développement de sa physionomie, âgé de dix-sept à dix-huit ans. « S'il vaut tout ce que promet sa figure, ajouta-t-elle, je veux en prendre soin. L'ombre à jamais chérie de ton père me saura gré de l'honorer dans son image. » Nous résolûmes de l'aller voir dès le lendemain.

« Mais le lendemain, avec tant d'impatience attendu, ne la satisfit point. Seulement, en sortant de l'église, ma mère crut le distinguer distribuant des portions d'aliments à ses camarades, dont il paraissait le plus grand. Je ne sais par quel hasard je ne le vis pas en

face : je remarquai le profil d'un bel adolescent, dont
la tête nue était ombragée d'une forêt de cheveux naturellement bouclés, et dont les bras nus et déjà nerveux circulaient dans tous les rangs. C'est tout ce que
je pus observer, lorsque ma mère me dit, le voilà !

« Vous savez combien madame de Garcin est fixe et
met de suite dans ses résolutions. Elle a pour confesseur un religieux, aumonier de la Pitié, auquel elle
jugea convenable de raconter son aventure et de demander conseil. C'est le meilleur de tous ces infortunés,
répondit le vénérable prêtre, comme il en est le plus
beau ; c'en est aussi le plus spirituel, non par ce qu'en
peuvent juger ses camarades, dont il parle mal la
langue, ayant été, jusqu'à seize ans, élevé en Hollande,
d'où sa mère, qui était Flamande et qui est morte à
Paris, l'avait amené dans l'espérance de le faire reconnaître par son père. Celui-ci, que je n'ai pas connu,
après avoir été contraint, par d'impérieuses circonstances, à ne pas nommer son fils, ne l'avait pourtant
pas délaissé : il avait souscrit, pour son entretien, une
petite pension au moyen de laquelle sa mère soigna sa
première éducation, jusqu'à l'âge de quatorze ans ; à
cette époque, la mort ou la disparition du père, je ne
sais lequel, suspendit, avec le paiement de cette pension viagère, toutes les ressources de la pauvre abandonnée, tellement qu'atteinte, à son arrivée ici, par la
maladie qui l'a conduite au tombeau, elle se vit assez
malheureuse pour léguer son fils à la charité publique.
Ce qu'une occasion, suscitée sans doute par la Providence, m'avait mis à même de connaître de cette
femme, me prévint en faveur de l'enfant. Je l'avais
jugé, comme l'indique sa belle physionomie, d'un na-

turel doux et fier, avec des dispositions remarquables aux talents de l'esprit. Quand sa mère lui fut enlevée, je pus apprécier davantage l'excellence de son cœur. Indépendamment de la pitié que notre maison doit aux malheureux, ces motifs auraient donc déterminé son admission ; et ce qui prolongera son séjour, c'est la volonté du père qui, dans certain écrit cacheté, à moi remis par la mère mourante, fixe au jour de l'établissement de son fils (et il entend par établissement le mariage) la connaissance de sa destinée. La souscription de cet écrit justifie cette mesure, ou du moins elle l'explique. « Si cet enfant, dit-elle, demeurait garçon,
« il n'aurait besoin, pour prospérer, que d'être le fils
« de ses œuvres ; et mille autres, avant moi, ont re-
« marqué que les succès les plus sûrs sont ceux dont
« on est redevable à soi-même : tel est même le premier
« vœu de la nature, toujours contrariée par la société.
« Mais cette société, avec ses préjugés meurtriers,
« ferait une nouvelle victime dans mon fils, si, prêt à
« former un établissement, il ne pouvait démontrer à
« la famille qui l'appelera dans son sein, que lui aussi,
« par une faute peut-être, mais qui n'en est une qu'aux
« yeux du préjugé, appartient à une famille honorable.
« En un mot, mon fils garçon peut rester *bâtard* sans
« inconvénient ; mais l'acte de son mariage doit le lé-
« gitimer. Tels sont mes principes, et telle est ma
« volonté. » Je ne vous ai apporté le texte de cette espèce de codicile, ajouta l'aumônier, qu'à cause de sa singularité, et aussi pour décider de plus en plus la protection que vous voulez accorder à *Jean-Marie.* Vous voyez combien il en est digne pour lui-même, et combien les circonstances qui environnent sa desti-

née peuvent ajouter à l'intérêt qu'il inspire. — J'avoue, dit ma mère, que je l'aimais déjà pour l'avoir vu, parce que j'aimais en lui l'image et le souvenir de mon époux à vingt ans; maintenant que je commence à le connaître sous des rapports qui me sont moins personnels, je l'estime et sens naître pour lui un intérêt qui, je l'espère, ne sera point stérile. Nous le marierons, mon père, ajouta madame de Garcin, en s'adressant plus directement au religieux : et en remplissant le vœu d'un honnête homme, nous assurerons le bonheur de son fils qui ne le sera pas moins. Oui, mon père, insista-t-elle en riant, nous le marierons ; mais amenez-le-nous ; je brûle de le connaître en personne et de causer avec lui. — Deux jours après (c'était à l'époque de la semaine sainte), le chapelain nous fit avertir qu'il y aurait à la Pitié *Ténèbres* (1) solennelles, et que notre protégé s'y ferait entendre. Nous nous promîmes d'y assister.

« Une profonde obscurité noircissait l'église. Le sanctuaire seul, fortement éclairé par un triangle lumineux, semblait moins resplendir de la gloire du Saint des Saints, que montrer son tombeau. Mais ce tombeau était celui de l'Homme-Dieu qui ne mourut que pour avoir envoyé sur la terre son esprit de vérité, et c'est cet esprit que simulent ces torches mystérieuses dont la clarté pénètre tôt ou tard la plus sombre nuit. Telles étaient, je m'en souviens, les réflexions qui occupaient ma pensée, lorsque j'en fus détournée par la vue du jeune orphelin : il parut sous le triangle et

---

1. Office du soir pendant la semaine sainte. Celles de l'abbaye de Longchamps et de quelques autres monastères étaient célèbres.

7.

se prépara à chanter. Vêtu d'une longue robe de lin, dont les plis ramassés sous une ceinture de soie laissaient deviner sa taille élégante et la noblesse de son maintien, il réveillait l'idée de ces génies bienheureux que Milton a groupés autour de l'Eternel, et dont le pinceau de Raphaël a réalisé les divines images. Bientôt il chanta : mon oreille demeura charmée de ses accents, comme mes yeux étaient enchantés de son aspect. Je ne pouvais comprendre cette langue sacrée dans laquelle le poète, après avoir invectivé contre la coupable Ninive, abaisse jusqu'aux *lamentations* les tons de sa harpe prophétique ; mais avec quelle énergie, et ensuite avec quelle tendresse, la voix de son interprète m'en traduisait le sens ! Je frémis, je pleurai tour-à-tour ; et, trop docile aux mouvements d'un cœur qui n'avait rien senti encore, je ne quittai pas le lieu sans y avoir éprouvé cette révolution terrible et soudaine qui promet le bonheur, mais qui a été pour moi le principe des plus grandes infortunes. Ma bonne mère ressentait une autre sorte d'ivresse : plus elle voyait, plus elle entendait l'orphelin, et mieux elle démêlait sur son visage et dans son organe des rapports marqués, elle disait même une identité parfaite avec ceux de feu son époux. J'avoue, quant à moi, que cette analogie ne m'avait nullement frappée. Sans doute que le caractère vénérable imprimé sur les traits de mon père excluait pour moi toute ressemblance avec une figure si jeune et presqu'adolescente encore : un souvenir plus exact du passé m'aurait garantie des dangers du présent ; et si l'image de M. de Garcin eût mieux été dans ma mémoire, celle de Jean-Marie se serait moins emparée de mon cœur.

« Enfin on nous l'amena, cet intéressant jeune homme, et, dans les rapports qui s'établirent bientôt de lui à nous, tout confirma le témoignage de l'aumônier ; tout augmenta aussi, et le penchant qui entraînait ma mère vers lui, et l'inclination qu'il avait provoquée en moi. Comme, avec des dispositions à tout, il ne savait presque rien, nous entreprîmes son éducation ; et vous remarquerez que moi, qui en étais la principale institutrice, j'opérais sous les yeux de ma mère et avec le consentément de son confesseur. Ainsi voilà une jeune fille ardente et passionnée (car, que servirait de dissimuler ?) livrée à un jeune homme qui, de novice aujourd'hui, peut devenir très expert en peu de temps. Vous vous étonnez, vous vous récriez de tant d'imprudence ; ce n'en était point : ma mère avait des vues ultérieures ; elle voulait réaliser, pour le bonheur de sa fille, les vœux d'un époux, d'un père adoré ; et le religieux qui, d'ailleurs, était plus ingénu que calculateur, n'y voyait pas le moindre inconvénient. En un mot, on voulait qu'une tendresse mutuelle, ménagée entre Jean-Marie et moi, préparât, décidât une union où, pour la première fois, on vit d'accord les convenances et l'amour ; car ma bonne mère, qui combattait quelquefois les idées de son mari vivant, ne demandait qu'à les faire triompher depuis qu'il est mort. Et il faut ajouter que tout concourait à favoriser un tel dessein : une fortune petite, mais suffisante, et surtout indépendante, le goût de la retraite et de l'étude, la rencontre de l'orphelin, et l'attachement que nous ne pouvions manquer de ressentir l'un pour l'autre. En effet, cet attachement se développa de jour en jour avec plus de force, mais de mon côté seulement : j'étais trop éprise, trop sensible, pour ne pas être clairvoyante. Une amitié prévenante, attentive, tendre même, était tout le sentiment qu'éprouvait Jean-Marie; et ce sentiment avait pour principe la reconnaissance qu'il croyait nous devoir, mais qui me désolait. Madame de Garcin, prévenue en sa faveur, avait pris facilement le change : cette froide affection qu'il lui témoignait suffisait à celle qu'elle éprouvait pour lui ; et elle s'émerveillait qu'un tel sentiment me contentât peu. C'est qu'elle ignorait que l'amour, si indulgent sur ce qu'il regarde comme accessoire, réserve son exigeance pour le point principal : l'amour veut être payé par l'amour, et Jean-Marie n'en avait pas pour moi.

« Non, il n'en avait pas pour la pauvre Louise ; mais ce qui va vous surprendre davantage, c'est qu'il ressentait pour une autre, je ne dois pas dire une passion, mais une inclination qui, pour devenir de l'amour, n'attendait que le temps et la réciprocité. Il existait parmi les sœurs de la Providence, qui desservent l'hospice de la Pitié, une fille d'environ trente ans, qui n'avait rien de remarquable qu'un langage brusque, un regard austère et une opiniâtre taciturnité. Jusqu'à l'arrivée de l'orphelin, elle avait montré ce caractère revêche qui permettait à peine de soupçonner des qualités plus aimables ; et, plus de six mois après son séjour, rien n'avait indiqué que ce caractère pût s'amollir, que ses manières fussent susceptibles d'améliorations. Mais à cette époque Jean-Marie prit la petite vérole, laquelle se manifesta rapidement par de menaçants symptômes de malignité. Dès le moment de l'invasion, la sœur Nicole s'était chargée du soin du malade : lorsqu'il fut en danger, elle ne quitta plus son chevet ; et, jour et nuit, les yeux alternativement fixés sur son chapelet et sur lui, elle ne suspendait ses secours que pour céder quelques instants aux besoins de la nature. Ces mêmes secours d'ailleurs, elle les lui donnait sans prodigalité, sans émotion, et comme accomplissant un devoir. Seulement, il y eut une crise nocturne durant laquelle le malade vit de près la mort ; et, quoiqu'agonisant, il avait conservé assez de connaissance pour remarquer sa gardienne. Quand elle le vit ou crut le voir expirant, toute sa sécheresse, tout son sang-froid l'abandonnèrent. Ne soupçonnant probablement pas qu'elle pût être observée, cette fille, jusqu'alors si aride, se précipita à genoux ; et, saisissant la main du jeune homme, toute couverte de pustules, elle la pressa sur ses lèvres et la mouilla de pleurs. Puis, élevant le Christ de son chapelet au niveau de cette tête si charmante encore, et que la contagion semblait craindre d'enlaidir : « ô mon Dieu, dit-elle d'une voix étouffée, faites qu'il vive ou que je meure !... » Jean-Marie, dont la crise touchait à son terme, non moins étonné qu'attendri, prit le Christ avec vivacité, et le portant sur sa bouche qui souriait alors : « faites, ô mon Dieu, s'écria-t-il avec abandon, faites que je vive, et que ce soit pour elle !... » Nicole, épouvantée, tomba presque sans mouvement sur le chevet du malade qui fit usage d'un premier élan de forces pour la rappeler au sentiment, et pour lui donner et recevoir d'elle le premier baiser de l'amour.

« Telle était la rivale, tels étaient les obstacles que m'avait suscités ma mauvaise étoile ; et d'après le caractère solide de l'orphelin, j'ai reconnu que cette rivale était redoutable et ces obstacles invincibles. Néanmoins, le cours de son éducation, en occupant délicieusement nos loisirs, amenait, par intervalle, des illusions que j'ai cru quelquefois partagées par lui-même, et qui, sans suffire à mon cœur, suffisaient du moins à mes espérances. J'avais celle de toucher, par un amour si entier, si pur, si désintéressé, une âme dans laquelle je reconnaissais chaque jour les plus précieuses qualités. J'ignorais alors qu'il éprouvât pour une autre l'affection que j'éprouvais moi-même pour lui ; et quand je l'aurais su, avais-je assez d'expérience pour craindre une rivalité que j'aurais bravée, que j'aurais livrée au ridicule, si je m'étais avisée de la soupçonner ?

« Au terme de ce que le confesseur et ma mère nommaient nos épreuves, il fallut s'expliquer et on s'expliqua. Ce fut l'obligeant religieux qui se chargea de sonder son protégé ; ma mère n'eut pas une besogne bien épineuse à mon égard.

« Imagineriez-vous la réponse du jeune homme ? Un attachement contrarié enseigne à dissimuler, et il dissimula. Il demanda vingt-quatre heures pour se consulter, et ce fut Nicole qu'il consulta. Depuis cette scène, où l'amour, tremblant de perdre son objet, avait éclaté malgré elle, cette fille singulière était retombée dans sa conduite austère, dans ses manières glacées, dans sa taciturnité. Au fond d'une âme dont l'enveloppe était si difficile à pénétrer, la religion, toujours luttant contre l'amour, n'avait pu l'éteindre sans doute, mais elle lui imposait un silence rigoureux. Ces amants, d'une espèce nouvelle, s'entendaient en se taisant, se comprenaient en ne s'expliquant pas. Eh ! pourquoi de

longs et dangereux discours ? Ne s'étaient-ils pas ex-
pliqués une fois? Si les événements pouvaient changer
pour eux, le sort de leurs sentiments n'était-il pas
fixé? Nicole sentait que tout entière à Jean-Marie
comme amante, il était impossible qu'elle lui appartînt
comme épouse ; et ce jeune homme, dont cette position
bizarre mûrissait la raison, avait très bien compris
que la loi, que les convenances, que la nécessité peuvent disposer des personnes, mais que, quand nous
l'avons bien résolu, notre volonté nous appartient,
notre cœur nous reste.

« C'est sur ces principes que roula l'entretien con-
fidentiel des deux amants : je n'ai pu l'apprécier que
par le résultat ; et c'est de celui-ci que je vous dois
compte. Jean-Marie donna ou parut donner son con-
sentement avec autant de joie que de reconnaissance.
On croit si aisément ce qu'on désire, que je ne me
montrai pas difficile sur ces témoignages équivoques :
je me plaisais à les prendre pour ceux de l'amour. Le
jour du mariage fut fixé : c'était dans ce jour aussi, et
une heure avant la cérémonie, que devait être ouvert
l'espèce de testament qui assurait la fortune et surtout
la légitimité de l'enfant perdu. Sans cette dernière
clause, j'aurais demandé que le codicile ne fût publié
qu'après le mariage ; et même il m'eût été doux, en
estimant mon époux pour lui-même, de rendre à la
mémoire de mon père l'hommage qu'il me semblait
demander de sa fille, ennemie, comme lui, des préjugés
dégradants, et amie de la vertu personnelle.

« En attendant le jour décisif, nous fûmes fiancés à
la chapelle de la Piété. Le soir même, au milieu de la
petite fête à laquelle cette cérémonie avait donné lieu,

on apprit que la sœur Nicole, indisposée depuis quelques jours, venait de s'aliter, frappée, disait-on, d'une maladie dangereuse. Puisse-t-elle être mortelle ! s'écria Jean-Marie, avec l'expression d'un désir qui me parut alors bien singulier, presque inhumain, mais dont les événements subséquents ne me réservaient que trop tôt l'explication.

« Sur ces événements décisifs et trop douloureux, permettez-moi de courir comme sur des charbons ardents. Hélas ! j'en portais, j'en conservais le souvenir dans mon cœur, où j'aurais voulu les ensevelir pour jamais, quand je vous ai connu. La dernière circonstance de notre liaison trop courte doit les en faire sortir, et ce n'est pas une de mes moindres peines que de vous les raconter.

« Comme si la mort eût entendu le vœu funeste de mon fiancé, la maladie de Nicole prit rapidement un caractère alarmant : bientôt la situation de cette religieuse devint désespérée ; et ce fut alors, qu'à notre grand étonnement, elle convoqua, autour de son lit, l'aumônier de la maison, la supérieure, ma mère et moi. Réunis dans ce cercle funèbre, au milieu duquel une créature humaine palpitait de ses derniers mouvements, nous nous regardions en silence. La patiente rompit soudain ce silence de mort ; et, surmontant les convulsions d'une agonie dont son âge peu avancé et son tempérament robuste redoublaient les angoisses, elle nous révéla une partie de ce que je viens de vous répéter. Je supprime les sensations pénibles et les réflexions pleines d'amertume causées en moi par une telle confidence. La sœur Nicole la termina par un signal qui fit sortir d'un cabinet, où il gémissait, le malheureux orphelin. « Je vous rends votre foi, lui dit-elle, en ôtant de son doigt un petit jonc d'argent qu'elle porta à ses lèvres mourantes ; et voici, ajouta-t-elle, en m'invitant du geste à m'approcher, voici la personne qui, ayant accepté de vous des serments *forcés*, doit aujourd'hui recevoir ceux de votre volonté *libre*. Elle vous aime, Jean-Marie, et vous l'aimerez aussi. Pour moi, je vais me réunir à celui qui ne trompe point. » Nous fondions en larmes, et tous deux à genoux devant elle, il semblait que nous lui demandions pardon du tort des circonstances. C'est ce moment que le confesseur choisit pour fixer enfin notre destinée. Dépositaire des dernières volontés du père de Jean-Marie, et connaissant d'ailleurs les intentions de la religieuse qui était sa pénitente, il se prépara à nous faire entendre cet acte décisif. Le notaire de la maison entra, et l'importante lecture fut commencée, la moribonde ayant témoigné qu'elle l'entendrait avec satisfaction : il s'agissait effectivement, vous vous le rappelez, du sort définitif du jeune homme qui lui était peut-être plus cher encore qu'à moi.

Celui qui avait écrit et souscrit ce codicile, y déclarait que : « longtemps fidèle aux seuls « principes « de la loi naturelle, il avait dédaigné, dans son union « avec une femme chérie, les règles de la loi civile, « parce qu'elles lui avaient semblé outrager la nature et « tout à la fois le bon sens : la nature, en rendant fic- « tivement perpétuels des nœuds qui se dissolvent en « réalité chaque jour ; le bon sens, en supposant qu'une « association, d'abord embellie par la passion, ne sera « jamais enlaidie par une passion contraire. Averti « cependant par la position déplorable dans laquelle

« le préjugé plongeait les fruits issus d'une union
« sans mariage, il se décidait, dans le seul intérêt du
« fils que lui avait donné une union semblable, à le
« reconnaître, à le nommer, à le doter. En conséquence,
« il assignait à cet enfant quinze cents livres de rentes
« perpétuelles, hypothéquées sur des biens libres dont
« la succession serait partagée également par une fille
« née d'un mariage que les lois ont qualifié de légitime.
« Et pour que nul, obéissant à ces préjugés homicides,
» ait ou se croie le droit de traiter d'illégitime et de
« bâtard le fils dont il était question dans cet acte, le
« testateur lui prescrivait de prendre et de porter, avec
« le prénom de *Jean*, qui est celui de son père, et le
« prénom de *Marie*, qui est celui de sa mère, le
« nom *de Garcin*, qui est celui de sa famille pater-
« nelle,.... »

« A ces mots, la phrase interrompue par nos excla-
mations, ne nous permit pas d'en entendre davantage. Le papier échappa de la main tremblante de l'aumônier. Jean-Marie, encore à genoux, cachait sa tête et
ses pleurs ; moi, je me sentais alternativement défaillir
et revenir à moi par l'excès de l'étonnement. La religieuse, dominée par le sien, auquel se mêlait une
indicible joie, s'était à demi élevée de son lit de mort,
et, les bras tendus vers le ciel, elle y portait aussi des
regards sillonnés de larmes. Ma mère seule, après
avoir réprimé un premier mouvement, était redevenue
tranquille. Bientôt, assiégée de souvenirs qui auraient
fait ma honte, si les regrets les avaient accompagnés,
je pris la soudaine résolution d'en tirer l'honneur d'un
grand sacrifice. J'allai droit à Jean-Marie, auquel je
tendis la main, qu'il hésitait à prendre : « Les ten-

dresses de la passion, lui dis-je, n'étaient que l'instinct de l'amour fraternel. J'embrasse mon frère dans celui que j'aurais chéri comme un époux, et je sens que mon cœur n'est changé qu'en t'aimant davantage. » Puis l'amenant au chevet de la religieuse qui m'écoutait immobile : « Reçois-la de ma main, ajoutai-je en les unissant ; ses vœux annuels vont finir ; ceux qu'elle contracte avec toi seront éternels. » Ils tombèrent en sanglottant dans les bras l'un de l'autre ; et moi-même, remuée et comme oppressée par tant de sensations déchirantes et diverses, je m'évanouis. L'amour au désespoir m'avait prêté un courage héroïque qui ne brilla un moment que pour se perdre dans une faiblesse plus naturelle. Il fallut me transporter chez ma mère, où je m'alitai mourante, vomissant le sang, et frappée à jamais d'une maladie (1) qui ne pardonne point.

» Cette première crise fut longue et douloureuse ; elle mit plus d'une fois mes jours en péril. Hélas ! pourquoi le ciel me les conserva-t-il, puisque de nouveaux malheurs devaient amener de nouvelles peines, et que, si je présume de l'avenir par le passé, je ne cesserai de souffrir qu'en cessant de vivre.

» Ce fut quelque temps après cet accident que vous m'entrevîtes pour la première fois ; mais, quoique je vous eusse remarqué, selon mon naturel observateur, je n'aurais ni imaginé, ni fait naître l'occasion qui a établi entre nous de si intimes rapports. Il a fallu, pour les faciliter, un concours de petites circonstances que

(1) L'hémoptysie : crachement de sang causé par des ruptures ou des érosions dans les vaisseaux pulmonaires.

je me retracerais avec plaisir, si la plus décisive ne m'avait pas été si douloureuse. Je veux parler de la mort de mon frère, que si peu de bonheur et tant de revers avaient déjà éprouvé dans un âge si peu fait pour l'infortune, et auquel une infortune plus grande, et surtout irréparable, porta le dernier coup. Vous avez su vaguement, et comme vous y intéressant peu, qu'à la suite et par l'effet d'une secousse qu'elle n'était plus en état de supporter, la sœur Nicole avait succombé dans les bras de son cher orphelin, emportant, en mourant, moins la certitude d'être unie à lui, que la satisfaction qu'il ne s'unirait point à une autre. Qui eût dit qu'une perte, qui semblait si aisée à remplacer, lui aurait paru tellement irréparable, qu'elle dût causer la sienne ? Il ne faut point juger ce jeune homme par les règles générales, auxquelles il ferait exception, moins encore par sa position sociale, que par la singularité de son caractère. C'est lui, c'est ce caractère qui, après avoir ménagé de tendres intelligences entre Jean-Marie et une personne si peu faite, en apparence, pour les comprendre, les lui fit chérir plus que la vie, puisque la mort qui les rompit détermina la sienne. Il mourut donc, et périt avant même la fleur de cet âge qui promet de longues années, mais qui ne les accorde qu'à ceux dont le cœur est tranquille ; et moi, à peine remise de la tourmente suscitée dans le mien, je dus expier les passions de toute notre famille malheureuse, en soupirant nos douleurs, en exhaltant nos regrets sur la cendre de son plus jeune rejeton. Vous me vîtes alors, vous m'entendîtes, et bientôt je vous entendis moi-même, et nous commençâmes à nous comprendre. Mais ce que vous n'avez compris que trop tard, c'est la promesse que j'avais faite à mon frère, lors de la mort de Nicole, de prendre, au monastère de la Pitié, la place de cette religieuse. Voilà ce qui désolait ma mère à qui votre amour pouvait rendre le service de m'arracher à un vœu funeste. Croyez pourtant que jamais je ne l'eusse rompu, ce vœu que je révérais comme sacré, sans mon imprudence à me montrer en public avec vous. Jusqu'alors vous aviez mille preuves de mon attachement; en aviez-vous une seule de mon amour? Mais ce jour, cet instant, cet acte a tout révélé, comme il vous a tout appris. Avec ce voile, qui ne devait que préserver ma santé (1), et qui gardait mon innocence, mon innocence a paru tomber, et ma réputation comme elle. Après un tel éclat, je ne puis le réparer que par un éclat plus grand; et puisque le goût du théâtre m'a compromise, il faut que ce goût, justifié par le talent, me réhabilite par le succès. Vous oublierez, l'on oubliera l'imprudente *Louise*; je veux qu'on se rappelle toujours, je veux que Talma n'oublie jamais la tendre et malheureuse *Atalide* (2). »

(1) A la suite et par l'effet de sa première attaque d'émoptysie, mademoiselle Desgarcins ayant été affligée d'une extinction de voix, le docteur Malouet était parvenu à rendre le ton et la force à l'organe, au moyen d'un traitement de safran, auquel un voile épais, fortement imbibé de cette teinture narcotique, servait, pour ainsi dire, de complément.

(2) C'est par ce rôle, en effet, que mademoiselle Desgarcins débuta quelques temps après (24 mai 1788).

CHAPITRE IX

Chaque instant, chaque événement de la vie, dans un homme irrésolu, met à l'épreuve ce caractère, ou, pour parler plus juste, cette absence de caractère ; car chaque instant, quelque court qu'on l'admette, se compose au moins d'une seconde, et, dans une seconde, il y a de la durée assez pour amener une succession d'idées dont la première, dans l'hypothèse donnée est détruite par la suivante, comme un flot qui efface celui qui l'a engendré. Quant aux événements, il n'en est pas qu'on ne puisse considérer au moins sous deux rapports ; un esprit incertain, un cœur inquiet, un caractère indécis en découvre mille : c'est le joaillier qui fait scintiller, sous son œil observateur, les nombreuses, ou, pour mieux dire, les innombrables facettes du diamant. Quelle est la mieux taillée, quelle est celle qui lance le plus d'étincelles ? c'est ce que son regard, quelque exercé qu'il soit, ne saurait déterminer ; et, dans l'impossibilité d'asseoir un prononcé, il demeure perplexe.

Prêt à quitter la profession qui lui assurait son existence, pour adopter celle que lui promettait la renommée, telle était la situation de Talma. Ceux qui furent admis dans son intimité disent qu'à la vivacité, quelquefois même à la violence du premier mouvement, il joignait je ne sais quelle mollesse dans ceux qui suivaient ; mollesse qui dégénérait en hésitation, en incertitude, en perplexité. Le conseil d'un ami, la décision d'une personne autorisée lui étaient alors utiles, nécessaires même pour fixer ces mouvements alternatifs, pour arrêter ces balancements. Dans cette résolution étrangère, il puisait une fermeté que sa persévérance lui rendait personnelle ; et, de ce moment, l'homme sans caractère primitif avait reçu, par la force de l'influence, l'ineffaçable empreinte d'un caractère acquis. Ainsi, l'avons-nous pu trouver dans beaucoup de positions importantes, et surtout dans celles qui, par un concours d'événements hors de nous, amènent les nœuds et les péripéties de notre destinée.

A quoi donc a tenu celle du grand tragédien dont nous esquissons l'histoire ? à une vocation décidée, sans contredit ; à des talents d'un ordre non seulement supérieur, mais inconnu jusqu'à lui. Mais afin d'obéir à cette vocation, pour développer, pour mûrir ces talents, n'est-il pas vrai que des véhicules étaient indispensables ? Il en avait trouvé déjà de puissants dans les leçons de Molé, dans les encouragements de Fleury, dans l'amitié zélée de Dugazon ; toutefois à ces coups d'aiguillon, il y avait une personne, ou chagrine, ou prudente, qui opposait le frein de ses avis et de son expérience. Mademoiselle Sainval, actrice un instant fameuse, et qui aurait pu devenir longtemps célèbre, était cette personne. Elle avait paru sur la scène tragique avec tout l'éclat d'un météore, et s'était rapidement éteinte comme lui. Pourtant depuis

dans le commerce habituel de la vie une prévoyance qu'on aurait pu prendre pour de l'humeur, elle ne haïssait pas d'en communiquer les sinistres présages, Talma, qu'elle avait rencontré plusieurs fois dans la société, devait devenir, et devint en effet l'objet de ses sollicitudes. « Vous m'intéressez, lui disait-elle, comme un jeune homme aimable et comme un homme à talent; et je veux vous donner la preuve de cet intérêt en vous administrant quelques vérités salutaires, résultat de mon expérience et de mes observations. En vous décidant à monter sur la scène, avez-vous bien réfléchi au parti que vous preniez, à l'état que vous adoptiez, aux conséquences que l'un et l'autre entraînent? D'abord, vous quittez une profession fixe pour un métier variable et périlleux : votre sort était assuré, le voilà vacillant ; votre existence était aussi honorée que garantie, la voilà troublée, assaillie, compromise. Je me permettrai encore quelques doutes, quelques craintes, quelques questions : le tout dans l'intérêt de votre gloire, de votre fortune, de votre vie entière. Du moment où vous aurez *foulé les planches*, elle n'est plus à vous cette vie que pourtant nous voulons rendre libre par tous moyens et heureuse à tout prix. Ceux que vous préférez assurent-ils la liberté et le bonheur? C'est ce que je vais examiner en peu de mots. J'admets, antérieurement à toutes réflexions, que, pressé par une vocation irrésistible, soutenue par les talents que vous sentez remuer en vous, il n'y aura jamais de mécompte entre ce que vous additionnez aujourd'hui et ce que vous aurez à soustraire plus tard ; je veux que les moyens soient à la mesure de la volonté, que les études soient **proportionnées** aux moyens, et que, de ce tout si bien d'accord, il puisse résulter une réputation lucrative ; car c'est toujours là que nous tendons tous ; et, sans offenser la délicatesse de personne, je dois dire que, *dans le fond de toute affaire, il y a toujours de l'argent*. Mais, dans la supposition que vous puissiez toujours compter sur vous-même, est-il prudent de compter aussi sur les autres ? Et les autres, dans cette circonstance, se composent d'un nombre prodigieusement étendu. C'est, en première ligne, cette réunion tumultueuse, bizarre, irréfléchie, membres invalides d'un corps puissant, quoiqu'il n'ait point d'oreilles et point d'yeux, mais une bouche d'airain, des bras de fer, et qu'on nomme *Monseigneur le Public*. Fîtes-vous jamais un retour sur vous-même, en soupçonnant que votre renommée, votre fortune, votre existence dépendent de la disposition de ce maître fantasque, qu'une grimace séduit, qu'une allusion irrite, qu'un bon mot ramène ; qui se plaît à mettre des pygmées sur un piédestal et des géants dans la boue ; à élever, à encenser des idoles pour les briser ensuite ; et qui, de la main qui couronna de fleurs un acteur chéri, l'égratigne en riant et l'immole à ses nouveaux caprices ? Est-ce tout cependant ? non, certes : à la suite de cette auguste et misérable cohue, viennent en foule, et se dressent contre le talent, des obstacles de tous les genres, des difficultés de toutes les espèces. C'est un protecteur qui se croit du génie, parce qu'il traîne un cordon bleu ; c'est une protectrice, minaudière de cinquante ans, qui prétend que vous rendiez à ses antiques appas l'hommage qu'obtiennent, sans les demander, ceux de sa fille adolescente ; ce sont des donneurs de conseils, des souffleurs d'idées, des censeurs à contre-poil, des louangeurs à contretemps. Nous ne sommes pas au bout : c'est l'envie qui, d'un théâtre voisin, envoie siffler autour de de vous les serpents qu'elle y a couvés ; c'est un chef d'emploi qui vous laisse vous morfondre dans la coulisse, et ne vous en tire de temps en temps qu'en vous jetant, comme des épluchures, les rôles dont il ne veut plus ; c'est un camarade qui se dit votre ami, parce que vous êtes bon ; qui se croit votre rival, parce qu'il vous double, et qui devient votre délateur, parce vous êtes applaudi et qu'il est sifflé. Et les auteurs? Et ceux qui, pour avoir *arrangé* Rotrou, se croient le droit de *corriger* Corneille ? Et ces écrivains femelles qui, s'imaginant que le style a un sexe, exigent pour leurs sottises rimées l'encens que l'on ne doit qu'à leurs charmes ?... Je ferme cette galerie d'inconvénients, et vous laisse au milieu du plus invincible... »

Talma demeurait découragé. En parcourant les cahiers des rôles dont il espérait composer son répertoire, il découvrait dans chacun de nouvelles difficultés. Le talent avait beau l'avertir, il tremblait souvent que ce ne fût la présomption qui l'égarât. L'exemple d'Armand, acteur par instinct, ne le rassurait pas ; celui de Préville, artiste de génie, et peut-être le seul *comédien* qu'ait possédé la France, ne le déterminait guère. « Je sentais là quelque chose, a-t-il dit depuis, qui me chatouillait, qui m'aiguillonnait ; mais le deviner si c'était le dard de l'amour-propre, ou la pointe du poignard de Melpomène, voilà ce qui ne m'était pas donné. »

« Vous rêvez à vos débuts, lui dit un jour Molé, et vous demandiez l'autre jour qu'on vous composât un parterre choisi pour vous essayer devant lui. Savez-vous, mon ami, devant quel parterre je me suis essayé, moi qui vous parle, durant plus de deux années ? Après avoir été clerc de notaire, une recommandation, que j'appellerais volontiers de commérage, m'avait placé dans les bureaux de M. Blondel de Gagny, intendant des finances, homme que je ne juge point, mais que vous allez juger. J'avais là pour camarade un jeune transfuge, comme moi, du notariat, lequel, sous une apparence froide, cachait une âme ardente, et qui, au défaut d'un esprit transcendant, possédait une mémoire imperturbable. Je me permets ces détails pour l'intelligence de ce qui suit. Saint-Maurice (1), c'était le nom de cet ami, manquait rarement de m'accompagner à la Comédie-Française, dont le nom et quelquefois les largesses de M. de Gagny nous ouvraient la porte assez souvent. Tous deux attentifs à la représentation, chacun de nous l'avait été à sa manière : moi, tout yeux, tout âme peut-être avec quelqu'intelligence ; Saint-Maurice, tout oreilles qui portaient sur les tablettes de bronze de son souvenir jusqu'au moindre monosyllabe de la pièce. Il ne faut pas demander si, dès le lendemain, elle était le sujet de nos conversations, de nos réflexions, de nos discussions ; elle devenait bientôt aussi celui de nos études. Au défaut du livre ou du manuscrit, Saint-Maurice la répétait mot par mot, phrase par phrase, vers par vers, rôle par rôle ; moi, que la vue, que le jeu de Grandval, de Bellecourt, de Lekain, avaient plus frappé que leurs paroles, je devenais Lekain, Grandval et Bellecourt. Un rang de

____

1. Connu depuis dans le monde et dans la magistrature sous le nom de *Dondey de Saligny*.

chaises circulairement placées au fond du cabinet, c'était l'auditoire ; un paravent partagé en deux et étalé à gauche et à droite, indiquait le théâtre au milieu duquel je m'avançais à pas fiers et comptés, drapé d'un tapis de bureau en guise de manteau, et imitant de mon mieux les belles attitudes de Bellecourt, les gestes énergiques de Lekain et jusqu'au grasseyement de Grandval. Souffleur, spectateur et journaliste, mon ami *aidait* d'abord *ma mémoire troublée*, puis applaudissait avec accompagnement de *bravo !* enfin censurait, lorsqu'il lui semblait que je n'avais pas atteint le degré de perfection désirable. La seule différence entre les aristarques qui impriment et le mien qui se contentait de parler, c'est qu'il était poli et qu'il avait de la conscience.

« Ma déclamation emphatique et cadencée nous valut un jour *une chambrée* à laquelle nous n'avions certainement pas donné *ses entrées*. C'était M. de Gagny et sa société. Enveloppés des feuilles du paravent, ces dames et ces messieurs assistèrent à tout un premier acte, en gardant un profond silence. Tout à coup leur présence nous fut révélée par des bruyants éclats de rire et de longs applaudissements. Je n'oublierai jamais que, la tête coiffée du bonnet de velours noir de M. l'Intendant et dûment empaquetés dans sa robe de chambre de damas *queue de serin*, j'étais dans l'attitude renfrognée de Lekain, lorsque, dans le rôle d'Orosmane, il a découvert ou cru découvrir le perfidie de Zaïre :

> Le voilà donc connu, ce secret plein d'horreur !...

Sans me déconcerter de cette apparition imprévue,

je garde intrépidement ma pose, et, renforçant ma voix grêle, je répète ce vers qu'on prend pour une allusion à la circonstance. Imaginez les nouveaux éclats de rire, les battements de mains et les félicitations. Nous fûmes complimentés par ces messieurs, embrassés par ces dames, dont toutes me parurent charmantes, et dont quelques-unes l'étaient réellement. On nous enleva d'autorité ; et, transférés *en costume* dans la salle à manger, il fallut bien payer les caresses, les louanges et le dessert par un nouveau plat de notre métier. Il fut généralement reconnu que Saint-Maurice possédait la mémoire d'un *Almanach royal*, et qu'il pourrait, au besoin, suppléer à la perte du répertoire. Il fut également convenu que j'étais le rival de Bellecourt dans la comédie, et le vainqueur de Lekain dans les rôles à robe de chambre. J'avais dans ce temps une petite mine assez éveillée, que toutes ces dames voulaient voir de près. Une véritable présidente, qui avait assisté aux derniers beaux jours de mademoiselle Duclos (1), me tint un quart d'heure sur ses genoux, afin de me démontrer qu'il n'y avait de salut pour moi que dans la déclamation empoulée et chantante : fuyez surtout comme peste le prétendu naturel de *la* Dumesnil ; et quand vous imiterez *M. de* Bellecourt ou Lekain, que ce soit lorsqu'ils s'éloignent de cette trivialité dégoûtante qu'on rencontre à tous les coins de rue, mais qu'il ne faut pas trouver au Théâtre-Français.

---

1. Elle déclamait, chantait et cadençait. Mademoiselle Clairon a déduit une théorie de cette *harmonieuse* pratique, en notant (sur la portée de la gamme) des rôles tout entiers ; méthode que M. Larive a érigée en doctrine, ainsi que nous le verrons ci-après.

« Le résultat de cette équipée, qui ne déplut point à M. de Gagny, fut la permission de prendre son cabinet pour une salle de répétition. Mes appointements furent conservés, et mon protecteur me permit de les gagner par de simples actes de présence. Il fit plus : déjà, par ses bienfaits, les entrées *aux Français* m'avaient été accordées ; bientôt il obtint que, du parterre, je franchisse, sans intermédiaire, l'intervalle qui le sépare du théâtre : émule de Bellecourt et rival de Lekain, disait-il en riant, vos talents ne peuvent être appréciés par un parterre de chaises et par un auditoire de fauteuils ; ce sont des spectateurs *vivants* qu'il vous faut. Et, malgré mes vingt ans, ou peut-être à cause d'eux, et quoique je ne fusse élève de personne, et que je n'eusse joué qu'entre deux paravents, cet excellent homme obtint pour moi un ordre de début. Je parus enfin devant des juges qui ne m'épargnèrent ni les applaudissements, ni les censures. On voulut bien me reconnaître de l'intelligence et quelque sensibilité ; mais de l'usage, mais l'habitude de la scène, mais les calculs, mais la profondeur, voilà ce qu'on me refusa, ce que peut-être je ne pouvais, ni ne devais pas avoir, et ce qu'on m'envoya chercher en province. J'y voyageai un peu plus de cinq années, au bout desquelles je rapportai quelques défauts de moins, quelques qualités de plus. « Comme vous avez une certaine faiblesse d'organe, me dit Lekain, évitez d'enfler les sons ; cela vous conduirait droit à la déclamation chantée ; et, quoi que dise, et même quoi que fasse mademoiselle Clairon, nous ne sommes ni au temps, ni au théâtre d'Athènes. On y jouait sous le masque et devant trente mille spectateurs. La bouche, contournée en entonnoir portait, la voix jusqu'au dernier recoin de ce vaste auditoire : il fallait donc qu'une mélopée notée, soutenue et invariable la fit retentir à toutes les oreilles. L'accent vrai, la voix de la nature eussent été méconnus, effacés, anéantis. Pour vous qui parlez dans une salle fermée, à l'éclat d'un jour artificiel, devant des colonnes de carton et des arbres de toile peinte, afin de vous faire entendre à deux mille spectateurs *qui digèrent*, employez vos moyens, mais ne les forcez pas ; en un mot, soyez vous-même et ne soyez que vous :

> Chacun pris dans son air est agréable en soi ;
> Ce n'est que l'air d'autrui que je condamne en moi.

» Ce que Lekain me conseillait avec un peu de morgue et de réserve, je vous le répète en toute franchise et avec conviction, mon cher Talma : si vous n'avez pas tout ce qu'il faut pour plaire, vous avez au moins tout ce qu'il faut pour réussir. Osez donc : vous réussirez. »

Et Talma, dont cette conversation avait relevé le courage, se trouvait effectivement, après s'être examiné de nouveau, tout ce qu'il faut pour réussir. Dejà, et sans même qu'il le sût, son ami Dugazon avait sollicité pour lui un ordre de début : mais, avant de l'obtenir, encore fallait-il l'aveu de la partie intéressée, et malgré tant d'augures favorables, Talma n'était pas encore complètement décidé. Tel était pourtant l'homme qui déjà portait dans son sein, et pouvait avancer, par son talent, la réforme du Théâtre-Français. Avis à la présomption qui ne doute de rien, et à la médiocrité qui se croit capable de tout.

Une circonstance, à la vérité remarquable, hâta sa

détermination. Nous avons dit qu'il s'essayait au petit théâtre de la Boule-Rouge. Là était le rendez-vous de quelques amateurs distingués, de quelques personnages importants par leur naissance, leur fortune, leur position sociale. Ces personnages comptaient parmi eux des connaisseurs de toutes les forces, des juges de tous les degrés. Et parmi ces juges, les jeunes athlètes avaient le plaisir de compter souvent plusieurs acteurs retirés de la Comédie-Française. Sur l'espèce de réputation que trois à quatre rôles avaient faite à Talma, mademoiselle Dumesnil voulut le voir : elle vint au spectacle, conduite par Chénier qui, à cette époque, taillait en silence ses crayons tragiques, dont il avait déjà esquissé une pièce du titre d'*Azémire*, laquelle fut jouée quelque temps après. Par cas fortuit, cette ancienne et célèbre tragédienne vit, en entrant dans sa loge, la non moins célèbre Clairon qui occupait la loge vis-à-vis, escortée de son fidèle Larive, dès lors bien renommé, et digne de l'être davantage. Après quelques saluts réciproques, il prit fantaisie à mademoiselle Clairon de renouer connaissance avec son ancienne rivale ; mais, pour obéir à son caractère imposant et formaliste, elle ne manqua pas de lui députer son brillant écuyer qui s'empressa de déployer un caractère et une mission diplomatiques avec autant de déférence que d'esprit. Après avoir souri au cérémonial qui lui fit reconnaître que la superbe reine de Carthage n'avait pas changé ses habitudes magnifiques en changeant d'état, *la bonne* (1) Dumesnil se leva

---

1. Surnom donné par Voltaire à cette tragédienne unique, dans laquelle se réunissaient la sublimité d'un talent sans modèle et

assez lestement encore, et, conduite par le jeune poète qu'elle affectionnait, elle se dirigea vers la loge où le sérénissime premier ministre d'un souverain d'Allemagne (1) l'attendait et la reçut avec toute la majestueuse gravité qui eût pu convenir à Sémiramis ou à Didon. Au moment où l'entrevue de ces puissances commença, Talma, le turban en tête, et préparé pour le rôle de *Seïde* (2), leur fut présenté par Dugazon, dont une bouffonnerie attira l'attention du parterre. Tous les yeux, tournés vers la loge, reconnurent et signalèrent les deux rivales, qu'on ne vit pas sous un dais fraternel sans étonnement et sans plaisir. Une somptueuse robe de cour déployait, autour de la fière Didon, ses plis sinueux, ses ondoyantes garnitures ; tandis que Sémiramis, *en casaquin,* agençait son royal giron pour y recevoir un petit griffon qu'elle aimait beaucoup.

sans imitateur, la beauté de l'âme et l'excellence de toutes les honnêtes affections.

1. Après avoir régné trop peu de temps sur la scène tragique, mademoiselle Clairon alla gouverner le *marquisat* ou le margrave d'Anspach, dont pourtant elle abdiqua le sceptre comme trop exigu pour la vaste main de Sémiramis.

2. Dans *Mahomet.* C'est par ce rôle que Talma débuta aux Français, ainsi que nous allons le voir. Il jouait ici (chez Doyen) celui d'Achille.

CHAPITRE X

Enfin, après de longues et sérieuses études, après des essais multipliés, après d'inquiétantes irrésolutions, Talma se décide pour la carrière théâtrale, et ses débuts sont indiqués : c'était à la fin de l'année 1787.

Nous avons remarqué que l'époque de sa naissance avait eu besoin d'une discussion critique, comme s'il s'agissait d'un personnage mort il y a deux mille ans : celle de sa première apparition devant le public du théâtre national est plus problématique encore. Dans la Notice qui parut quelques jours après sa mort, MM. Laugier et Mottet *fixent* au 27 novembre la date de ce premier début ; et, ce qui va sembler bien étrange, c'est que Talma lui-même, dans une note qu'on dit écrite de sa main (*Gazette de France* du 20 octobre 1826), confirme cette indication qui pourtant est fautive (1). Toutefois M. Tissot, l'un des biographes d'un débutant devenu depuis si illustre, a cru pouvoir l'ad-

---

(1) Talma, dit-on, écrivait ceci en 1819 ; et celui qui le copie ajoute : « Cette Notice est transcrite *textuellement sur l'original,* » *écrit en entier de la main de Talma.* Il avait rédigé lui-même ce » précis qui est sous les yeux de celui qui trace ces lignes. »

mettre ; et comme son ouvrage a tout à la fois l'autorité du nom et du talent, cette assertion eût fini par
être reçue, sans la publication *des Mémoires* de M. Moreau, *sur Talma*. Ceux-ci *fixent* (et, pour cette fois,
c'est le mot propre) au mercredi 21 novembre 1787
« le premier pas du jeune néophyte dans la carrière
qu'il devait parcourir avec tant d'éclat ; » et ils ajoutent : « Toutes les dates ont été vérifiées sur le registre de la Comédie. Le jour du premier début de Talma,
la recette s'est élevée à 3,403 livres 8 sols. » Nous ad-
mettons donc cette date, puisée dans un ouvrage qui
porte tous les caractères de l'authenticité, et qui joint
d'ailleurs à cet avantage le mérite d'une narration intéressante et l'élégante rapidité d'une plume exercée.

Cependant, comme il faut rendre à chacun ce qui lui
appartient, nous ne pouvons passer sous silence deux
autres dates, l'une du 15 novembre, indiquée par l'excellent critique du *Journal des Débats* (M. Duviquet)
qui pourtant, chose singulière, avait connu Talma
avant qu'il fût comédien, et assista à ses débuts. La
seconde date, plus extraordinaire peut-être, est celle
qu'a recueillie M. Aristippe, acteur du Théâtre-Français, et l'un des rares élèves de notre Roscius : sur la
foi du *Journal de Paris*, du 25 septembre 1787, il *fixe*
au 26 le début qui nous occupe. Nous transcrivons
l'article dans ce chapitre. Ici seulement nous ne pouvons nous empêcher de remarquer que l'ouvrage qui
le rapporte (*Manuel théâtral*, que nous avons consulté
avec profit et cité avec éloge) était bien connu de celui
que l'article concerne, et que Talma ne l'a pas rectifié.

Quoi qu'il en soit, on dit que la veille de ce début,
Dugazon, qui en avait hâté l'époque, eut, avec son dis-

ciple, une conversation relative à cet événement. Ce dernier en parlait toujours avec complaisance ; et, comme les idées qu'elle renferme et les principes qu'elle expose peuvent n'être pas sans utilité, nous croyons devoir l'extraire en faveur des commençants :

« Visez au grand, ou du moins à l'étonnant, dès votre premier début : il s'agit de laisser des traces et de faire un appel à la curiosité. Peut-être vaudrait-il mieux frapper juste que frapper fort ; mais les amateurs sont nombreux et les connaisseurs sont rares. Cependant vous auriez tous les suffrages, si vous pouviez joindre le vigoureux au vrai.

» Ne vous enivrez point par les applaudissements, ne vous découragez point par les sifflets. Les sifflets n'étouffent que les sots, les applaudissements n'étourdissent que les fats. Prodigués sans discernement, ils arrêtent le talent au bord de la carrière : tel qui l'aurait fournie avec distinction, qui l'a déshonorée par des défauts qu'une juste censure eût signalés, qu'un sifflet sévère eût punis.

» Lekain, Préville, Fleury ont été sifflés : ils sont immortels ; A., B., C. ont succombé sous le grêle des applaudissements : où sont-ils ?

» Moins de moyens et plus d'études ; moins d'indulgence et plus d'obstacles : autant de gages de succès, sinon *impromptus* et triomphants, du moins permanents et solides.

» Voulez-vous captiver les femmes et les jeunes gens ? débutez dans le genre sensible : tout le monde aime, a dit Voltaire, et personne ne conspire. Toutefois, ce qui était bon de son temps pourrait bien ne pas valoir grand'chose du nôtre. Pour plaire d'abord à la multitude qui sent beaucoup et ne raisonne qu'un peu, adoptez ou le genre admiratif, ou le genre terrible : ils saisissent soudain. Comment se soustraire à l'ascendant de *Mahomet*, à la magnanimité d'*Auguste*, aux terreurs de *Macbeth*, aux remords d'*Oreste* ? L'impression que *Bajazet*, *Ladislas*, *Orosmane* feront ensuite étant préparée, elle sera ineffaçable.

» Un vrai talent, de beaux moyens, d'heureux débuts garantissent-ils des succès ? oui, au premier abord. Mais il s'agit de les perpétuer ; il s'agit de forcer le public à la persévérance. Après vous avoir applaudi par conviction, il faut qu'il continue par habitude. Le corps collectif qu'on appelle *Public* a ses travers comme un individu : il les faut caresser. Le dirai-je ? Si on le gagne par des qualités, il n'est pas impossible qu'on le fixe par des défauts. Ayez-en donc. Pourtant vous comprenez qu'ils doivent sympathiser avec ceux de vos juges. Dans le cas contraire, ayez des défauts encore ; mais qu'ils soient l'ombre d'un talent qui les fasse accueillir d'autorité. Molé bégaie et *papillotte* ; Fleury chancelle, et l'on me reproche de *charger* ; mais Molé a des grâces ineffables, Fleury un débit séduisant, et moi je fais rire de si grand cœur que la critique qui voudrait être sérieuse ne serait point entendue.

» Il est des débutants qui s'élèvent comme des fusées, brillent quelques mois, et retombent dans la plus dense obscurité. A de telles déconvenues, il y a plusieurs causes. C'étaient des talents factices, ou sans portée, ou sans maturité. Quelques *exhibitions*, pour parler à l'anglaise, les ont usés ; un effort ou deux les épuisa. Peut-être aussi, déviant de la route des maîtres,

ils sont entrés dans les sentiers obliques de l'innovation, où la témérité ne se sauve qu'appuyée sur le
génie. Peut-être encore (et ceci est plus irrémédiable),
marchant sur des traces célèbres, ils se sont faits mauvaises copies d'excellents originaux. En voyant qu'au
lieu de *simuler* les qualités, ils ne *singeaient* que les
défauts, le public les a pris pour des parodistes, et il
a nommé leurs œuvres des caricatures. Lorsqu'un comédien en est là, il n'a rien de mieux à faire que de
s'échapper par le trou du souffleur pour courir à Pau
divertir les Basques, ou à Riom faire sauter les Auver-
gnats. Pour vous, mon cher Talma, Paris vous réclame, Paris vous possède, Paris vous gardera; et la
patrie de Voltaire et de Molière, dont vous deviendrez
le digne interprète, ne tardera pas à vous donner des
lettres de naturalité. »

Malgré ces augures favorables, le premier début
n'eut rien d'extraordinaire : ceux qui le suivirent furent remarqués par les gens de goût plutôt que par le
gros du public. On trouva dans le nouveau *sujet* ce que
l'on cherche trop souvent sans le rencontrer, du naturel sans manière. Voici ce qu'imprimait, à cet égard,
le *Journal de Paris* dans sa feuille du 27 septembre :

« Le jeune homme qui a débuté hier par le rôle de
» *Séide*, annonce les plus heureuses dispositions; il a
» d'ailleurs tous les avantages naturels qu'il est pos-
» sible de désirer pour l'emploi des jeunes premiers :
» taille figure, organe; et c'est avec justice que le
» public l'a applaudi. »

On voit qu'à cette époque, on énonçait avec sobriété
l'approbation et la louage : elles en avaient plus de prix.
Maintenant l'hyperbole diminuerait même celui de la

vérité, si, par une juste compensation, le public ne rétablissait l'équilibre par le dédain. En général, ce que les journalistes préconisent tombe rapidement dans l'oubli. Pourtant à l'égard de Talma, qui ne le mérita jamais, on remarqua l'opinion que les Mémoires de Bachaumont publièrent sur ses débuts : « Il a eu du » succès dans le tragique et le comique. Il joint aux » dons naturels une figure agréable, une voix *sonore* (1) » et sensible, une prononciation pure et distincte. Il » sent et fait sentir l'harmonie des vers. Son main- » tien est simple, ses mouvements sont naturels. Surtout » il est toujours de bon goût, et n'a aucune manière. » Il n'imite aucun acteur, et joue d'après son sentiment » et ses moyens. »

Quelques jours après ce premier pas, il en hasarda un second, et parut avec un égal succès dans *Iphigénie en Tauride*. Remarquons qu'au lieu du personnage d'*Oreste*, qui est un *premier rôle*, il y remplissait celui de *Pylade*, qui n'est qu'un *jeune premier* : c'est que placé entre Larive et Saint-Prix, qui tenaient alors les premiers emplois, il s'était vu forcé de se rabattre sur les seconds. Nous l'allons voir bientôt, malgré la transcendance de ses talents naissants, contraint, par la tyrannie des usages, à se réfugier dans les subalternes. Pylade n'est pourtant pas classé parmi ces derniers. Il le représenta avec beaucoup de vérité, et conséquemment beaucoup de succès : mais Séïde con-

---

(1) Nous avons *entendu* Talma durant vingt-cinq ans : jamais, à notre avis, il n'eut la voix *sonore*; mais dans le *medium* elle était pénétrante, légèrement vibrante, sensible, et par conséquent *tragique*. Les voix de la nature de celles de MM. Larive, Demousseaux ont rarement cette dernière qualité : elles sont trop belles.

venait mieux à la nature de ses moyens et à la pente
de ce caractère mélancolique, prédestiné, pour ainsi
dire, à imprimer sur tout l'empreinte des passions fa-
tales. Celles qui consument l'amant de Palmyre éclatent au milieu d'un appareil sombre et terrible, derrière lequel Mahomet, enveloppé de prestiges, allume
le fanatisme, ordonne le crime, évoque le malheur.
Voilà la tragédie! voilà celle qu'il fallait à Talma, sur
le front duquel le peintre du *Roi Lear,* d'*Œdipe* et
d'*Hamlet* avait lu les inexplicables et irrévocables ar-
rêts de la fatalité.

Talma épuisa le répertoire de ses débuts ; et, dans
l'un et l'autre genre (car l'usage était alors de s'y essayer, et même d'y adopter un emploi), il obtint de
véritables succès ; mais pas d'enthousiasme, ni de
parti formé ou pour le feindre, ou pour le nourrir. Il
fut suivi, goûté, apprécié. Toutefois, hormi une poignée d'hommes qui vivent dans l'avenir, Ducis à leur
tête, quel est celui qui, dans le débutant, eût deviné
le plus grand tragédien dont la scène devait s'honorer ! C'est qu'avec beaucoup de qualités recomman-
dables, il n'en montrait aucune de dominante ; c'est surtout qu'à travers ces qualités, on ne voyait pas sourdre
percer, s'élever de ces travers saillants qui, n'étant
presque jamais que des excès, promettent d'excellents
fruits dans leur maturité. En un mot, Talma jouait
raisonnablement, et n'avait pas *le diable au corps,*
comme Voltaire le demandait à mademoiselle Dumesnil. C'est même ce qui amena certaine controverse, à
laquelle il assista, dont il devint l'occasion, et qui ne
fut pas perdue pour son esprit observateur. Il venait
de jouer Séïde pour la seconde fois, et l'avait repré-

senté avec un talent plus décidé, et aussi avec un succès croissant. Il y avait une amélioration notable dans sa manière (si l'on peut la qualifier ainsi) ; et par des progrès visibles, son jeu, cessant de se ressentir de la tradition ou de l'école, commençait à devenir *sien*. C'est à ce *personnalisme*, c'est à cette originalité qu'on reconnaît la présence du génie et l'action du talent. L'esprit souffle où il veut, dit un livre qu'il n'est pas permis de nommer dans celui-ci ; et l'esprit avait soufflé sur Talma.

CHAPITRE XI

Pendant les deux années qui précédèrent notre grande catastrophe politique, Talma, modeste pensionnaire, ne se montra guère que dans l'obscur emploi des *confidents :* c'est ce que nous atteste M. Moreau, dans les *Mémoires historiques* déjà cités. Auparavant, lors de ses débuts, il avait parcouru avec distinction, mais sans éclat marqué, les principaux rôles qui forment l'emploi des *jeunes premiers.* Quelques connaisseurs, un ou deux journaux littéraires avaient signalé, parmi ces rôles, ceux du *Jeune Bramine* dans *la Veuve du Malabar*, et de *Saint-Albin* dans *le Père de Famille.* Ce dernier, comme on sait, respire une passion fougueuse, dont Talma avait représenté le désordre avec une rare énergie ; et quant au personnage du jeune prêtre de Brama, il n'avait eu besoin que de consulter ses opinions et ses sentiments pour exprimer, avec vérité, son amour pour l'indépendance, sa haine contre le fanatisme et la superstition.

A titre de confident, on le vit quelquefois chargé de prononcer cinq à six vers, une réplique de quelques syllabes, une réponse de trois hémistiches ; quelquefois aussi d'apporter une lettre ou de rendre compte d'un message. A la première représentation des *Deux Pages*, comédie de Dezède, dans laquelle il parut sous le costume d'un valet anglais, sa tournure britannique fit beaucoup rire, et son accent *pur anglais* étonna. Il y eut des paris ouverts pour et contre son origine; et tel fut le motif qui la fit considérer longtemps comme anglaise. Nous avons vu que son long séjour à Londres en était la véritable cause.

Ceux de mes prédécesseurs qui, à la mort de Talma, se sont hâtés de tracer, sur ce grand artiste, des notices biographiques, n'ont pas manqué de faire contraster la sublimité de ses talents avec l'humilité des rôles qui occupèrent les premières années de son admission. « Imaginez, ont-ils dit, Manlius *facteur* de la petite-poste, ou Hamlet *annonçant* en habit de livrée... » Et sur ce, colère, indignation, sarcasmes contre l'orgueil aristocratique du sénat tragi-comique. Je veux croire le courroux sincère et les plaisanteries excellentes; mais, en bonne conscience, le raisonnement ne vaut rien. Ce n'est point au comédien *formé* que l'aristocratie comique impose un noviciat, c'est à l'acteur *qui s'essaie;* et Talma était loin du Manlius de 1824, lorsqu'en 1788, il remplissait, à tour de rôle, *une utilité*. Au surplus, j'avoue que, quoique prudentes et prévoyantes, les règles du noviciat devraient être modifiées selon le temps, les personnes et les talents : c'est dans la routine et dans des lois sans exceptions que se trouve l'abus.

Ce fut au commencement de 1789 que Talma essaya la réforme du costume, dont les entretiens de David, l'étude de l'histoire et des monuments, et ses propres réflexions lui avaient démontré le ridicule et les inconvénients. Ajoutez, car il faut être juste, les tentatives non encore oubliées de mademoiselle Clairon, de Lekain, de mademoiselle Saint-Huberti. Ajoutez encore les observations et les conseils de Marmontel, soit dans le *Mercure* dont cet académicien avait été longtemps rédacteur, soit dans l'*Encyclopédie* (*Dictionn. de Littérat.*), soit dans ses excellents *Eléments de Littérature*. Ajoutez enfin l'exemple de Larive, lequel, dès les premières années de sa brillante carrière, avait usé de son ascendant sur mademoiselle Clairon, son institutrice, et de l'influence de cette tragédienne sur la comédie, pour hâter, pour mûrir la révolution du costume. Talma trouva donc des esprits et des yeux préparés à un changement plus général et mieux ordonné.

Les chroniques du théâtre lui avaient appris qu'à mesure que l'énergie de son talent avait conduit Baron (1) à la vérité de l'expression dans l'art de

(1) Trois acteurs tragiques, en illustrant notre scène, y ont laissé des souvenirs immortels et des traditions ineffaçables : ce sont Baron, Lekain et Talma. Nous aurons bientôt occasion d'apprécier le mérite du second, en comparant ses talents et sa manière avec ceux de Talma. Quant au premier, le seul entre les comédiens qui ait obtenu le surnom de *Grand*, on nous saura gré de le rappeler ici pour l'instruction de ceux auxquels cet ouvrage est destiné. Nous empruntons une partie de cette notice à l'ouvrage, aussi instructif qu'agréable, publié par M. Lemazurier, sous le titre de *Galerie historique des Acteurs du Théâtre Francais*.

« Cet acteur, dit-il, qu'on ne pourra jamais louer autant qu'il l'a mérité, possédait la réunion brillante de toutes les qualités dont chacun de ses successeurs, sans même en excepter Lekain, n'offrait qu'une portion plus ou moins forte. Dufresne ne possédait qu'une chaleur médiocre; Grandval avait dans l'organe un

parler la tragédie, la justesse de son goût commençait à l'amener à la vérité, ou du moins à la vraisemblance du costume. Mais pouvait-elle faire beaucoup de progrès dans un temps où la connaissance des monuments était arrêtée par la difficulté, par l'impossibilité même de les étudier; où la numismatique était mystérieurieusement renfermée dans un cercle étroit de maniaques qui se croyaient érudits pour posséder quelques douzaines de jetons décorés du

défaut insurmontable que l'on ne tolérerait peut-être pas à présent; Lekain ne tenait pas de la nature un extérieur convenable aux premiers rôles; Bellecourt et Molé ne pouvaient remplir que la moitié de l'emploi, c'est-à-dire, les premiers rôles de la comédie. Baron, supérieur à ces comédiens, d'ailleurs justement célèbres, fut également admirable dans les deux genres.

« La nature semblait s'être épuisée en le formant. Sa taille était avantageuse et bien prise. Sa figure avait ce caractère de beauté mâle qui convient à l'homme : elle prenait un air imposant et fier, tendre et passionné, selon les différents personnages qu'il avait à représenter. Sa voix était juste et sonore, forte et flexible; sa prononciation facile, nette et d'une grande précision; ses tons énergiques et variés. Ses inflexions ajoutaient souvent au sens des vers qu'il récitait : on leur trouvait dans sa bouche des beautés qu'ils perdaient quelquefois à la lecture. Son silence, son regard, les diverses passions qui se succédaient sur son visage, ses attitudes, ses gestes ménagés avec art, complétaient l'effet infaillible de son débit puisé dans les entrailles de la nature.

« Sa manière de jouer les grands rôles fit une révolution au théâtre; mais on ne l'admira pas sur-le-champ autant qu'elle le méritait. Les spectateurs, blasés par Montfleury et les autres comédiens de son temps, qui se permettaient l'exagération la plus extravagante, eurent quelque peine à s'accoutumer à la noble simplicité de Baron, qui ne déclamait jamais, *parlait* la tragédie, et employait des gestes et des attitudes que l'on regardait alors comme trop voisins de la familiarité. » (Ainsi a fait notre Talma, dans sa seconde manière; et, comme Baron, il a d'abord trouvé plus de *contempteurs* que d'apologistes. Les vrais juges ne sont venus qu'après.)

9.

titre pompeux de médailles romaines, ou de bronzes du moyen âge? Malgré tous ces obstacles, on vit Baron, et quelquefois Beaubourg et Floridor hasarder des améliorations partielles dans l'habillement. C'est ainsi qu'au turban de satin roulé autour de la tête de la pensionnaire (1) de Saint-Cyr, qui, la première, remplit, ou, pour mieux dire, essaya le rôle du grand-prêtre dans *Athalie*, Baron avait substitué une tiare, plus analogue, à la vérité, aux mitres de nos évêques, qu'au bonnet cornu des successeurs d'Aaron. C'est encore ainsi qu'à la place de la vaste perruque qui ombrageait le front du César de la Comédie, il osa présenter aux *savants*, qui n'avaient pas oublié que César était chauve, la couronne de laurier décernée par le sénat à cet illustre usurpateur. Je sais qu'il y a loin de cette petite tentative à la réforme, ou plutôt à la révolution entreprise par notre dernier tragédien, et exécutée sur lui-même ; mais les premiers pas dans un pays ardu sont les plus difficiles, et il est intéressant de les constater.

Constatons aussi, pour l'honneur de Talma, que les améliorations tentées par Baron, et depuis reprises par Floridor et par un comédien rempli d'intelligence, nommé Ponteuil, non-seulement n'étaient point complètes, mais qu'elle étaient inexactes, et qu'au jugement des véritables connaisseurs, elles servaient moins à établir l'illusion qu'à la détruire, en consa-

(1) Madame de Caylus. Ce qui peut-être excuse, ou du moins explique ce singulier contre-sens, c'est que la pièce fut jouée à huis clos, entre deux paravents, en présence du Roi, dans la chambre et devant la petite cour dévote de madame de Maintenon, Les *Demoiselles* de Saint-Cyr n'avaient changé que fort peu de choses à leur costume de pensionnaires.

crant d'énormes anachrononismes, et en confondant les temps, les lieux, les usages, les modes et les dignités. C'est cette anarchie, qui nous semble incroyable aujourd'hui, que Marmontel nous a laissé une esquisse qui, grâce au ridicule mérité par son objet, ne doit point paraître *chargée*.

« La partie des décorations qui dépend des acteurs eux-mêmes, dit-il, c'est la décence des vêtements. Il s'est introduit à cet égard un usage aussi difficile à concevoir qu'à détruire. Tantôt c'est Gustave (1) qui sort des cavernes de la Dalécarlie en habit bleu céleste à parements d'hermine ; tantôt c'est Pharasmane (2) qui, vêtu d'un habit de brocard d'or, dit à l'ambassadeur de Rome :

> La nature marâtre, en ces affreux climats,
> Ne produit, au lieu d'or, que du fer, des soldats.

De quoi donc faut-il que Gustave et Pharasmane soient vêtus ? l'un de peau, l'autre de fer. Comment les habillerait un grand peintre (3). Il faut donner, dit-on, quelque chose aux mœurs du temps. Il fallait donc aussi que Lebrun frisât Porus et mît des gants à Alexandre.

(1) Gustave Wasa, tragédie de Piron.

(2) Rhadamiste et Zénobie, tragédie de Crébillon.

(3) Boucher les habillait en brocard, Wateau en taffetas *chiné*, Vanloo même en costume *de fantaisie*. Doyen et Vien ont commencé la révolution que David a faite, aidé par Regnault, Vincent, les Lagrénée, Le Barbier, Surée, et secondé par des élèves, devenus ses émules, Gérard, Drouais, Fabre, Gros, Girodet, Guérin, Gautherot, Prudhon, Le Thiers. David lui-même nous dira bientôt pourquoi, après avoir *costumé* si *sévèrement* Brutus et les Horace, il a complétement *déshabillé* les Romains des Sabines, et les Grec de Léonidas.

C'est au spectateur à se déplacer, et non au spectacle ;
et c'est là réflexion que tous les acteurs devraient
faire à chaque rôle qu'ils vont jouer. On ne verrait
point paraître César en perruque carrée, ni Ulysse
sortir tout poudré du milieu des flots. »

Après quelques sages remarques sur l'inconve-
nance qui *détonnait*, pour ainsi dire, dans les décorations de la scène tragique (1), l'académicien ajoute :
« Le changement des habits était un article important
(Marmontel devait dire *décisif*) : il exigeait des frais
considérables. On n'osait pas même y penser, lorsque
la célèbre Clairon, qui avait le droit de donner l'exemple, fit la première le sacrifice de ses riches vêtements
de théâtre, et dans Idamé, dans Roxane, dans Didon,
dans Electre, enfin dans tous ses rôles, prit le costume
du pays et du temps. Ce changement fut applaudi
comme il devait l'être, et dès lors tous les acteurs furent forcés de ce se vêtir sur ce modèle. Plus de paniers pour les dames grecques et romaines ; plus de
chapeaux à grands panaches pour Mithridate et pour
Auguste ; plus de tonnelets aux cuirasses, plus de

(1) Le poète a beau vouloir transporter les spectateurs dans le
lieu de l'action : ce que les yeux voient dément à chaque instant
ce que l'imagination se peint. Cinna rend compte à Emilie de sa
conjuration, dans le même salon où vu délibérer Auguste ; et
pendant un des entr'actes de Sémiramis, des valets de théâtre
viennent enlever le trône où cette reine dicta ses volontés. Dans
la comédie, mêmes inconvenances. Je vois l'*Avare*, dont le costume et les aiguillettes me rappellent le siècle de Louis XIII,
dans un salon décoré au dix-neuvième siècle ; et j'entends le
comte Almaviva du *Barbier de Séville*, jouer de la mandoline
dans la même rue de Marseille, où, la veille, le marquis de
Ruse contre Ruse dressait ses batteries amoureuses contre l'oncle
auquel il a déclaré la *Guerre ouverte*.

gants à frange, plus de perruques volumineuses pour les héros de l'antiquité. Chacun parut en habits convenables ; et notre grande actrice eut la gloire d'avoir mis la première, sur la scène tragique française, de la décence et de la vérité. »

Ce fut le 20 août 1755, que les acteurs français parurent, pour la première fois, sans paniers. On donnait la première représentation de l'*Orphelin de la Chine* (1). Voltaire abandonna sa part d'auteur au profit des acteurs pour leurs habits.

Linguet prétend que mademoiselle Clairon, tout en réformant le costume au théâtre-Français, ne l'a pas rendu plus vrai.

Larive, si fin connaisseur, juge si compétent dans ces matières, ajoute à ces observations, plus que jamais utiles aujourd'hui, quelques remarques essentielles que nous regrettons d'abréger. Il établit que du temps de Corneille et de Racine, les acteurs étaient vêtus d'une manière barbare ; et nous ajoutons que non-seulement cela est démontré par la tradition, mais par les tableaux et les estampes de l'époque. On a renouvelé, dans celle-ci, la collection de ces dernières, lesquelles présentent, dans leur extravagante bizarrerie, un spectacle fort réjouisssnt. Les Grecs, les Romains, les Africains, toutes les nations n'affec-

---

(1) En confiant à Lekain le rôle de Gengis-Kan, Voltaire lui dit : « Mon ami, vous avez les inflexions de la voix naturellement douces ; gardez-vous bien d'en laisser échapper quelques-unes dans le rôle de Gengis-Kan. Mettez-vous bien dans la tête que *j'ai voulu peindre un tigre qui, en caressant sa femelle, lui enfonce les griffes dans les reins.* » Je n'ai pas oublié cette image, en établissant le rôle *Othello*, disait Talma ; et le public, qui l'a remarqué, paraît m'en avoir su gré. »

taient alors sur la scène qu'un seul et exclusif costume,
qu'on était convenu d'appeler le *costume français*:
les immences perruques, les chapeaux à plumes, les
gants à frange étaient l'unique parure de tous les
héros tragiques. Il paraît que Corneille et Racine, si
parfaitement instruits des passions, des mœurs, des
usages de tous les personnages de leurs tragédies,
l'étaient peu sur les convenaces de leur toilette, ou
peut-être n'y attachaient-il qu'un médiocre intérêt.
Dans ce grand siècle, où dominaient les nobles passions de l'âme et les beaux produits de l'esprit, ou
s'occupait légèrement des enveloppes, on n'y mettait
qu'une importance relative, et surtout on ne pensait
pas que le succès de Britannicus ou de Pompée fût
attribué au manteau de Néron ou à la tunique de Cor-
nélie. Cependant, comme l'exactitude, même minu-
tieuse, de ces détails ajoute singulièrement à la vérité
de la représentation, et détermine peut-être l'illusion
sur des yeux que le matériel séduit, je partage l'avis
de Larive, et j'applaudis aux travaux de Talma. « Si
des témoignages incontestables, dit le premier, ne
nous l'affirmaient pas, nous ne pourrions concevoir
aujourd'hui que, dans le siècle des grands peintres,
des grands sculpteurs, des grands artistes en tous
genres (1), les comédiens n'aient recueilli aucune idée

(1) Pourquoi? A cette époque où, sans doute, planait le génie,
l'étude de l'antique était au moins aussi négligée que les connaissances anatomiques. Dans les tableaux, dans les statues des artistes que Larive nomme ici, il s'en faut bien que le costume soit
rigoureux; à peine est-il approximatif chez les plus instruits. Voyez
les *Batailles d'Alexandre*; voyez surtout le trop célèbre tableau
de *la Madeleine*, qu'on disait alors offrir le portrait de madame
de la Valliére, pénitente, et qui n'est ni pénitente, ni la Valliére,

sur la vérité des costumes. Les Poussin, les Lesueur, les Lebrun, les Sarrasin, devaient aux Corneille et aux Racine, ce qui manquait au perfectionnement de leurs chefs-d'œuvre : c'était aux arts à fournir aux lettres leur dernière parure. »

Cette négligence s'était prolongée jusqu'à nos jours. Mademoiselle Clairon, continue Larive, secondée par Lekain, fut la première qui s'affranchit de l'ancien usage. Les grands paniers et les chapeaux emplumés disparurent de la tragédie et l'on vit enfin des costumes. Mais qu'ils étaient loin encore de la vérité ! Gengis-Kan resta coiffé à la française, avec des boucles frisées et de la poudre ; Zamore et Tancrède avec des cadenettes couleur de rose. Les hanches et les colliers couleur de chair furent établis. Les Romaines se montrèrent en longs cheveux poudrés, en vêtements de satin blanc, avec des corsets lacés, des hanches postiches, des écharpes. Les franges s'employèrent indistinctement dans tous les costumes.

Ici, M. Larive se mettant en scène, personnalise son récit ; et, par le ridicule qu'il en fait ressortir, les comédiens et le public peuvent juger du service que ce célèbre tragédien avait commencé à rendre aux auteurs et au théâtre : service que le courage et la persévérance de Talma ont achevé de rendre efficace.

« Je fus *le premier* qui osai paraître *en vrai Romain : le premier*. j'osai supprimer les grands che-

ni Madeleine. Tous les portraits étaient infectés de ce mauvais goût qui métamorphosait en Mars et en Flore nos pacifiques et simples aïeux, et qui s'est prolongé jusqu'à la réforme de l'art par Vien et David.

veux et la poudre (1). Je dis que j'osai, car un chan-
gèment aussi heureux trouva beaucoup de contradic-
teurs. Je fus traité alors comme un novateur à système,
comme un frondeur audacieux. Je déplus à la cour et
à la ville : tout le monde convint que ce premier pas
vers le bien était le chef-d'œuvre du ridicule. Un intendant des Menus-Plaisirs me fit de graves reproches,
et me dit qu'il était de la dernière indécence de montrer un Romain à la Cour sans être poudré. Je suppri-
mai *les hanches* (c'étaient deux énormes paquets de
crin appliqués sur les hanches, et qui les grossissaient
d'un pied de chaque côté) : on trouva que j'avais l'air
d'une guêpe. Je portais *les premières tuniques*, et
l'on s'écria que j'avais l'air d'un d'homme en chemise.
Je fis des recherches sur le vrai costume des Spartiates,
et j'osai montrer *Agis* (dans la tragédie de M. Laignelot)
tel qu'il devait être vêtu. Ce nouveau costume parut si
extraordinaire, et tout le monde m'en fit tant de reproches, que je crus devoir, pour me justifier, m'ap-
puyer de l'autorité d'un peintre célèbre que j'avais
consulté. Il m'échappa même de dire, naïvement que
c'était lui qui m'avait drapé, et que j'étais d'après
l'antique ; je n'échappai pas à la critique dans la
parodie de cette pièce ou l'acteur, qui représentait
Agis, arrivait avec une grande nappe sur les épaules.
On lui disait en entrant : *comme te voilà fait !* et répondait en chantant :

(1) Au décès de Talma, tous les journalistes, et, après eux, les
auteurs des brochures publiées sur cet illustre acteur (notamment MM Tissot, Moreau, Laugier, Mottet Émile Duval, etc.), ont
prétendu « qu'il avait paru *le premier* en véritable toge romaine,
et dans toute la sévérité du costume antique. »

C'est un peintre qui m'a drapé.....
Je suis d'après l'antique (1).

Tout cela ne me rebuta point; j'ai toujours cherché à me rapprocher de la vérité des costumes. Ceux de Guillaume Tell, de Philoctète, celui d'Achille, que l'on jouait avant moi comme tous les autres, ont fini par avoir le plus grand succès; mais je dois à la vérité de dire que j'ai été parfaitement secondé par les acteurs qui m'ont succédé. Ils trouvèrent, il est vrai, plus de facilité que moi sur cet objet : l'ouvrage de M. Chéry (l'auteur du beau tableau du *Martyre de saint Laurent*, que l'on voit dans l'église de ce nom) leur donna de grandes lumières. Il est intitulé : *Recherches sur les Costumes et les Théâtres de toutes les nations.* — J'ai eu la satisfaction de voir conserver les premiers casques que j'ai fait modeler. Nous ne faisions usage auparavant que d'un seul, portant pour cimier un dragon ou un aigle couvert de grandes plumes, et qui était extrêmement lourd. Nous devons l'invention des maillots au sieur Maillot qui, comme de juste, leur a

(1) Un homme qui se connaissait en sublime, et qui n'a jamais prêté au ridicule, Napoléon, a dit : « Du sublime au ridicule il n'y a qu'un pas. » L'art du parodiste est de faire sortir l'un de l'autre, en montrant, par une raison supérieure, mais déguisée sous des folies, que le côté sérieux d'une action peut, en le retournant, étaler un côté plaisant. De là un vrai comique, parce qu'il y a satire de la prétention manquée ; de la censure légitime qui fait trébucher de leurs échasses, à coups de sifflets, des nains qui se disaient et qu'on croyait des géants. Mais la parodie qui ne critique rien ou qui critique mal, tombe à faux, égare le jugement, impatiente le connaisseur, et ne peut plaire qu'aux sots. Telle est celle dont on parle ici, et qui, au lieu de rehausser ce qu'il y avait de courageux et d'utile dans l'innovation de Larive, commettait la bêtise de la lui reprocher par une raillerie sans sel et sans aplomb.

laissé son nom.... Les *maillots* sont un vêtement complet de tricots de soie couleur de chair : il se place immédiatement sur la peau, et l'imite parfaitement, en
conservant toutes les formes. Avant cette industrieuse
invention, on portait un vêtement de taffetas couleur
de chair ; et j'ai vu, dit encore Larive, des acteurs
mettre des boucles de jarretières de diamants (au grec
Néoptolême, par exemple, ou au sauvage Zamore) lesquelles semblaient incrustées dans la peau.

Nous avons dit que ce fut au commencement de
l'année 1789 que Talma avait tenté la réforme *radicale*
du costume, en continuant les louables efforts de quelques prédécesseurs, et en étendant les siens aux deux
genres, aux deux sexes, aux différents emplois. Le sien,
nous le répétons pour l'encouragement du talent et la
consolation de la médiocrité, son emploi était *les confidents*, quelquefois même *les utilités*. Pour la première
fois, au moins depuis Larive, il montra, dans le petit rôle
de *Proculus* (de la tragédie de *Brutus*), une véritable
toge, une vraie mante, une chevelure et une chaussure
romaines. Enfin, de *pied en cap*, il donna le spectacle
et le plaisir nouveaux d'une *étude* vivante *d'après l'antique*. Le rôle n'a pas quinze vers ; mais cette heureuse
innovation qui, d'abord, étonna et laissa quelques
minutes le public en suspend, finit par être applaudie.
Un jeune étudiant, transporté de retrouver sur la scène
nationale un des héros de son Tite-Live, crayonna
quelques vers *latins* qui furent lancés du parterre à
la tête de Proculus, et que Talma montrait longues
années après. La multitude manifesta bientôt, par des
applaudissements prolongés, qu'elle était de l'avis de
l'écolier. Toutefois, ce n'avait été ni celui des comé-

diens qui *huèrent* Talma (le mot est exact) à son entrée dans le foyer, et dont l'un d'eux lui demanda « s'il avait mis ses draps mouillés sur ses épaules ? » tandis qu'une actrice charmante, et pourtant très spirituelle, s'écriait, avec un rire dédaigneux : « Qu'il est laid ! il a l'air *de ces vieilles statues !* » Pour toute réponse, le novateur déroula, à mademoiselle Comtat (1), le croquis d'après lequel David lui avait prescrit son costume. Tel est pourtant l'ascendant de la routine, et telle fut la tyrannie de l'étiquette que, cinq jours après, dans le même rôle qu'il jouait à la Cour (2) Talma n'osa ou ne put reparaître avec la toge, les bras nus et les cheveux sans poudre.

Trente ans après, c'est à cet événement, petit en apparence, mais qui, par les obstacles même que la routine et l'ignorance lui opposèrent, devint le véhicule d'une réforme totale ; c'est, dis-je, à cet incident que le tragédien, dont nous nous occupons, dut les réflexions suivantes. Elles précèdent les *Mémoires de*

(1) Et non madame Vestris, comme l'ont avancé des journalistes mal informés. A force d'esprit madame Vestris avait presque du génie ; et ce n'est pas l'actrice qui, sous le rapport du costume autant que sous celui du talent, a établi, avec tant de succès, une longue suite de rôles, et notamment celui de *Catherine de Médicis*, qui aurait repoussé, par une bêtise spirituelle, l'heureuse innovation de Talma.

Je copie des notes conservées sur les événements de l'époque ; mais j'avoue qu'elle me paraissent erronées : *Brutus* fut-il jamais joué à la Cour ? Et malgré l'imminence d'une révolution, ou plutôt à cause de cette imminence même, est-il vraisemblable qu'on eût proféré, devant deux têtes couronnées, ces blasphèmes républicains :

> Je porte en mon cœur
> La liberté gravée et *les rois en horreur ?*

Lekain, et l'admirateur de Talma les lira complètes dans nos pièces justificatives. Ici, nous extrayons que ce qui intéresse le costume.

« La fidélité au costume avait toujours semblé à Lekain une chose fort importante. (Nous ajoutons : et depuis, à Larive, son successeur, et parfois son émule.) On le voit par les efforts qu'il fit pour le rendre moins ridicule qu'il ne l'était alors. En effet, la vérité dans les habits, comme dans les décorations, augmente l'illusion théâtrale (il fallait dire : la fait naître d'abord et la détermine quelquefois), en transportant les spectateurs au siècle et au pays où vivent les personnages représentés. Cette fidélité fournit même à l'acteur les mêmes moyens de donner une physionomie particulière à chacun de ses rôles. Mais une raison bien plus grave encore, me fait regarder comme véritablement coupables les acteurs qui négligent cette partie de leur art. Le théâtre doit offrir à la jeunesse, en quelque sorte, un cours d'histoire vivante, et cette négligence ne la dénature-t-elle pas à ses yeux? N'est-ce pas lui donner des notions tout-à-fait fausses sur les habitudes des peuples, et sur les personnages que la tragédie fait revivre ? Je me rappelle très bien que, dans mes jeunes années, en lisant l'histoire, mon imagination ne se représentait jamais les princes et les héros que comme je les avais vus au théâtre. Je me figurais Bayard élégamment vêtu d'un habit couleur de chamois, sans barbe, poudré, frisé comme un petit maître du dix-huitième siècle. (Ainsi l'ai-je encore vu en province, à la vérité, dans les dernières années de l'empire.) Je voyais César serré dans un bel habit de satin blanc, la chevelure flottante et réunie sous des nœuds de rubans. (Moi, qui extrait ces remarques sans étonnement, j'ai vu César armé d'un sceptre de bois doré et *fleurdelisé*, et Catilina traçant ses tables de proscription sur un cahier de papier à lettres.)

« Si parfois l'acteur rapprochait son costume des vêtements antiques, il en faisait disparaître la simplicité sous une profusion de broderies ridicules ; et j'avoue que je croyais les tissus de velours et de soie aussi communs à Athènes et à Rome qu'à Londres où à Paris.

« Lekain ne parvint à faire disparaître qu'en partie le ridicule des vêtements que l'on portait alors au théâtre, sans pouvoir établir ceux qu'on y devait porter. A cette époque, cette sorte de science était tout-à-fait ignorée, même des peintres. C'était le temps des Boucher, des Vanloo qui se gardaient bien de suivre l'exemple de Raphaël et du Poussin dans l'agencement de leurs draperies. Ce n'est que lorsque notre célèbre David parut, qu'inspirés par lui, les peintres et les sculpteurs, et surtout les jeunes gens parmi eux, s'occupèrent de ces recherches.

« Lié avec la plupart d'entre eux, sentant toute l'utilité dont cette étude pouvait être au théâtre, j'y mis une ardeur peu commune. Je devins peintre à ma manière. J'eus beaucoup d'obstacles et de préjugés à vaincre, moins de la part du public, que de la part des acteurs ; mais enfin le succès couronna mes efforts ; et, sans craindre que l'on m'accuse de présomption, je puis dire que mon exemple a eu une grande influence sur tous les théâtres de l'Europe. Lekain n'aurait pu surmonter tant de difficultés. (Ici Talma aurait dû dire que mademoiselle Clairon avait tenté de les vaincre ; que mademoiselle Saint-Huberty, à l'Académie royale de musique, les avait presque vaincues ; mais que ce qui avait semblé naturel, facile même à l'Opéra, était devenu au théâtre-Français d'une difficulté insurmontable : Larive, comme nous venons de le voir, l'avait essayé à plusieurs reprises, et Larive avait échoué.) Le moment n'était pas venu. Aurait-il hasardé les bras nus, la chaussure antique, les cheveux sans poudre, les longues draperies, les habits de laine? (Larive avait *hasardé* tout cela ; mais avec le suffrage, avec les encouragements des connaisseurs, il avait obtenu l'improbation et presque les huées des routiniers, c'est-à-dire, du plus grand nombre.) Cette mise sévère eût été alors regardée comme une toilette fort malpropre, et surtout fort peu décente. (Nous avons relaté les reproches qui furent faits à Larive, lors de sa tentative, par un homme *très comme il faut*, par un homme *de la bonne compagnie*, l'intendant des Menus.) Lekain (joignons-lui Larive) a donc fait tout ce qu'il pouvait faire, et le théâtre lui en doit de la reconnaissance. Il a fait le premier pas, et ce qu'il a osé nous a fait oser davantage. »

Remarquons, comme une chose digne de réflexion, qu'au temps de Lekain, la monarchie semblait pleine d'existence, et qu'à l'époque où Larive *s'insurgea*, la monarchie vivait encore : or, pour tolérer, comme des rêves ou des contes, les sentiments libres, *les faits de mutinerie* dont *regorgent* les pièces de Corneille, de Voltaire, de Ducis, de Lemierre, de La Harpe, de Marmontel, de Dubelloy, il fallait au moins que ces faits, que ces sentiments, que ces contes, que ces rêves fussent déguisés sous des *oripeaux* de convention ;

comment, en effet, aurait-on reconnu Larive dans Brutus *poudré*, Émilie avec les *paniers* de mademoiselle Clairon, Coriolan affublé de *tonnelets ? De l'imaginaire* du costume, on concluait la fausseté des aventures, l'imposture des sentiments, le romanesque, l'impossibilité, la non existence même des héros. On jetait au gros du public comme des adages qui ne souffraient ni examen, ni appel, « que l'art dramatique était une fable convenue entre gens d'esprit pour amuser les oisifs et les sots ; qu'à force de fiction, tout y était faux ; qu'à force d'exagération, tout y était impossible. Que les trois unités, qui semblaient un chef-d'œuvre de jugement, n'en étaient qu'un d'adresse, afin de retenir, dans le cercle étroit de la police politique, les plumes audacieuses qui auraient tenté de franchir le cercle de la police littéraire. Qu'au moyen de vingt règles impérieuses et de cent formalités gênantes, on menait en lesse la bande d'hommes vains à qui le ciel départit le talent, mais réfusa le caractère, et qui, par l'espoir d'un peu de fumée et d'un stérile laurier, fléchissent sous l'*estampille* ministérielle, en croyant n'obéir qu'à Aristote et à Horace. En conséquence de ces méprises calculées, le costume bizarre, ridicule, impossible, si l'on veut, demeurait fixe invariable, traditionnel. Tant que de Baron à Beaubourg, et de Lekain à Larive, circuleraient le casque *à plumes d'autruche*, les gants *à franges*, et la perruque *à trois marteaux*, nulle crainte qu'on prît au mot Titus maudissant les rois, ou Cinna demandant la république. Corneille et Voltaire avaient pu vouloir empoisonner la tragédie : son antidote était dans les magasins du costumier.

Mais à l'époque où Talma monta sur le théâtre, la

tragédie en descendait pour courir échevelée, terrible, vindicative, les carrefours et les halles. En comparant les sentiments, les sensations, les actes populaires avec les maximes de Voltaire, de Lemierre, de Corneille, on soupçonna, on comprit qu'ils ne rêvaient plus. La vraie Melpomène venait de s'éveiller aux accents d'une nation insurgeante : déjà elle méditait de retremper, au foyer des révolutions, son poignard émoussé, et de faire écumer, dans sa coupe desséchée, le sang des victimes préparées par nos discordes. Quelle conjoncture favorable pour une réforme de costume ! Talma dut la saisir, et en poursuivre les succès jusque dans leurs dernières conséquences. Un intendant des Menus n'était plus là pour opposer l'étiquette à son génie réformateur. Aussi, sous ce rapport du moins, la révolution fut complète. Toutefois, qu'elle était facile, si on la compare à cette autre régénération complète, radicale, que sollicitait déjà, que sollicita longtemps encore le théâtre national ! La révolution politique, après avoir ravagé le sol, comme un torrent, l'a pourtant fécondé comme un fleuve majestueux qui se retire. Où sont les génies inspirés qui s'empareront des germes qu'elle déposa ?

Mais tout dort!.... et l'armée, et les vents, et Neptune!....

Pour obéir à la vieille coutume d'adresser *un com-pliment* au public à la clôture des spectacles, et quand on les ouvrait de nouveau (époque du carême qui ter-minait l'année théâtrale, jusqu'au lendemain des fêtes de Pâques qui la recommençaient : ces vacances ne durent aujourd'hui que la Semaine-Sainte), Talma fut chargé de prononcer le discours à la rentrée de 1789 (20 avril). Il s'en acquitta avec une émotion visible, soit à cause de l'inhabitude de ces fonctions, soit plutôt parce que la nouveauté de quelques idées présentées pour la première fois, et à la faveur des circonstances, lui semblait presque une témérité. Quoi qu'il en soit, nous devons conserver cette harangue qui, par extraor-dinaire, n'était point un compliment, et qui a le double mérite d'avoir été composée par Chénier et prononcée par Talma.

« Messieurs, c'est en faveur d'un art difficile et qui vous est cher, qu'en rouvrant le Théâtre de la Nation, nous osons réclamer vos encouragements et votre indul-gence. Chargés par état de reproduire sous vos yeux, du moins autant que nos efforts peuvent y atteindre, des chefs-d'œuvre nombreux de la scène française, nous

voyons, avec une espèce d'effroi, l'étendue de nos
devoirs et de nos richesses. Quel Théâtre que celui
qui fait les délices d'un grand peuple doué d'une sensibilité exquise, que l'honneur anime dans toutes les
classes, qui porte l'admiration jusqu'à l'enthousiasme,
et qui interrompt quelquefois son plaisir même dans la
noble impatience d'applaudir tout ce qui porte le
caractère de l'héroïsme et de la vertu !

« S'il est vrai, Messieurs, que les productions dramatiques dont s'honore la France soient une acquisi-
tion précieuse pour toute l'Europe ; s'il est vrai qu'elles
fassent une partie de l'éducation publique, et même
une branche de la gloire nationale, avec quelle ardeur
ne devons-nous pas cultiver un art qui nous appelle à
vous procurer le plus noble et le plus utile des plaisirs
de l'esprit humain ; un art qui nous associe en quelque
sorte à tout ce que le génie inspira de plus grand et de
plus heureux à ces hommes extraordinaires qui vous
parlent par notre organe ; qui semblent se ranimer
encore sur la scène, et sentir l'immortalité au bruit de
vos acclamations et de vos suffrages ! « (1) Jamais ces
« suffrages ne deviennent plus précieux, jamais nous
« ne devons plus désirer ces acclamations, que quand
« les uns et les autres, après avoir été les témoignages
« du bon goût, sont encore la preuve du bon sens et
« l'expression de l'esprit public. Et dans quels temps,
« Messieurs, sera-t-il permis de prononcer ce mot, et
« de le proclamer devant une nombreuse et respectable

______

(1) Ce qui est marqué de guillemets continus fut prononcé,
mais a été supprimé dans la copie imprimée de ce discours. C'était
lors de la convocation des États-Généraux, que les gentilshommes
de la chambre, surintendants des spectacles, n'approuvaient pas.

« assemblée, si ce n'est dans celui où, à la voix d'un
« prince populaire, la patrie renaît, et voit se réunir,
« autour de son berceau, toutes les vertus du citoyen ?
« Vous le savez, Messieurs, le tableau de toutes ces
« vertus se reproduit chaque soir à vos yeux dans les
« ouvrages dont nous sommes les interprètes, comme
« le germe de ces mêmes vertus était dans l'âme et le
« talent de leurs illustres auteurs. Qu'il nous soit donc
« permis de nous associer à leurs triomphe qui, d'ail-
« leurs, est encore plus le vôtre, Messieurs, par la
« conformité de vos sentiments avec les leurs. » Ici,
nous sentons redoubler le poids du fardeau qui nous
est imposé ; mais cette sûreté de goût et de jugement
qui appartient aux hommes rassemblés ; ce noble
privilège d'être, pour ainsi dire, la raison vivante qui
s'explique, au lieu de nous effrayer, nous rassurent,
parce que l'étendue des lumières n'est jamais séparée
de l'indulgence.

« C'est surtout pour moi, Messieurs, que je viens la
solliciter. J'ai eu le bonheur inappréciable de n'avoir
débuté dans la carrière que sous vos yeux ; je n'ai reçu
que vos leçons, car ceux qui m'ont enseigné ne m'ont
donné que les vôtres. Me voici maintenant, grâce à
vos bontés qui ont décidé celles de mes supérieurs,
attaché au théâtre de la capitale. Nous ne le savons
que trop, Messieurs, des talents dignes de vous sont
rares : le souvenir de nos pertes ne nous en avertit
que trop tous les jours. Mais combien de fois, en dai-
gnant attendre l'effet de vos leçons et de votre indulgence, n'avez-vous pas, Messieurs, créé et développé
des talents faibles et timides qui ne demandaient qu'à
éclore ? Et n'avez-vous pas fini par applaudir vous-

mêmes à votre ouvrage, quand nous n'avions que le bonheur de vous faire jouir de vos propres leçons ! »

Ici, la réputation de Talma prend une date fixe, certaine et méritée. Il était sociétaire depuis quelques mois, lorsqu'un ouvrage dont le sujet extraordinaire avait inspiré à l'auteur des tentatives dans un genre nouveau, fut présenté à la Comédie. On devine qu'il s'agit de *Charles IX*. Jusqu'alors, la scène française, héritière du génie des Romains et des Grecs, l'était presqu'exclusivement aussi des sujets que Eschyle, Euripidie, Sophocle, Lucain et Sénèque lui avaient légués. C'était sous les noms et dans la langue de Corneille, de Racine, de Voltaire, de Crébillon, qu'on applaudissait aux peintres antiques des antiques malheurs de la famille d'Œdipe et d'Agamemnon. Et malgré les efforts de Dubelloy (1) et les succès plus heureux de l'auteur de *Zaïre*, on peut assurer que notre Melpomène, toujours grecque ou latine, s'était constamment opposée à ce que nous eussions un théâtre national En ce moment même, en avons-nous? Et si l'impulsion rétrograde imprimée aux opinions se communique aux esprits, en ébranlant la base même de l'instruction, pouvons-nous jamais en obtenir?

Tout souriait au contraire à Chénier, lorsqu'il donna la tragédie de *la Saint-Barthélemy*. L'esprit national, vierge de crimes comme de malheurs, s'élançait de toutes parts, comme la verve poétique d'un talent ado-

---

(1) Dans *Gaston et Bayard*, et surtout dans *le Siège de Calais*. Saurin, Darnaud, Sedaine, Dorat lui-même avaient fait des essais pour nationaliser notre théâtre, en y portant des sujets français : ces efforts furent infructueux. C'est qu'il faut du génie pour fonder, et de la persévérance pour perpétuer la création.

lescent ; et, dans la vigueur de sa sève renouvelée, il demandait au génie des lois tutélaires, des mœurs régénérées, des créations magnifiques, des arts et des plaisirs nouveaux. Chénier entendit cet appel, il était digne de le comprendre. Il comprit, en effet, que c'est sous le règne des bons rois qu'il est permis de peindre les tyrans ; et que le sanglant tableau d'un massacre que le fanatisme fit commettre, était l'éloge le plus sincère et le plus mérité d'un monarque populaire et tolérant. Tel fut l'avis de presque tous les gens de lettres que l'auteur de *Charles IX* consulta ; ce fut aussi celui de quelques hommes d'État qui démêlèrent, dans une telle production, un préservatif puissant contre les tentatives sans cesse renaissantes de la contre-révolution (1).

Enfin, *Charles IX* reçu, fut mis à l'étude. Mais, lors de la distribution des rôles, il s'éleva un incident. Celui du fils de Médicis avait été offert à Saint-Phal qui lui préféra le personnage du jeune roi de Navarre, comme plus analogue à ses moyens aimables, et peut-être aussi à l'honnêteté de ses goûts. Le rôle du roi de France revenait de droit à Talma. Mais déjà son talent qu'on devinait, et ses opinions, qu'il ne cachait point, lui avaient suscité des ennemis. On demanda si, pour avoir obtenu quelques succès dans *le chevalier Tris-*

---

(1) « Le patriotisme antique, écrivait Mirabeau, jaillit et coule à pleins bords de sa source régénérée ; que les talents, dignes de lui, épurent donc la leur, trop longtemps polluée par l'adulation au pouvoir oppresseur. Les Grecs républicains fortifiaient du spectacle des crimes et des châtiments des rois, leur amour pour la liberté : offrons aux Français constitutionnels les drames sanglants de nos deux premières races, afin que la troisième y trouve des exemples à éviter, et des leçons à suivre. »

10.

tan, de *Lanval et Vivianne* (comédie héroïque, d'André Murville), ou dans le *garçon anglais*, des *Deux-Pages* (comédie de Dezède), ce jeune présomptueux se croyait assez fort pour reproduire un caractère aussi difficile que celui de Charles de Valois : d'autant plus difficile, ajoutait-on, qu'il est plus connu ; et que le moindre écolier, en ouvrant les plus médiocres de nos annales compilées, pourra comparer la copie du théâtre avec l'original de l'histoire ? De quoi se compose, en effet, la physionomie du royal assassin des protestants ? d'une faiblesse extrême, d'une cruauté sombre, de terreurs supertitieuses, de violentes alternatives, et de dissimulation. Ajoutez à ces premiers linéaments la crédulité de la peur et la confiance des ignorants. Talma, acteur si nouveau, jeune homme si inexpérimenté, pourra-t-il composer les couleurs d'un pareil caractère ? Pourra-t-il saisir et exprimer les nuances contradictoires d'un semblable portrait ? Ces doutes, ces objections, inspirés, j'aime à le croire, par l'amour de l'art plus que par l'envie qui devine le talent, ou par l'esprit de parti qui se refuse à le reconnaître, tous ces obstacles désolaient, impatientaient Talma qui déjà sentait ses forces, et brûlait de les mettre aux prises avec un rôle digne de les exercer. Jusqu'alors, et malgré quelques succès dans un emploi subalterne et dans des genres inférieurs, il les avait essayées en secret ; et le moment lui semblait arrivé de les déployer devant ce public pour lequel on les acquiert, et qui les récompense.

C'est à cette date que nous devons rapporter la conversation qui va suivre :

Madame Suin était une femme de mérite et une

actrice dont ce mérite avait plus d'une utilité. Jamais déplacée dans aucun emploi, elle remplissait parfaitement ceux de première confidente dans la tragédie, et, dans l'autre genre, celui de mère noble. Les vieux amateurs n'ont pas oublié la sagesse de sa diction et la vérité de son jeu ; mais ils n'ont pas oublié non plus sa figure sèche, ses bras décharnés, sa poitrine maigre, sa physionomie ingrate, et les grâces absentes de toute sa personne. Les vieux amateurs ont été jeunes autrefois ; et, dans un jeune homme, il faut beaucoup de courage pour accorder du talent à une femme sans attraits et sans beauté. Pourtant, comme je viens de le dire, madame Suïn avait un talent bien réel. Mais, indépendamment de cet avantage théâtral, elle possédait un goût très fin et très exercé, un tact exquis des convenances, et cet esprit, ou, si l'on veut, cet instinct d'observation dont sont assez volontiers douées les femmes laides. N'est-il pas en effet dans l'ordre des compensations que, jetées en dehors du cercle d'adorations qui étourdissent les belles, celles qui ne le sont pas, ou qui ne le sont plus, s'indemnisent un peu, j'allais dire se vengent, de l'oubli, de l'humiliation où elles végètent ? Beaucoup de médisances, quelques grains même de calomnie doivent leur être permis mais qu'ils soient assaisonnés d'esprit.

Celui de madame Suïn dédaignait ces frivolités. Elle tournait toujours à l'utile le sentiment des convenances qu'elle possédait éminemment. On la consultait sur ces convenances, et toujours avec profit ; et parmi toute cette jeunesse, qui folâtre autour des notabilités d'un théâtre, et qui aspire à les remplacer, elle ne haïssait pas de remarquer, de choisir quelques sujets dont elle ébauchait l'éducation. C'est ainsi qu'elle avait noté Talma.

Talma, avec ses vingt-six à vingt-sept ans, *bien pris* dans sa taille, porteur d'une figure très-remarquable, qu'animait la plus mobile physionomie ; Talma spirituel, passionné, et comme Œdipe, *jeune et superbe*, ne pouvait échapper à l'observation de madame Suïn : elle le distingua ; et, trouvant dans lui au delà même de ce que promettaient ses yeux, elle s'intéressa à ses succès d'une façon toute particulière. Mais, que la malignité ne *torde* point ici nos expressions naïves pour en exprimer un sens, ou licencieux, ou seulement équivoque : la scène que nous allons transcrire démontrera quelle était la qualité de l'intérêt que la vénérable mère noble portait au jeune premier.

Celui-ci, reçu depuis un peu plus de deux ans, se trouvait comme enfermé, comme captif, dans un emploi qui convient sans doute à la jeunesse, mais qui convenait mal aux passions qui agitaient la sienne. Un feu sombre tourmentait sourdement cette âme profondément mélancolique : elle demandait à nos grands poètes de devenir l'interprète de leurs sentiments qui étaient aussi les siens. Mais les règlements, mais la tradition, mais l'usage, la raison même, si l'on veut, opposaient une barrière de glace à cette ardeur, à cette fougue, à cette impétuosité. A chaque nouvelle distribution de rôles, il fallait amortir cette chaleur prématurée, réprimer ces souhaits intempestifs, faire rentrer dans leur lit ces émotions tumultueuses. Elles ne s'y réduisaient toutefois qu'en grondant : dans ce cœur fier et indompté, le chagrin prenait assez souvent le caractère du mécontentement et affectait les murmures de la révolte. Madame Suïn se montrait alors : quel moyen employait-elle pour émousser tant d'aspérités? Celui d'une raison douce et forte, à la suite de laquelle elle ne manquait jamais de faire briller l'espérance. La sérénité reparaissait bientôt sur ce front que la fatalité d'Œdipe, que les crimes de Macbeth devaient couvrir de tant de tragiques nuages. Talma, qui étudiait déjà ces rôles sublimes, y revenait avec une nouvelle opiniâtreté; et l'espoir rentré dans son cœur lui faisait rêver cette immortalité qui s'assied aujourd'hui sur son tombeau.

On était aux premiers jours de la révolution, et son génie turbulent s'élançait de nouveaux comices où le peuple exerçait ses droits récemment conquis, jusque sur la scène qui en célébrait le triomphe. Chénier attendait le sien du succès promis à sa tragédie de *Charles IX*; mais, qui jouerait ce rôle qu'on trouvait *ingrat*, et qu'en termes de coulisses, on appellait *sacrifié*? Personne ne voulait se charger de représenter ce personnage, d'autant plus exécré, qu'une apostrophe de Mirabeau (1) venait de réveiller contre lui toute l'horreur due à son épouvantable forfait. C'est peut-être à quoi rêvait Talma, lorsque madame Suïn, sortant du comité où l'on venait d'agiter cette matière, rencontra notre futur Roscius, un portefeuille sous le bras et un rouleau de rôles à la main : c'étaient ceux de quelques *jeunes premiers*, de quelques *confidents*, auxquels, depuis sa réception, qui pourtant datait de

______

(1) « Je vois de cette tribune la fenêtre d'où l'infame Charles IX tirait sur ses sujets, dont le crime était d'adorer Dieu autrement que lui. »

deux ans, comme on l'a dit, et malgré qu'il eût été reçu sociétaire, on avait borné son emploi. Alors s'établit entre cette dame et Talma le colloque suivant, dont il se plaisait quelquefois à raconter les principaux traits. On en remarquera quelques-uns dont l'influence ne fut pas douteuse sur cette tête ardente, et qui, par cette occasion saisie *au vol*, décidèrent peut-être de son avenir.

MADAME SUÏN.

Où allez-vous de ce pas, *Beau ténébreux* ? s'il n'y a pas d'indiscrétion, je vous demanderai le bras jusqu'au Luxembourg.

TALMA.

J'y allais, Madame : j'aurai l'avantage de ne pas m'y *égarer* seul.

MADAME SUÏN, *souriant d'abord, puis reprenant son sérieux presqu'aussitôt.*

J'espère pourtant bien que vous ne vous y *égarerez* pas avec moi. Et, s'il faut vous le dire, j'aurais plutôt le projet de vous rappeler de vos *égarements*, que de les partager.

TALMA, *vivement.*

Vous m'inquiétez, Madame : sont-ils à ce point scandaleux, que j'aie besoin qu'on m'en fasse honte pour me décider à les quitter?

MADAME SUÏN.

Scandaleux, non ; honteux, encore moins. Mais ceux qui s'intéressent à vous ne peuvent se défendre de les trouver dangereux.

TALMA, *avec quelqu'impatience.*

Enfin, Madame, de quels *égarements* parlez-vous?

MADAME SUÏN.

De ceux qui vous font fuir la société... le comité... vos camarades... et qui ne vous font revenir parmi eux, que pour leur donner le spectacle... (*changeant de ton et regardant Talma avec hésitation.*) Dirai-je tout, M. Talma?

TALMA.

Eh! Madame, honorez-moi assez pour me dire la vérité... *Le spectacle?...*

MADAME SUÏN.

Le spectacle de votre mauvaise humeur...

TALMA, *interrompant.*

Jamais d'humeur, souvent du chagrin.

MADAME SUÏN.

Voilà ce qu'on ne sait pas, voilà ce qu'on ne peut savoir.

TALMA.

Voilà ce que pourraient deviner ceux qui le causent.

MADAME SUÏN.

Ce sont justement ceux qui le causent qui ne le devineront pas. Moi, je le sais,

TALMA.

Vous êtes si pénétrante!

MADAME SUÏN.

Et je prétends y remédier.

TALMA.

Vous êtes si bonne !

MADAME SUÏN.

Pénétrante, un peu ; bonne, c'est selon. Je crois plutôt que je suis juste.

TALMA.

Vous voyez alors si je suis victime de l'injustice.

MADAME SUÏN.

Non, mais des règlements. Ils n'ont pas été faits *pour* vous.

TALMA.

Que m'importe, s'ils sont *contre* moi.

MADAME SUÏN.

Quand on n'est pas le plus fort, il faut être le plus adroit.

TALMA.

Voilà deux ans que je végète, Madame.

MADAME SUÏN, *avec intérêt.*

Croyez que ce n'est pas à vous seul qu'ils ont paru longs. Mais aujourd'hui même, vous pouvez en voir le terme.

TALMA, *très-vivement.*

Aujourd'hui même ! Comment cela ?

MADAME SUÏN.

N'a-t-on pas mis *Charles IX* à l'étude ?

TALMA, *amèrement.*

J'y porterai l'arquebuse du roi ?

MADAME SUÏN.

Si j'étais Talma, j'y voudrais porter le sceptre.

TALMA, *sanglotant.*

Si vous étiez Talma, vous reprendriez le *davier.*

MADAME SUÏN, *appuyant.*

J'y porterais le sceptre, vous dis-je. Quand on a vos moyens, il ne faut que vouloir, il ne faut qu'oser.

TALMA.

Comment vouloir contre le réglement, qu'oser contre le chef d'emploi ?

MADAME SUÏN.

Le rôle lui déplaît, il n'en veut pas.

TALMA.

Et son double ?

MADAME SUÏN.

Il le rejette.

TALMA.

Si bien que, de chute en chute, le rôle m'arrive !... Je n'en veux point.

MADAME SUÏN.

Prenez garde. On n'est pas digne de la fortune, lorsqu'on dédaigne ses faveurs.

TALMA.

Dites ses rebuts. Ils l'ont bien senti. Quel personnage que ce roi-bourreau, et quel rôle affreux !

MADAME SUÏN.

Affreux sur le trône, superbe au théâtre.

TALMA.

Il sera sifflé d'un bout à l'autre.

MADAME SUÏN.

On ne siffle que ce qui fait pitié; on hue ce qui fait horreur. Charles IX aura un succès *fou*, et le rôle sera hué. C'est sa seule manière de réussir.

TALMA.

Le trouvez-vous si bien tracé?

MADAME SUÏN.

S'il l'était plus profondément, il vous conviendrait moins. C'est une esquisse à l'eau-forte. Mais savez-vous, jeune homme, à quoi vous êtes destiné dans la carrière du théâtre?

TALMA, *avec humeur.*

A blanchir mon frein d'écume, et à voir des ânes, qui se donnent pour des coursiers, me devancer, quoiqu'ils n'aillent qu'au pas.

MADAME SUÏN.

Vous êtes destiné à *faire* les pièces que la plupart de leurs auteurs ont *pensé écrire*.

TALMA.

Sérieusement, Madame, pensez-vous ce que vous dites?

MADAME SUÏN.

Il me semble que le conseil que je vous donne aujourd'hui en fait foi.

TALMA.

Ainsi, vous voulez que je ramasse ce rôle tombé

jusqu'à moi par tous les dénigrant ricochets de mes chefs d'emploi ?

MADAME SUÏN.

Et qu'en vous le voyant jouer, ils crèvent de dépit, d'abord de l'avoir refusé ; ensuite de vous voir un habit si bien à votre taille, et qui vous ouvrira une porte qui ne se fermera plus que sur eux.

TALMA.

Ce n'est pas ce que je demande. Je ne demande qu'à réussir, sans faire tomber personne.

MADAME SUÏN.

Ils tomberont, et vous réussirez. Avec de beaux moyens, ils n'ont pas de *moelle tragique* ; et il en faut pour représenter *Charles IX*. Il y a du *Rhadamiste*, de l'*Oreste* dans ce personnage. Vous avez les yeux, l'accent, le maintien de la fatalité : vous réussirez. Un grand crime est toujours un grand malheur. Chez les anciens, un oracle, un dieu y poussaient : ce sont, chez nous, nos passions contrariées. Et eux ne savent pas exprimer les passions contrariées.

TALMA.

Mais le public ?

MADAME SUÏN.

Le public a horreur des scélérats ; mais si ces scélérats sont ballottés par des passions contraires, il en a pitié. Charles de Valois est précisément dans cette situation.

TALMA.

Charles de Valois !..... Je voudrais le jouer avec sa

figure, avec son costume : la fraise, la moustache naissante, la toque avec une plume couchée, les cheveux ras, et le petit manteau sur le justaucorps de ce temps-là.

MADAME SUÏN.

C'est bien comme je l'entends. Je ne suis pas de ceux qui vous qualifièrent de *statue antique* dans le rôle de Dolabella. Allez à Versailles : promenez-vous dans la galerie des Valois et causez avec eux, un Mézeray à la main. Et quand vous en serez au roi-bourreau, n'oubliez ni son front étroit, ni ses yeux chinois, ni ses lèvres amincies. Vous trouverez tout cela dans un assez mauvais portrait, quant à la peinture, mais où du moins l'on a conservé l'expression.

TALMA, *avec véhémence.*

Je veux la rendre terrible, et qu'on se la rappelle dans cent ans. Charles IX va revivre ; vous verrez le roi-bourreau vivant.

MADAME SUÏN.

Vous m'avez fait frémir !.... Voilà comme je vous voulais........ Retournez au comité........ Demandez le rôle : ils vous le jetteront à la tête et se moqueront de vous. Partez ensuite pour Versailles, et ramenez-en......

TALMA, *avec fougue.*

Le bourreau de son peuple....., l'esclave de Rome et de Médicis....., l'assassin de la Saint-Barthélemy.

MADAME SUÏN.

Adieu, mon cher Oreste !.... La fatalité veut que vous soyiez un grand tragédien.

TALMA.

Votre intérêt pour moi a voulu que vous fussiez la plus éclairée et la meilleure des amies. (*Il lui baise la main.*) Que ne vous dois-je point !

MADAME SUÏN.

La nation me devra bien davantage.

Charles IX, représenté par Talma, fut joué le 4 novembre 1789, et c'est de cette époque que les annales du théâtre dateront la réputation de ce grand tragédien. Un témoin de cette première représentation, et de quelques-unes de celles qui la suivirent, s'exprime en ces termes : « L'art avec lequel il a exprimé la faiblesse, l'hypocrisie, la cruauté dont l'affreux mélange compose le caractère de l'assassin de Coligny ; la scrupuleuse exactitude de son costume, et son jeu muet surtout ont produit une impression profonde ; mais il n'a point évité les défauts qui, peut-être, sont les compagnons malheureusement nécessaires de ses précieuses qualités. Il tombe souvent dans la monotonie ; plus souvent encore il a recours aux cris, ressource qu'il devrait laisser à la médiocrité, mais qui n'est probablement chez lui que l'effet de l'inexpérience. »

Quand l'on songe que, dans ce passage si court et si bien senti, on pouvait découvrir un horoscope, si bien justifié depuis dans toutes ses parties, on en doit conclure que ce n'est qu'à travers de nombreux défauts qu'un comédien, qui sera digne de ce nom, marche à la perfection. Heureux si, comme celui qui nous occupe, il parvient à l'atteindre au bout de vingt ans ! Fleury, mademoiselle Contat, mademoiselle Mars (l'actrice comique, sans contredit, la plus parfaite qui ait honoré le Théâtre-Français) ne nous ont guère fait jouir de la leur qu'à la suite de ces longues études, de ces amères vicissitudes, de ces longues années. Que deviennent donc les raisonnements de ces critiques *journaliers* qui opposent à la jeunesse d'un rôle l'âge avancé d'un acteur, la maturité d'une actrice? Quand Talma *était* Othello ou Hamlet, lorsque mademoiselle Mars *est* Eugénie, Betzy ou Victorine, le premier avait vingt-cinq ans; et il y a des paris ouverts que si cette *mineure* perdait ses parents, son premier besoin serait celui d'un tuteur (1).

(1) Quelques mots sur cette incomparable comédienne sembleront d'autant moins déplacés dans un livre consacré à la mémoire de Talma, que naguère nous les avons vus réunis sur la double scène, et joindre, par des triomphes simultanés, l'un quelques fleurs de la couronne comique au faisceau de ses palmes tragiques, et l'autre un rameau du laurier de Melpomème à toutes les guirlandes de Thalie.

Mademoiselle Mars, appelée par les comédiens Français qui s'étaient réunis au théâtre Feydeau en 1798, fut reçue sociétaire l'année suivante. Dès 1791, encore enfant, elle jouait à Versailles de petits rôles analogues à son âge. Fille de Monvel, à qui il n'a manqué *qu'un corps* pour être le premier comédien de L'Europe, mademoiselle Mars avait reçu d'une mère qui jouait les reines, la grâce et la beauté; de son père, la sensibilité et l'intelligence. Cependant une santé chancelante contraria d'abord ces dons heureux, et même elle permit longtemps à peine d'en soupçonner l'existence. Avec une voix faible, une timidité qui paraissait insurmontable, un abord froid, une contenance embarrassée, et, ce qui va sembler étrange, impossible même, à ses admirateurs d'aujourd'hui, avec une physionomie sans expression, des yeux sans langage et un sourire pincé, elle ne montrait qu'une jeune personne extrêmement jolie, dont le moral, presque toujours endormi, ne laissait échapper que de rares éclairs d'un talent mal décidé. Au portrait qu'un critique estimé (M. Fabien Pillet) faisait d'elle, en 1801, qui reconnaîtrait, que dis-je, qui soupçonnerait que c'est le même à laquelle ses compagnes elles-mêmes,

Le succès de *Charles IX* fut prodigieux, disent les contemporains, et l'acteur fut autant applaudi que l'auteur. L'affluence ne diminua point durant trente-trois représentations qui, quoiqu'écoutées avec un puissant intérêt, et applaudies avec enthousiasme, n'excitèrent cependant aucuns troubles. Mais les antagonistes du nouveau régime politique l'étaient aussi des innovations dramatiques qui sont toujours liées au mouvement des esprits, et qui souvent en deviennent l'expres-

abjurant toute comparaison et toute rivalité (au moins dans les rôles d'*Ingénues*), ont adjugé le surnom de *Perle* et de *Diamant du Théâtre-Français* ? « De beaux yeux, un doux regard, un main-
« tien décent, une jolie figure et un organe agréable, ont mérité
« à cette jeune actrice les applaudissements du public. Elle ne
« manque ni d'intelligence, ni de finesse ; mais elle joue avec une
« continuelle timidité. Son air de retenue, convenable à certains
« rôles d'*innocentes*, paraît *d'un froid glacial* dans tous ceux où
« l'on a droit d'attendre du sentiment et de la gaîté. La faiblesse
« de sa complexion semble influer sur son talent, et *lui interdire*
« *les premiers emplois.* »

Talma, abjurant la première manière *vaporeuse et somnolente* qui voilait son beau talent, attribue à une maladie nerveuse le changement qui s'opéra, ou qu'il opéra en lui. Autant en avait-on dit de Lekain, sur lequel une fièvre inflammatoire déchira, consuma l'enveloppe qui *emmaillotait* ses facultés. Sans attacher une importance tout-à-fait décisive à ces étranges révolutions, la physiologie peut en admettre l'influence ; et mademoiselle Mars arrive en troisième pour la démontrer par son exemple. A son retour des eaux, en 1803, sa santé rétablie lui donna assez d'énergie pour commencer à faire valoir les riches moyens dont la nature fut si prodigue envers elle ; moyens que l'étude a fécondés, que l'expérience guide, et qu'elle développe inépuisablement dans la carrière où elle marche seule, sans rivale et sans partage. Ce fut à cette époque qu'elle reparut dans le rôle du *sourd-muet* de *l'Abbé de l'Épée*, rôle qu'avait établi, d'une manière à jamais mémorable, madame Petit (depuis femme Talma), et que mademoiselle Mars a conçu autrement, mais avec un égal succès.

Depuis ce moment (et ce jugement est le résumé des plus célèbres critiques, dans leurs opinions depuis vingt ans), les

sion : une députation d'évêque, craignant probablement
que, dans le portrait vivant du fanastisme reproduit
par le personnage du cardinal de Lorraine, on ne cher-
chât, on ne démêlât celui de la religion, qui pourtant
en est la plus mortelle ennemie ; cette députation,
faisant valoir auprès d'un roi pieux, mais faible, ses
terreurs vraies ou simulées, obtint la suspension d'une
tragédie qui les faisait naître. Mirabeau, dit un historien de l'époque, qui ne partageait point l'indulgente

progrès de cette actrice ont toujours été en croissant. Ce qui la
caractérise, c'est qu'elle n'a jamais été médiocre dans aucune
Ingénuité, ni inférieure dans les *Grandes Coquettes*. Seulement,
dans ces derniers rôles, des observateurs difficiles ont prétendu
qu'avec le ton decidé, les airs du grand monde, l'aisance noble
quoique famillière, le jeu sinple quoiqu'élégant, mademoiselle
Mars apportait sur la scène des souvenirs naïfs, des grâces ingénues et des habitudes presqu'enfantines, traces aimables, mais
déplacées, de son premier emploi. Du reste, tous, se réunissant
à l'avis de feu Geoffroy, équitable chaque fois que l'intérêt ou
l'esprit de parti ne lui défendait pas de l'être, ont reconnu dans
mademoiselle Mars une vérité de diction, une candeur de
maintien, une expression de physionomie, une grâce de manière,
une élégance et une pureté de langage ; toutes qualités rares,
même isolées, incomparables lorsqu'elles sont rassemblées, et
dont la réunion compose le beau idéal dans ce genre et de l'emploi. Nous insisterons, nous qui jouissons souvent de la satisfaction d'étudier son jeu et d'admirer son talent ; nous ajouterons
que son organe est non-seulement enchanteur par la qualité des
sons moelleux et sensibles dont elle parcourt l'échelle harmonique avec une admirable aisance, mais qu'il possède, ce que je
n'ai entendu qu'à elle, *ce timbre virginal* dont le *velouté* signale
l'absence des passions emportées, l'ignorance du mal, et cette
innocence angélique à laquelle même le soupçon du mal est
étranger. Un sourd qui voit cette comédienne unique *entend* sa
pantomine spirituelle, et *se traduit* la pièce qu'elle joue, ou plutôt
l'action qu'elle fait ; un aveugle qui l'entend *voit* cette même action,
dans son imagination ravie, et c'est par le chemin de son oreille
charmée, que mademoiselle Mars arrive à son cœur.

sollicitude de ces évêques en faveur des bourreaux de la Saint-Barthélemy, fit demander la pièce proscrite par un parterre presque tout composé de Provençaux envoyés à Paris par la province qui l'avait nommé lui-même à l'Assemblée.

Ces réclamations du public, et, dit M. Tissot dans sa remarquable Notice sur Talma, la résistance des comédiens qui, pour avoir donné à leur théâtre le titre de Théâtre de la Nation, n'appartenaient pas moins aux idées qu'on nommait alors aristocratiques, amenèrent entre eux et Talma une espèce de mésintelligence et de scission dont les Mémoires du temps, en faisant connaître le caractère, font bien ressortir celui du jeune tragédien. « Élevé à Londres, disait Talma, sur le sol heureux de la liberté, je me suis attaché, j'ai même dû m'attacher avec ardeur à la révolution : c'est que je m'y suis attaché par principes et par reconnaissance. C'est elle qui m'a fait citoyen ; je n'étais avant que digne de l'être (1).

« Le 22 juillet, continue-t-il, MM. les Députés de Provence, irrités par les refus que les comédiens français leur avaient fait éprouver, pendant que toutes les corporations, tous les habitants de Paris s'empressaient à les fêter et à leur plaire, au moment où le rideau fut levé pour jouer la petite pièce, demandèrent *Charles IX*. On donnait *Épiménide* (2). Nous étions trois sur

---

(1) Alors les comédiens étaient non-seulement excommuniés (ce qui existe encore en France, à la honte de la raison), mais ils ne jouissaient pas de *tous* les droits civils, malgré quelques édits de nos rois. C'est l'Assemblée constituante qui leur a rendu *tous* ces droits.

(2) Jolie pièce épisodique ou à *tiroirs* de Flins des Oliviers, auteur estimé *de la jeune Hôtesse.* C'est dans la première de ces

la scène, M. Naudet, mademoiselle Lange et moi. Un
des députés avait rédigé sa demande par écrit : il en
fait la lecture ; elle est suivie de nombreux applaudissements, et des cris plusieurs fois répété : *Charles IX !*
Charles IX ! M. Naudet (1) répond « qu'il est impos-

comédies qu'on trouve un mot piquant, si souvent répété par l'intolérance des partis. Un ennemi du nouvel ordre, lequel, après
avoir empêché qu'on agît, voudrait bien aussi empêcher qu'on
parlât. s'écrie, avec l'humeur que donne aux *obscurants* l'indépendance de la parole :

> Je donne de bon cœur au diable
> Ce régime d'égalité ;
> C'est un despotisme effrayable :
> Chacun y parle en liberté.

(1) Naudet représentait l'Amiral. On accusait cet acteur, sans
doute à tort, de dire avec répugnance ces vers prophétiques, qu'il
n'est peut-être pas hors de propos de reproduire aujourd'hui :

> .... Qu'à la voix d'un roi vraiment digne de l'être.
> Le commerce et les arts, trop longtemps négligés,
> Par mes concitoyens ne soient plus outragés.
> Il s'élève pour nous, au sein de l'Amérique,
> De nouveaux intérêts, une autre politique....
> L'Océan règlera le destin de la terre ;
> Le paisible commerce enfantera la guerre ;
> Mais, ramenant les rois à leurs vrais intérêts,
> Le besoin du commerce enfantera la paix.
> Ah ! de cet heureux jour, qui ne luit pas encore,
> Du Tibre à la Tamise on entrevoit l'aurore.
> L'art de multiplier, d'éterniser l'esprit,
> D'offrir à tous les yeux tout ce qui fut écrit,
> Renouvelle le monde, et dans l'Europe entière
> Déjà de tous côtés disperse la lumière.
> L'audace enfin succède à la timidité ;
> Le désir de connaître à la crédulité :
> Ce qui fut décidé maintenant s'examine,
> Et vers nous à grands pas la raison s'achemine.
> La voix des préjugés se fait moins écouter ;
> L'esprit humain s'éclaire : il commence à douter ;

« sible de jouer cette tragédie, parce que madame
« Vestris est malade, et que M. Saint-Prix est retenu
par un érysipèle à la jambe. » Les cris augmentent, les
inculpations leur succèdent ; j'entends accuser publi-
quement ma société d'intelligence avec les ennemis de
la révolution. On va même jusqu'à prononcer le nom
de ceux qui règlent sa conduite et arrêtent son répertoire ; et je vois les spectateurs prêts à se porter à des
violences telles qu'il est à craindre que la sûreté publique ne soit compromise. Ces diverses idées m'agitent ;
et, sans rien considérer autre chose, je m'avance, et je
dis : « Messieurs, madame Vestris est en effet incom-
« modée ; mais je puis vous répondre qu'elle jouera, et
« qu'elle vous donnera cette preuve de son zèle et de
« son patriotisme. Quant au rôle du cardinal, on le
« lira. » C'était ce que le public avait demandé.

Le lendemain, 22 juillet, Grammont (1) lut en effet
le rôle du cardinal de Lorraine, et Talma fut obligé, à
la fin de la représentation, de reparaître sur la scène
où l'appelaient à grands cris de nombreux spectateurs.

Le tumulte de cette soirée, dans laquelle Danton,
qui assistait au spectacle, fut arrêté et conduit à

C'est aux siècles futurs de consommer l'ouvrage.
Quelque jour nos Français, si grands par le courage,
Exempts du fanatisme et des dissentions,
Pourront servir en tout d'exemple aux nations.

(*Charles IX*, act. 2, scène 3.)

(1) Comédien qui doubla Larive quelque temps, et qui dut ses
succès bien moins aux qualités qu'il avait, qu'aux défauts qu'il
n'avait pas. En 1793, Grammont, abandonnant l'état de comédien, devint un des généraux de l'armée révolutionnaire, et,
victime de cette révolution qui, comme Saturne, ainsi que l'a dit
Vergniaud, dévorait ses enfants, il mourut sur l'échafaud, ainsi
que son fils, le 24 germinal de l'an 2.

l'Hôtel-de-Ville, continua à jeter, dans la société des comédiens, des germes de division qu'on ne parvint à étouffer que bien des années après. Cette mésintelligence avait commencé quelques mois auparavant par l'interruption de la tragédie de Chénier. Cet accident avait privé Talma du seul rôle (1) dans lequel il lui fut permis de développer les dons heureux qu'il avait reçus de la nature, et que ses études, dans tous les genres, perfectionnaient chaque jour. Les esprits, si naturellement agités, si facilement aigris, à l'origine d'une révolution, contre laquelle se montrait un parti formidable, interprétaient, d'une manière fâcheuse pour la comédie, sa persévérance à ne jouer ni la tragédie nouvelle *ni Brutus, ni la mort de César*, et, pour tout dire, aucun des ouvrages où le mot *liberté*, répété fréquemment, n'aurait pas été entendu sans transports, dit M. Moreau, par la nation qui venait d'écraser l'hydre féodale.

Talma (nous copions ici l'estimable biographe, véridique historien de cette époque), qu'on accusait hautement d'intelligence avec les députés Provençaux qui

---

(1) Nous avons vu qu'il y tenait l'emploi des *Jeunes premiers*. Il y donna, vers ce temps, une nouvelle preuve de son extrême facilité à saisir la physionomie des personnages. Dans *le Journaliste des Ombres*, petite pièce de M. Aude, destinée à célébrer l'anniversaire de la prise de la Bastille, et qui fut représentée le jour même où la France venait d'offrir à l'Europe l'imposant spectacle de sa fédération. « Talma, dit le baron de Grimm dans sa Correspondance littéraire, qui, dans la fameuse tragédie de M. Chénier, avait si bien su composer son visage sur les portraits que nous avons de Charles IX, semble avoir porté cet art encore plus loin dans le rôle de J.-J. Rousseau : vous auriez cru voir le sage de Genève en personne. Cette copie vivante était si vraie, qu'on eût presque été tenté de la prendre pour l'original de toutes les autres. »

avaient demandé Charles IX écrivit à Mirabeau cette lettre, recueillie depuis dans les Biographies, et que l'auteur n'a point désavouée.

« Je recours à vos bontés, Monsieur, pour me justifier des imputations calomnieuses que mes ennemis s'empressent de répandre. A les entendre, ce n'est pas vous qui avez demandé Charles IX, c'est moi qui ai fait une cabale pour forcer mes camarades à donner cette pièce. Des journalistes vendus affirment au public tout ce que leur malignité leur dicte. Si vous ne me permettez de leur dire la vérité, je resterai chargé d'une accusation dont on espère tirer parti. Je vous supplie donc, Monsieur, de me permettre de détromper le public, que cent bouches ennemies s'empressent de prévenir contre moi.

« J'ai l'honneur, etc.

Talma. »

Mirabeau répondit :

« Oui, certainement, Monsieur, vous pouvez dire que c'est moi qui ai demandé *Charles IX*, au nom des fédérés provençaux, et même que j'ai vivement insisté. Vous pouvez le dire, car c'est la vérité, et une vérité dont je m'honore. La sorte de répugnance que MM. les Comédiens ont montrée à cet égard, au moins s'il fallait en croire les bruits, était si désobligeante pour le public, et même fondée sur de prétendus motifs si étrangers à leur compétence naturelle ; ils sont si peu appelés à décider si un ouvrage, légalement représenté, est ou n'est pas incendaire ; l'importance qu'ils donnaient, dit-on, à la demande et au refus était si extraordinaire et si impolitique ; enfin, ils m'avaient si positivement dit à moi-même qu'ils ne voulaient céder qu'au vœu prononcé de la part du public, que j'ai dû répandre leur réponse. Le vœu a été prononcé et mal accueilli, à ce qu'on assure : le public a voulu être obéi. Cela est simple, là où il paie ; et je ne vois pas de quoi l'on est étonné. Que maintenant on cherche à rendre, vous ou d'autres, responsables d'un événement si naturel, c'est un petit reste de rancune enfantine auquel, à votre tour, vous auriez tort, je crois, de donner de l'importance. Toujours est-il que voilà la vérité, que je signe très-volontiers, ainsi que l'assurance des sentiments avec lesquels, etc.

MIRABEAU *Aîné* ».

· 27 juillet 1790.

Cette aventure, terminée par un duel entre Naudet et Talma, est importante dans la vie de ce dernier acteur, parce qu'elle amena de sa part et de celle de quelques-uns de ses camarades, la résolution de fonder un nouveau théâtre de Richelieu, sur l'emplacement de l'ancienne salle des Variétés. Dans la première émotion causée par ce projet à la comédie, son comité, qui venait de convoquer une assemblée général la faisait délibérer sur les mesures à prendre relativement à Talma. Voici, à cette occasion, ce que raconte M. Moreau : Messieurs, dit Fleury, en entrant au comité, je vous dénonce une conspiration contre la Comédie-Française. Dans ce moment, Dugazon, qui ouvrait la porte, entend la première phrase du discours de Fleury ; et prenant la voix rauque des colporteurs de journaux, il s'écrie : Voilà la grande cons-

piration découverte, c'est du curieux, c'est du nouveau !
Les éclats de rire déconcertent un moment l'orateur ;
mais le calme renaît bientôt dans l'aréopage comique
qui, à la presque unanimité des voix, frappe d'ostra-
cisme le nouveau Coriolan, émigré bientôt chez les
Volsques de la rue de Richelieu. Là, son talent
secondé de celui de Monvel, de Dugazon, de madame
Vestris, de mademoiselle Desgarcins, brilla d'un nouvel éclat (1). Là, nous l'avons vu reproduire successivement, et toujours avec succès, le cruel et fougueux
Henry VIII, l'honnête Monvel (*de Mélanie*) ; *Othello*.

(1) Scission du Théâtre-Français en 1791 : la majorité continue
à occuper la salle du faubourg Saint-Germain, qu'elle possédait
depuis 1782 ; la minorité, engagée par MM. Gaillard et Dorfeuille,
directeurs du théâtre du Palais-Royal, fait l'ouverture du *Théâtre-
Français de la rue de Richelieu*, le 27 avril 1791, par la tragédie de
Henry VIII, la meilleure des pièces de Chénier, dans laquelle
Talma confirma l'opinion qu'il avait déjà donnée de ses qualités
et de ses défauts

Arrestation de tous les acteurs du théâtre de la Nation, à la
suite des représentations de *Paméla*, comédie de M. François de
Neufchâteau, et par vengeance de leur courage à livrer aux risées
publiques les tyrans de la France, dans l'honorable pièce de M. Laya,
l'Ami des Lois — Réunion d'une fraction de ces mêmes comédiens
au théâtre Feydeau, et, bientôt après, de la majorité à la minorité au théâtre Richelieu.

Établissement d'un nouveau Théâtre-Français, par mademoiselle Raucourt, dans la salle de Louvois. Elle y possédait Larive,
Saint-Prix, Saint-Phal, Naudet, Dupont, mesdames Thénard,
Fleury, Joly, Mézeray. — Clôture de ce nouveau théâtre, par ordre
du Directoire, et dispersion de ses acteurs. Les plus anciens du
premier Théâtre-Français, se joignent à la société organisée par
M. Picard, à laquelle ses excellentes comédies formaient une riche
dotation.

Enfin, après de longues vicissitudes, deux Théâtres-Français
sortent de ces ruines, à la voix puissante qui faisait le sort des
rois, et ne dédaignait pas celui de ces monarques dont le pouvoir
ne diffère peut-être que par la dimension et la durée.

dont l'amour excuserait presque de jalouse frénésie; *Delmance*, noble et sensible amant de l'infortunée religieuse de Cambrai (*dans Fénelon*); l'affreux *Néron*, *d'Épicharis*; le brillant *Montcassin, des Vénitiens*; le tendre *Pharan, de la Famille Arabe*; et de l'ingénieux *Pinto, et Plaute*, ce moraliste du moulin; *et l'Égysthe (d'Agamemnon)* chez qui la vengeance n'est que de l'ambition; *et Pyrrhus, Tippo-Saëb et Germanicus*; et ce nouvel *Oreste*, de la *Clytemnestre* de M. Soumet; et l'austère *Régulus*, et l'héroïque *Léonidas*, et cet étonnant *Sylla*, surpassé peut-être par *Charles VI*, plus surprenant encore. Mais n'anticipons ni sur les époques ni sur le caractère de ces personnages dont nous nous réservons d'analyser quelques-uns. Revenons même un instant sur nos pas, et terminons par une lettre de Talma le récit de l'incident qui valut à la France un second Théâtre-Français, et à l'art théâtral un beau talent de plus.

« Ah! mon cher ami, écrivait-il à M. de Coupigny, le 25 décembre 1790, que de reproches vous avez à me faire, et combien ma négligence est coupable; Mais enfin, à tout péché miséricorde : n'accusez pas mon cœur ni ma mémoire d'une faute que mon insigne paresse et beaucoup d'affaires m'ont fait commettre.

« Que de siècles, mon ami, se sont écoulés depuis votre départ! Il me semble être dans un monde imaginaire. Que de choses nouvelles pressées, accumulées dans ce court espace de temps! Je vous ai souvent souhaité ici : J'aurais bien désiré vous communiquer toutes mes pensées, connaître toutes les vôtres. Je ne doute pas que nous n'ayons été parfaitement d'accord; et vous êtes trop instruit et avez trop de philosophie pour ne pas donner toute votre admiration à une constitution fondée sur la raison et l'humanité.

« Oh ! mon ami, que d'abus détruits, que de préjugés vaincus, quelle foule d'institutions bizarres anéanties ! Quel triomphe pour la philosophie ! En vérité, je crois vivre dans un siècle de prodiges. On parle cependant de contre-révolution. On vient de découvrir encore un drame à Lyon ; mais tous leurs efforts seront impuissants, et, à quelques troubles de local près, la constitution viendra à sa fin sans aucun échec. Mais laissons ce grand œuvre dont vous vous entretenez assez souvent probablement, et parlons un peu de nous :

« Comment vivez-vous là-bas dans ce nouveau monde ? Êtes-vous heureux ? Prévòyez-vous, pour vos intérêts, un avenir satisfaisant ? Les circonstances actuelles n'ont-elles pas changé vos vues ? Écrivez-moi tout cela en détail, je vous en conjure ; ne faites pas comme moi : point de paresse. Vous savez combien je m'intéresse à votre bonheur. J'ai passé chez M. votre père, il y a quelques mois ; j'ai été lui demander votre adresse et lui faire part d'une occasion que j'avais pour vous faire passer des lettres : la sienne est partie, et vous l'aurez sûrement reçue. Quant à la mienne, je l'avais reprise pour y faire un supplément : mais lorsque je la reportai, il était trop tard. Il me donna un discours que vous prononçâtes à la société des Philadelphes, et dont j'ai été très-content, excepté toutefois votre opinion sur Louis XIV dont le génie est furieusement éclipsé ici depuis que la révolution a changé notre manière de voir et de juger. L'abbé de Saint-Pierre ne serait plus exclu aujourd'hui de l'Académie, en osant attaquer le despote.

> Tout cet éclat vanté de la pompe royale
> N'offre, aux yeux éblouis des peuples à genoux,
> Que la grandeur d'un seul, et l'opprobre de tous.
> . . . .
> Il fit tout pour la gloire et ne fit rien pour eux,
> Admiré des sujets qu'il rendit malheureux.

Voilà comme on habille aujourd'hui ce pauvre Louis XIV sur notre théâtre (1) et le public applaudit.

« Quant à mes affaires, mon cher ami, j'ai, je crois, éprouvé autant de révolutions que le royaume : il n'est pas que vous n'en ayez su quelque chose par les papiers publics : je vous fais grâce de mille détails, et ne vous donnerai que l'extrait de mon histoire. Mes succès dans mes débuts ont été assez brillants, et depuis mon entrée dans la carrière, le public ne m'a jamais témoigné que beaucoup de bienveillance. Jamais je n'ai essuyé le désagrément du plus léger murmure. J'ai entre autres joué plusieurs rôles nouveaux qui m'ont valu les suffrages les plus flatteurs du public ; surtout celui de Charles IX dans la tragédie de ce nom. Mais aussi ces succès m'ont suscité beaucoup d'ennemis dans le corps tragi-comique. Vous savez que c'est la balance politique de ce petit État : si le public vous accueille, vos camarades vous honnissent. La révolution est survenue qui a établi diversité d'opinions entre les membres : de là querelle sur querelle. Je parlais pour le public, et ces Messieurs et ces Dames surtout pour les gentils-hommes de la chambre. Les esprits s'échauffèrent, la guerre commença par un combat singulier entre moi et

(1) Dans *le Réveil d'Épiménide*, pièce dont nous venons d'avoir occasion de parler.

le sieur *** (1) qui joue, comme vous le savez peut-être,
la comédie en capucin et la tragédie en racoleur. Vinrent les fêtes fédérales. Je prétendis qu'il fallait donner
aux fédérés des pièces démocratiques, telles que la
Mort de César, les Horaces, Brutus, Charles IX, etc.
Eux prétendirent qu'il ne fallait donner, et ne donnèrent effectivement que des pièces infectées de l'adulation la plus servile pour les rois, de l'aristocratie la
plus dégoûtante. Le public eut beau crier, demander :
j'eus beau plaider pour lui dans l'auguste assemblée
des rois, des princes, des princesses, des tyrans : mon
zèle et ses demandes furent inutiles. Enfin, la surveille
du départ des fédérés de Provence, ils vinrent en
nombre à la Comédie, et demandèrent Charles IX.
M. Naudet répondit qu'il était impossible de le jouer,
attendu que madame Vestris et M. Saint-Prix étaient
malades. Beaucoup de bruit, de menaces de la part du
public. J'étais en scène, et je dis que MM. les fédérés
ne pouvaient douter du zèle de la Comédie à remplir
leur demande ; que madame Vestris, qui avait une
légère indisposition, ferait sans doute un effort pour
prouver son dévouement au désir du public ; que si la
maladie de M. Saint-Prix l'empêchait absolument de
jouer, on lirait son rôle, le public l'ayant déjà proposé
lui-même. J'espérais tout terminer par cet arrangement : point. La Comédie ne cesse de résister : les

(1) Nous avons vu que c'était Naudet, acteur qui n'était ni sans
intelligence, ni sans connaissance de la scène, mais dont l'organe
était affecté d'un *nasillement* fort comique dans la tragédie, et
qui convenait assez dans le drame révolutionnaire. Les amateurs
de ce genre n'ont pas oublié quel succès *pyramidal* (ce fut ce
beau triomphe qui créa l'expression) il obtint dans le drame révolutionnaire des *Victimes cloîtrées.*

fédérés menacent, et disent qu'ils reviendront le lendemain accompagnés de tous les fédérés du royaume. Les comédiens sont effrayés et consentent enfin à donner la pièce. Je joue le lendemain au milieu des acclamations et des applaudissements universels. Mais ce triomphe était pour moi le présage d'un grand coup que m'allait porter l'ordre privilégié des princes et des princesses des coulisses. Effectivement, le lendemain on assemble les États, on délibère, et on décrète enfin qu'il faut lancer contre moi un arrêt de proscription. On arrête ensuite que tous ceux qui avaient approuvé ma conduite (et ceux-là étaient mesdames Bellecourt, Vestris, mademoiselle Dugarcins et Dugazon), n'étant pas aussi criminels que moi, il serait seulement défendu à tous les sujets de leur parler. Tout cela fut exécuté. Chacun apposa son nom au bas de la feuille fatale, et jura sur son brodequin ou sur son cothurne d'exécuter fidèlement ce décret. Je fus trois mois en pleine interdiction. etc., etc.

« Votre ami,

« TALMA. »

L'arrêté des comédiens qui d'abord expulsait Talma de leur société, et qui, modifié, se borna à le suspendre de son service, cet arrêté fut cassé par la municipalité de Paris. En ce moment la révolution flagrante, les pouvoirs nouveaux se mettaient en présence de l'autorité ancienne ; et celle-ci, cherchant à ressaisir une existence que la force des choses lui arrachait, ne manquait aucune occasion pour opposer des prétentions surannées à des droits récemment acquis, mais légitimement reconnus. C'est ainsi que, dans la matière qui nous occupe l'action municipale était vivement contestée par les gentilshommes de la chambre qui, jusqu'alors, avaient exercé la leur sans contrôle sur les théâtres royaux. Après deux mois d'exil, trois, si l'on croit la lettre de Talma, on permit à cet acteur, que cette persécution commençait à rendre fameux, et qu'elle rendait intéressant, de reparaître dans *Charles IX*; mais jusqu'à la clôture de 1791, il ne remplit aucun rôle important. On se contenta de le tolérer dans ceux du comte d'Amplace, de *l'Honnête criminel*, et de Dorvigny, du *Comte de Comminges* : deux drames, l'un de Fenouillot de Falbaire, l'autre de Darnaud-Baculard, dans lesquels un talent de l'ordre où s'élevait Talma ne pouvait demeurer enseveli.

Il était impossible que de tant d'éléments de discorde, les innovations aux prises avec la routine, le talent naissant attaqué par l'envie, la différence, l'opposition la contrariété même des opinions politiques, d'où résultent aussi celles des sentiments littéraires; il était difficile, disons-nous, qu'il n'en sortait pas une rupture. Elle fut éclatante, solennelle, presque scandaleuse : nous en avons touché deux mots ; et aujourd'hui que ses dernières conséquences ont été profitables aux progrès de l'art, il serait aussi inutiles qu'imprudent d'en chercher les causes. Qu'il suffise de constater, pour mémoire, qu'à la suite des Factums réciproques de la comédie et de Talma (discussion dans laquelle intervinrent Chénier dont la pièce, et peut-être même les opinions, en avaient fait naître l'occasion; Palissot, à qui une vieille rancune contre les comédiens, autant que sa jeune amitié pour Chénier lui avaient conseillé de servir de second à ce dernier; et l'immense majorité des gens de lettres, enchantés de voir naître et de saisir l'occasion de l'établissement d'un second Théâtre-Français, l'acteur dont nous retraçons l'histoire, se joignit à Monvel, à Dugazon, à madame Vestris, et à quelques autres, pour élever aux deux muses dramatiques une succursale que bientôt le public, également attiré par une réunion de beaux talents, par des opinions qu'il partageait, et, probablement, un peu par l'attrait de la nouveauté, trouva digne de son double objet. Pourtant, il faut avouer que si le culte de Melpomène était honorablement desservi dans le temple de Richelieu, celui de Thalie obtenait au faubourg Saint-Germain des succès supérieurs et un assentiment plus unanime. Jamais les vieux amateurs n'oublieront, et ils transmettront ces souvenirs à leur postérité, qu'elle était la perfection de détail, la magie de l'ensemble de cette société à jamais célèbre dans laquelle, si Marivaux trouvait de séduisants organes dans mademoiselle Contat, mademoiselle Devienne, Dazincourt et Fleury, Molière lui-même, Molière qui avait formé Baron, eût applaudi à la verve intarissable autant qu'énergique de Molé, de la Rochelle, de mademoiselle Joly, ses dignes interprètes. Celui qui écrit ces remarques n'est nullement suspect en les traçant; car à peine ses premières années ont-elles vu les dernières de l'ancien Théâtre-Français; mais par le peu qu'il a pu admirer, il juge de ce que des spectateurs plus favorisés ont eu à regretter.

Toutefois, et quoique Larive, Saint-Prix, Saint-Phal fussent demeurés sur l'autre rive de la Seine, la tragédie reprenait, sur celle du Palais-Royal, une incontestable supériorité. Ce n'était plus la solennelle et monotone psalmodie que la tradiction de mademoiselle Duclos avait léguée comme par substitution, aux héritiers de mademoiselle Clairon ; ce n'était plus cette pompe emphatique dont Lekain lui-même, qui pourtant en comprenait si bien le ridicule, avait entouré la muse tragique, et qu'il avait transmise à ses successeurs : à tous les artifices inventés par la médiocrité, conservés par la routine, pour suppléer le talent, Monvel venait de substituer la vérité du naturel, la clarté d'une rare clarté, d'une rare intelligence, la chaleur pénétrante de la sensibilité. Ce grand comédien, cet acteur unique, avait eu la bonne fortune de rencontrer, dans Baptiste aîné (1), un artiste digne de le seconder, et dans Talma un élève capable de faire mieux que lui. Bientôt Damas vint ajouter à ces talents suprême, un zèle infatigable, des études fructueuses, une savante habitude de la scène, un talent très réel ; Saint-Phal, dont l'honnêté proverbiale sembla toujours se réfléchir dans ses rôles ; Saint-Prix, l'acteur le plus majestueux qui ait honoré le bandeau d'Agamemnon ; Larive, enfin, trop tôt disparu d'un théâtre à la gloire naissante duquel il ajoutait son ancienne illustration ; quelques autres noms moins fameux, mais qui rappellent

(1) Si le mot *intelligence* manquait dans l'acception que lui donne l'art théâtral, le talent de Baptiste aîné l'aurait fait inventer. C'est, par exellence, l'acteur des auteurs spirituels dont il détaille et fait valoir les beautés ; le comédien des connaisseurs qui, toujours satisfaits de son jeu savant, grammatical, classique, et, si l'on ose hasarder cette expression, *ponctué*, sont réduits à lui chercher des défauts, et ne se plaignent que de la monotonie de sa perfection.

des souvenirs honorables et des talents utiles, tous réunis à mesdames Raucourt, Petit-Vanhove (peu après femme Talma) Fleury, et bientôt à mademoiselle Desgarçins, concoururent à former la cour la plus imposante à Melpomène, et l'ensemble le plus satisfaisant. Celle de la comédie n'était pas moins brillante. Déjà, près de mademoiselle Contat, s'élevait l'incomparable actrice qui devait la surpasser. Venait ensuite mademoiselle Joly, *la servante de Molière*; mademoiselle Devienne, *la soubrette de Marivaux*; mademoiselle Candeille, *belle* actrice et *bon* écrivain (1) mademoiselle Simon dont les pleurs éloquents donnèrent tant de vogue au drame d'une autre comédienne doublement recommandable par ses talents et par ses mœurs (madame Julie Molé, comtesse de Valivon, auteur de *Misanthropie et repentir*, d'après Kotzbuë); Molé, jeune encore à soixante ans; Fleury, dans le talent duquel la nature et l'art s'étaient confondus par un heureux accord; Michot, le comédien le moins artificiel et le dialogueur le plus vrai; Dazincourt, le valet de la haute société, ainsi que Dugazon était celui de la bourgeoisie; Larochelle, jeu de verve, talent inspiré, mime pittoresque; Grandménil, l'acteur de Molière; Baptiste cadet, niais spirituel, copiste-original Armand, enfin, complétaient cette réunion: Armand, pour lequel, comme pour mademoiselle Mars le temps semble s'être arrêté, et qui, ainsi que cette admirable actrice, joint la maturité d'un talent qui pourtant croît toujours, aux grâces de la jeunesse qui chez eux, ne décroissent jamais.

(1) Auteur de *la Belle Fermière*, comédie, et de plusieurs romans estimés (*Lydie, Clotilde*, etc.)

Telle, à la suite des longues dissentions, et du sein de ses ruines dispersées par la tourmente révolutionnaire, mais rassemblées par la main puissante qui refaisait tout, telle se montra plus nombreuse et plus attrayante que jadis la Comédie-Française régénérée. De jeunes écrivains (1) venaient de puiser, dans des événements jusqu'alors inouïs, des combinaisone plus fortes, des passions plus approfondies, des situations plus attachantes, un dialogue plus vrai, une diction tout à la fois plus simple et plus énergique. La mise en scène de leurs œuvres se ressentit de ces innovations heureuses ; et la représentation, revenue au naturel, sans pourtant avoir déserté l'art imitateur, satisfit à la fois le connaisseur qui réfléchit, et le vulgaire qui ne fait que sentir. Avec le salut de l'État renaissait toutes les espérances. Celles de l'une et de l'autre scène augmentèrent lors de quelques débuts fameux. Ceux de mesdemoiselles Levert, Bourgoin et Volnais offrirent la réunion de talents variés aux charmes qui en augmentent l'attrait ; ceux de MM. Firmin et Michelot promirent dès-lors ce qu'ils tiennent aujourd'hui : le premier, une chaleur pénétrante, un enthousiasme contagieux ; l'autre, une tenue savante, une intelligence également fine et profonde, et cette investigation qui, descendant aux détails et remontant à l'ensemble, compose un rôle des seuls traits qui for-

____

(1) Ducis, Arnault, Chénier, Legouvé, Baour-Lormian, Mazoyer, Raynouard, Lemercier, Luce de Lancival, Delrieu, Carion-Nisas, Aignan, Jouy, Briffaut ; et dans l'ordre des poètes comiques, Fabre-d'Eglantine, Collin-d'Harleville, Andrieux, Picard, Duval, Étienne, Demoustier, Roger, Longchamp, Chéron, Planard, Riboutté, Creuzé de Lesser, etc.

ment la physionomie du personnage, et la burine à jamais dans la mémoire des spectateurs.

Les débuts de Lafon, qui datent aussi de cette époque, faisaient pressentir, comme je l'ai déjà dit, que, dans certains rôles de son emploi, et dans les plus notables parties de ces rôles, Lekain avait trouvé un héritier; mais qui aurait deviné que, par un concours singulier de circonstances, Lafon deviendrait le successeur de Talma? C'est devant lui que notre Roscius mourant a déposé le sceptre tragique refusé par sa modestie, mais dont il paraîtra bientôt digne, s'il continue à n'en pas vouloir. On sait avec quel magnanime emportement cet acteur nous reproduit Achille; quelle héroïque tendresse il déploie dans Tancrède, et combien il ajoute de charmes à l'amour passionné d'Orosmane. Mais ce qu'il ne faut ni taire, ni louer à demi, ce sont les affections nobles et les sentiments délicats professés par Lafon sur la tombe de son illustre camarade : « Vingt-six ans passés, lui disait-il, l'œil plein de larmes et attaché sur son cercueil, j'ai partagé avec toi, je ne dirai point ta gloire, mais les épreuves journalières d'un travail que ce partage même rendait si périlleux : et toi, enfin, tu encourageas souvent mes essais, tu me soutins par ton amitié contre le danger de la concurence que nul ne redoutait autant que moi. J'ai vu plus d'une fois ta généreuse indulgence soutenir ma faiblesse, me départir libéralement les occasions de te seconder, de te suivre, quoique de loin, dans ta carrière glorieuse..... Ombre vénérée et chérie, si tu es encore sensible aux choses d'ici-bas ; *si*, comme il nous est permis de l'espérer, *comme je le crois et je l'espère* (1), semblable à cet Achille dont je tentai plus d'une fois, avec toi, de ressusciter la grande âme, *tu n'es pas descendu tout entier au tombeau,* reçois cet adieu douloureux et solennel : il part d'une voix qui te fut connue. » Celui qui parlait à Talma mort ce langage que Talma vivant a toujours su comprendre, comment ne serait-il pas digne de le remplacer ? Les bonnes pensées viennent du cœur ; et il est impossible de n'avoir pas de grands talents, quand on a de grandes vertus.

Terminons ce chapitre, qui constate la situation de la Comédie lors de la réunion de ses membres anciens et nouveaux, en mentionnant, parmi les débuts plus ou moins fameux, celui de tous qui fut le plus mémorable et qui a produit de si riches résultats. On comprend qu'il s'agit des débuts de mesdemoiselles Georges et Duchesnois : l'une et l'autre douées de qualités rares, précieuses, et dont la différence, ou même l'opposition, n'aurait probablement soulevé entre elles aucune rivalité, s'il n'avait convenu à la politique de ce temps de la faire naître. Élève de mademoiselle Raucourt, et, comme elle, ouvrage de l'art, mademoiselle Georges rappelle, avec les différences des époques et des personnes, la manière souvent ingénieuse, savante même, mais presque toujours factice de mademoiselle Clairon ; tandis que, fille de la nature qui dota son entendement

(1) Les circontances qui ont accompagné la mort et la pompe funèbre de Talma, rendent mémorable cette profession de foi faite sur son cercueil par le chef de ses camarades, à la face du ciel, sur la cendre des morts illustres, en présence d'un public innombrable et religieux, et de tous les artistes dramatiques de Paris : elle fait autant d'honneur à la conscience de M. Lafon, que ses talents en font à son esprit.

d'intelligence et son âme de sensibilité, mademoiselle Duchesnois ressuscite la sublime Dumesnil, cédant, comme elle, tour-à-tour à d'heureuses négligences et à de brûlantes inspirations. Qui n'a pas vu cette Phèdre mourante de honte et d'amour; qui n'a pas contemplé cette Gertrude si coupable et si repentante, au pied de laquelle tombent un fils armé par la vengeance et désarmé par les remords; qui n'a pas frémi à l'aspect de ces tableaux qu'enflammaient de leurs propres passions deux acteurs incomparables; qui ne fut point effrayé de ce silence solennel pendant lequel la terreur, comme un glaive acéré, planait sur toutes les têtes, menaçait tous les cœurs, n'a jamais connu, et peut-être ne connaîtra-t-il jamais ces sensations à la fois glacées et brûlantes, ces émotions d'une volupté douloureuse, ces sentiments jusqu'alors inéprouvés que le génie va remuer au fond des âmes, et qui nous révèlent la présence de la vraie tragédie. Telle l'avaient conçue, telle la sentaient, telle l'évoquèrent à nos regards admirateurs, et pour nos plus délicates jouissances, mademoiselle Duchesnois et Talma.

XIII

La querelle, je devrais dire la rixe de Geoffroy et
de Talma, a peut-être été, pour ce dernier, l'incident
le plus remarquable de sa carrière d'artiste dramatique; du moins il en a été le plus étrange. Jusque-là,
sa manière, que nous laisserons à Geoffroy de caracté-
riser, avait comme obscurci d'un voile de défauts le plus
sublime talent; depuis cette époque, ce voile, tombé
peu à peu, a montré le génie dans toute sa splendeur,
le talent dans toute son énergie. Ces débats furent
tristes alors; et nous nous serions gardés de les rappeler, s'ils ne servaient à constater l'efficacité de la
critique, même acerbe, sur les esprits dignes d'en profiter. Geoffroy, doué d'un tact exquis, riche d'une
érudition dont la piquante élégance de sa plume,
monnoyait, pour ainsi dire, les lingots; Geoffroy,
sévère jusqu'à l'injustice, caustique jusqu'à l'insolence,
ne craignit jamais de décourager, par ses dénigre-
ments, d'irriter par sa partialité. Après avoir éguisé,
ou, si l'on veut, ébréché sa dent jésuitique contre le
piédestal du bronze de Voltaire, il se plaisait à cica-
triser de morsures ses principaux interprètes. Saint-

Prix en ressentit l'atteinte (1); elles désolèrent la vieil-
lesse de Molé (2) elles décidèrent la retraite prématurée de Larive. Mais nul n'en éprouvèrent plus cruel-
lement le tranchant acéré que mademoieelle Duchesnois et Talma. Indépendamment des défauts, des
erreurs, des écarts de celui-ci, il est permis de supposer que Geoffroy voulait châtier en lui un ami de la
liberté, un partisan des idées nouvelles, et, comme il
le disait lui-même, un *enfant de la révolution*. Peut-
être, cependant, l'ancien professeur ne cédait-il qu'à
la rigoureuse sévérité de son goût, qu'à la pureté de
ses doctrines, qu'à son orthodoxie classique. Talma,

(1) « On est toujours charmé de cet auteur, quand on ne fait
que le voir, disait-il : il faudrait le mettre trois mois en espalier
au soleil, »

(2) Molé, à plus de soixante-sept ans, avait joué Dorante du
Menteur et le marquis du *Cercle* avec toutes les grâces *d'un
regain de jeunesse*. « La merveille de cette représentation, dit le
journaliste, était un petit-maître septuagenaire : *cette caricature*
m'a paru tout à la fois triste et plaisante ..... On annonce une
seconde représentation de *cette incartade* : on ne doit pas trop se
presser; car un viellard qui s'est avisé de faire le jeune homme
a besoin de repos.....»

Geoffroy a dit de Monvel, auquel pourtant il n'a jamais refusé
la profonde intelligence, la véritable sensibilité, la chaleur de
l'âme : « C'est surtout, dans les prières dévotes et ferventes que
Monvel adresse fréquemment à Dieu (dans *l'abbé de l'Epée*),
qu'on le reconnaît grand comédien. » Pour sentir le mordant de
cette épigramme, il faut savoir que, pendant la réaction politique
qui suivit la chute de Robespierre, Monvel fut accusé, sans doute
calomnieusement, d'avoir nié l'existence de l'Être-Suprême dans
une chair paroissiale, et, comme le Mathan d'*Athalie*, *d'avoir
insulté Dieu jusqu'eu son sanctuaire.*

Geoffroy disait de Chénier : « Pour avoir dédaigné d'être écolier au collége, il est resté écolier dans le monde, et n'y sera
jamais qu'un écolier. »

Sa plume acérée, envenimée quelquefois, a poursuivi, percé à
jour toutes les réputations contemporaines. On se rappellera tou-

novateur sous tant de raports, devait déplaire au vieux conservateur des vieilles traditions. Toutefois ce dernier en aurait mieux démontré la puissance et fait respecter l'autorité, s'il les avait retracées avec égard, au lieu de les imposer avec morgue. Talma n'était plus d'âge à recevoir des coups de férule; mais le moyen d'empêcher un professeur devenu journaliste de prendre son jeune feuilleton pour une chaire antique, et d'y régenter les comédiens qu'il appelle ses écoliers!

En racontant très-sommairement ce procès qui n'est devenu important que par la révoluton produite dans la manière de Talma, nous nous bornerons à mettre sous les yeux du lecteur quelques extraits de ces Feuilletons fameux dont la corrosive âcreté justifie, jusqu'à

jours (et ses Feuilletons recueillis sont là pour empêcher de l'oublier) avec quelle scandaleuse animosité cette plume d'Aristarque, quand il s'agissait des principes, devenait le stylet empoisonné de Zoïle, lorsqu'il était question de certaines personnes. De ce nombre, et parmi les plus célèbres, sont La Harpe. Ducis, Lemière, Chénier, MM. Arnault, Ardrieux, Lemercier. Luce de Lancival, Raynouard, et le respectable François de Neufchâteau. Chose bizarre cependant! elle ménagea bien des médiocrités. Une telle réserve, fût-elle vénale comme on l'a prétendu, ou seulement l'effet de cet instinct critique qui se hérisse à l'aspect des hautes prétentions, mais qui se désarme par l'humilité des demi-talents? *Parcere subjectis, debellare superbos.*

Nous venons de dire que mademoiselle Duchesnois avait longtemps servi de point de mire aux attaques de Geoffroy : ce fut surtout dans la lutte de mademoiselle George contre cette grande tragédienne, que le journaliste fît jouer, contre ce qu'on appelait *l'armée de Duchesnois,* toutes les pièces de sa batterie. Pourtant, il fut juste une fois, en avouant que la sensibilité électrique de l'actrice avait donné à la sienne, la plus vive, la plus forte commotion. « Mon avis sur elle, ajoute-t-il, est donc le même que celui de Louis XV sur Lekain : elle m'a fait pleurer, moi qui ne pleure guère. »

un certain point, l'exaltation d'un esprit fier et l'emportement d'un cœur sensible.

Sur ANDROMAQUE. *(Premier article.)* — Il me semble que M. Talma a pris à contre-sens le personnage d'Oreste : ce fils d'Agamemnon doit être sombre, mélancolique, pénétré d'une passion d'autant plus forte qu'il est obligé d'en étouffer la violence ; mais son ton doit être ferme, noble et fier ; son accent doit exprimer un sentiment profond et concentré. J'ignore pourquoi il lui a plu de le faire psalmodier sur un ton piteux, dolent et lamentable ; de le présenter comme un amant langoureux et transi qui débite des jérémiades. Les attitudes sont assorties au ton, et on le voit fréquemment étendre les bras pour se faire crucifier ; ce qui, joint à la lenteur insupportable et à l'assommante monotonie de la déclamation, ne contribue pas à répandre de la vivacité et de l'intérêt sur le rôle. Cependant cet acteur paraît avoir rendu au gré du public les fureurs d'Oreste. Pour moi, je pense qu'il a moins représenté une fureur causée par le désespoir d'une passion violente, qu'un état de démence. Ce n'étaient point les fureurs d'Oreste, mais les extravagances d'un fou de Charenton. Au reste, pour un acteur *qui n'est jamais dans la nature,* le plus beau moment doit être celui où son rôle l'oblige d'en sortir. (De 1799 — 1800.)

(Deuxième article.) — Il me semble que Talma a beaucoup mieux rendu qu'autrefois les fureurs d'Oreste. Je l'ai vu jadis imiter les convulsions des fous ; maintenant il exprime le vrai délire de la passion et du désespoir. A l'exception de quelques traits d'un *naturel trop familier* que la dignité tragique réprouve, il m'a paru très-beau, très-pathétique. C'est dommage

que Talma, qui a de grands moyens pour le tragique sombre et terrible, ignore les éléments de son art : c'est un homme d'esprit et de talent qui ne sait pas lire. (1801.)

(*Troisième article.*) — Talma est toujours en possession des plus vifs applaudissements dans les fureurs d'Oreste : il les joue avec une effrayante vérité, qui doit frapper la multitude. Lekain avait une autre manière : pénétré de la noblesse de son art, il était persuadé qu'il fallait conserver à Oreste une sorte de dignité, même dans ses moments d'aliénation. Dans ses idées, un héros tragique dont l'esprit est troublé par l'excès de la passion du malheur, devait avoir d'autres accents, une autre pantomime qu'un fou de Charenton. Il ne croyait pas que la fureur d'Oreste dût ressembler à une attaque d'épilepsie. Lekain s'efforçait donc d'ennoblir ce délire d'un prince qu'une horrible fatalité avait dévoué aux Euménides. Talma a pris une autre manière : il a plus de naturel et de vérité, mais moins de noblesse et même d'intérêt. Il peint exactement un malheureux qui a perdu la raison ; il rend fidèlement tous les symptômes de la frénésie ordinaire ; il étonne, il épouvante : Lekain était plus touchant et plus pathétique. Le succès de la manière de Talma est une raison pour lui de n'en pas changer ; mais ce n'est pas pour les connaisseurs une raison de l'approuver. La manière de Lekain était non seulement beaucoup plus difficile à saisir, mais encore bien plus conforme aux règles de l'art et à l'esprit de la tragédie qui ne se propose pas d'imiter des infirmités physiques, mais des sentiments et des passions, (4 messidor an 12).

(*Quatrième article.*) — La tragédie d'*Andromaque*

a bien plus d'éclat que celle de *Manlius* : le [principal
rôle est plus pathétique, plus énergique. Talma, moins
parfait dans Oreste que dans Manlius, y est plus terrible ; il y frappe de plus grands coups. Ce sont les
Orestes et autres rôles de cette espèce qui lui ont fait
d'abord une grande réputation. S'il n'avait porté dans
Manlius cette réputation acquise d'avance, il n'y aurait
point obtenu le même succès. Dans Manlius, Talma
plaît surtout aux connaisseurs ; dans Oreste, il ébranle
la multitude. (22 juin 1811).

Sur Othello. — Talma est de la nouvelle école théâtrale, formée par quelques gens qui avaient plus de
présomption que d'expérience et de goût. Ces novateurs
négligent la *déclamation* et la bonne manière de *réciter*
les vers : leur débit est traînant, emphathique, monotone. Sous prétexte de se rapprocher de la nature, ils
dégradent la tragédie par un ton familier et trivial, par
des gestes comiques ; ils visent souvent à l'expression
de la sensibilité, et ils l'outrent souvent au point de
donner dans le burlesque et le ridicule. C'est alors qu'ils
se flattent d'avoir atteint le sublime du pathétique.
Sans égard pour les règles et les traditions établies,
leur prétention est de jouer d'instinct et comme par
inspiration soudaine : ce sont les quakers de l'art dramatique : d'où il arrive que, pour quelques moments
heureux, on a bien des platitudes à essuyer.

Il semble que Talma se soit approprié le genre
atroce et terrible. Son triomphe est la peinture des
passions portée jusqu'à l'égarement et la stupidité. Il
est à la tête de la société des amis du noir, ainsi que
Ducis qui est son père, comme Voltaire était celui de
Lekaïn. Il y a aussi entre les deux acteurs à peu près

la même différence qu'entre les deux auteurs. Le genre noir est mauvais en lui-même, parce que les spectacles horribles ne conviennent pas aux Français : il faut les abandonner au peuple de Londres. C'est d'ailleurs trop resserrer son talent que de ne le montrer que lorsqu'on est hors de soi-même. Ces moments ne doivent être sur la scène que des éclairs : quand la passion est poussée jusqu'à l'aliénation de l'esprit, elle ne se trouve plus sur les confins de l'art dramatique. Il est vrai que Talma, jeté hors de la nature dans ces instants de délire, rencontre quelquefois, par delà la gamme naturelle, des tons extraordinaires qui font frissonner ; mais ces bonnes fortunes sont si rares et si courtes, qu'il ferait bien de rentrer dans les bornes de l'art : au lieu de nous étonner quelquefois, il nous plairait souvent. Talma a eu de beaux moments au quatrième acte, et surtout au cinquième. Quand l'action est vive et le dialogue coupé, le défaut de sa déclamation s'efface absolument. Au reste, sa prononciation est bien nette, ce qui est un grand mérite ; mais il y a dans le débit une monotonie, une emphase qui fatiguent, des tons bizarres qui paraissent très choquants quand on n'y est pas habitué. En général, il manque de dignité et de noblesse ; mais il a du naturel et de la sensibilité, quand il ne *déclame* pas, et qu'il n'a que quelques mots à dire. (19 brumaire an 9.)

Sur Britannicus *(Premier article.)* — Talma a joué Néron. Tantôt pesant, tantôt outré, presque jamais noble ; bon dans quelques moments, il manque surtout de *goût* et *d'intelligence.* Quoiqu'une déclamation traînante soit son défaut le plus ordinaire, quelquefois il précipite son débit avec une volubilité choquante. Par exemple, lorsqu'il dit entrant sur la scène, au second acte :

Je le veux, je l'ordonne,

la manière brusque dont il jette cet hémistiche, m'a semblé triviale : si j'en fais l'observation, c'est **parce** que, dans cet endroit même où il était mauvais, il a été couvert d'applaudissements. Le zèle de cet acteur, ses efforts pour plaire au public, méritent les plus grands éloges ; mais il a de faux principes et une méthode vicieuse qui gâtent les dons que la nature lui a prodigués. (16 floréal an 9.)

Deuxième article.) — Talma est déplacé dans Néron son genre de talent n'est point propre à cette expression fine et naturelle d'un caractère qui n'éprouve point d'émotions violentes. Il grossit sa voix pour inspirer plus de terreur ; mais un empereur dans sa cour a rarement besoin de ce moyen pour être terrible. Sur d'être obéi, Néron n'avait pas besoin d'ajouter la dureté de l'accent à la férocite des ordres : cette âme faible et lâche commandait froidement le crime. Il ne faut pas oublier aussi que ce jeune prince, idolâtre de sa voix, évitait tout ce qui pouvait l'altérer, et avait la plus grande prétention à la douceur de l'organe. (9 nivose an 12.)

(*Troisième article*). — Le rôle de Néron offre les plus grandes difficultés à l'acteur. Lekain, qui l'avait profondément médité, y était encore un peu lourd. Néron est un jeune prince qui commence à développer des vices longtemps comprimés par une bonne éducation; il ne faut pas lui donner trop de profondeur et de politique : c'était le défaut de Lekain ; c'est aussi celui de Talma.

Cet acteur ne met pas assez de légèreté dans son jeu, sa galanterie est pesante. Lekain faisait mieux sentir l'ironie et la malignité de Néron dans ses entretiens avec Julie. Il lui faut même une légère teinte de fatuité noble. Néron désire Julie, mais il n'en est pas véritablement amoureux : l'amour n'entre pas dans de pareilles âmes. La vertu, la modestie, la beauté de Julie piquent et enflamment Néron ; son orgueil est irrité de la préférence accordée à Britannicus ; mais il n'y a dans la passion de cet empereur ni sentiment, ni tendresse ; c'est ce que Talma ne marque point, ou ne marque pas assez. (14 novembre 1806.)

Sur Zaïre :

> Connais-toi toi-même est un mot
> Où toute la sagesse abonde.

C'est un précepte qu'on ne pratique guère ; c'est un oracle qui n'est entendu de personne. On se repent presque toujours de s'être méconnu, et le mépris public met à sa place celui qui n'a pas voulu se rendre justice en sortant. Talma s'est fait un jeu sans doute proportionné à ses facultés : ce genre, à la vérité, n'est ni agréable, ni intéressant ; l'honneur est un sentiment qu'on n'éprouve qu'à regret. Mais enfin il doit s'en tenir à ce genre qu'il a eu la prétention de créer. Après avoir élevé une école contre celle de Lekain, il faut qu'il abandonne aux imitateurs de Lekain Orosmane, le triomphe de ce comédien célèbre, et qu'il se réserve le Maure Othello.

Talma, sans doute, a consulté son zèle plus que ses moyens, lorsqu'il a voulu représenter ce soudan tout à la fois si galant et si fier, dont la folie est toujours mêlée de sentiment. On ne lui a trouvé ni la grâce, ni la passion qui caractérisent l'amant de Zaïre. Un débit excessivement lourd et monotone, un ton souvent dur et grossier, quelquefois langoureux jusqu'à la fadeur, jamais l'accent de la nature. Il met de la fureur où il ne faut que du sentiment. Il serait inutile et fastidieux d'entrer dans un plus long détail des fautes de Talma dans un rôle qu'il a manqué au point de glacer ses plus chauds partisans. (25 brumaire an 10.)

Sur Iphigénie en Aulide. — Talma est dévoré d'amour et de zèle pour son art : il cherche à étendre la sphère de talent dans laquelle la nature semble l'avoir voulu renfermer. Il veut conquérir tous les domaines de l'emploi dont il est chef, et quelques échecs ne le rebutent pas. Il revient à la charge et redouble ses efforts : on doit des éloges à cette noble émulation, lors même que les effets en sont malheureux.

Talma ne se lasse point d'attaquer le rôle d'Achille et ne peut s'en rendre maître : je ne suis pas surpris de son opiniâtreté, le rôle en vaut la peine ; mais il faut se connaître et consulter ses forces : il est inutile et dangereux de lutter contre le naturel. Talma a toute l'énergie, toute l'impétuosité nécessaires au rôle d'Achille ; mais il manque de noblesse et de grâces. Sa voix, qu'il affecte de renfler pour la rendre terrible, devient dure, rustique et grossière ; sa déclamation n'a pas la rondeur, la vérité et l'accent convenables aux belles tirades de Racine. Talma rendrait fort bien l'Achille d'Homère et d'Euripide, dont la nature est un

héros de la cour de Louis XIV (1) qui sait allier à un caractère de feu, à l'âme la plus altière et la plus intrépide, des manières galantes et des vertus sociales : il doit y avoir de la dignité jusque dans ses emportements. Talma s'est fait reconnaître, dans plusieurs moments, à l'énergie singulière, à la mâle vigueur de son jeu. On ne peut mieux peindre l'excès de la fureur ; mais il s'est tellement abandonné, qu'il semblait avoir oublié un moment son rôle. Cet accident pouvait être regardé comme un effort de l'art porté jusqu'à l'excès (2), (14 floréal an 11.)

Sur VENCESLAS. — S'il y a un rôle qui convienne à Talma, c'est celui de Ladislas, dont le caractère fougueux semble avoir une sorte d'analogie avec la manière brusque et saccadée de l'acteur : il serait difficile d'assujétir à une déclamation réglée les boutades de Ladislas. L'impétuosité sauvage de Talma, sa chaleur

(1) « Je n'ai pas voulu corriger Racine, disait Talma ; Dieu me garde d'une telle démence ! Mais à travers *la galanterie des courtisans français* (*) qu'il a donnée à Bajazet, à Xypharès, à Britannicus, la fougue et quelquefois la rustique insolence de l'Achille grec ; c'est l'intention bien sentie d'Euripide : c'est donc Euripide qui corrige Racine. »

(2) Pareille aventure arrivée à mademoiselle Clairon, dont le rôle d'*Ariane* venait d'épuiser la sensibilité, fut attribuée à la sensibilité même. On sait pourtant que ce n'était point la qualité dominante de cette actrice. Son organe, fatigué par la longueur des *modulations* savantes du rôle (car mademoiselle Clairon *récitait* en chantant, ou, si vous l'aimez mieux, déclamait sur un mode de *récitatif*), son organe s'éteignit et parut s'éteindre dans les larmes : en comédienne habile, elle accorda son jeu avec cet accident ; et une extinction de voix passa pour l'excès de la passion et le triomphe de l'art.

(*) Voltaire, *Temple du Goût*.

outrée, ses *cris* (1), son énergie, presque toujours emportés au de-là de la mesure, produisent le plus grand effet dans ces sortes de rôles. Peut-être ont-ils beaucoup d'art, précisément parce qu'ils ne paraissent pas en avoir. (20 pluviose an 11.)

Sur Nicomède.— Talma a rendu avec beaucoup de finesse, d'énergie et d'aplomb le beau rôle de Nico-mède : il a su manier habilement cette ironie presque continuelle qui a besoin d'être soutenue d'une chaleur naturelle et d'un grand art dans le débit. (16 nivose an 13.)

Sur Pompée. — Talma, qui représente César, a de

---

(1) M. Andrieux, avec cette finesse de tact et cette pureté de goût qui sont le caractère de tout ce qu'il écrit, a divisé en trois classes les acteurs considérés sous le rapport de la déclamation : ceux qui *chantent*, ceux qui *crient*, ceux qui *parlent*.

« On peut attendre davantage, dit-il, d'un jeune acteur qui *crie* ; car cet excès de moyens qu'il emploie peut venir d'un excès de facultés morales et physiques. Des passions fortes veulent s'exprimer fortement. Le volcan de l'âme, si cela peut se dire, se manifestera par de violentes éruptions. Lekain et mademoiselle Clairon commencèrent tous deux par crier; Lekain surtout qui dans sa jeunesse, avait une voix rauque et dure, tombait quelquefois dans des inflexions désagréables. On le sifflait, mais on courait en foule pour le siffler dans quelques passages où sa voix le trahissait, et pour l'applaudir avec enthousiasme dans tout le reste du rôle.

« Les comédiens qui *crient* ont souvent le malheur d'être applaudis par une grande partie du public, qui se laisse imposer et entraîner par le bruit qu'ils font; eux-mêmes sont trompés à leur tour par l'illusion qu'ils produisent, et ils crient encore plus fort, parce que cela leur a réussi. Il s'en trouve pourtant quelques-uns qui comme Lekain et mademoiselle Clairon, finissent par dédaigner ce genre de succès, et par sentir que se modérer est un meilleur et un plus sûr moyen de produire de l'effet et d'être applaudi.

« La classe qui *parle* est certainement celle qui mérite la préférence : c'est ordinairement dans cette classe que parviennent à

la fierté, de l'énergie dans les moments sublimes ; il est un peu embarrassé dans les entretiens galants, et en général il ne s'attache pas assez à bien dire des vers (1). Trop livré à ce grand tragique qui fait frémir, il dédaigne cet avantage d'un débit harmonieux et séduisant qui va au cœur en flattant l'oreille. Il perd à cela plus qu'il ne pense ; car on écoute plus longtemps qu'on ne frémit. Avec l'art de dire les vers, on est

se placer les tragédiens consommés ; ceux qui joignent à une véritable intelligence, à un sens exquis, à une sensibilité réelle, beaucoup d'étude et de réflexions, un long exercice de l'art et la bienveillance du public, ceux-là comptent sur eux-mêmes et sur leur talent. Ils ne veulent plus jouer pour la foule ignorante à qui l'on impose par une déclamation ampoulée, par des cris et par des gestes extravagants ; ils aspirent aux suffrages des connaisseurs et aussi à leur propre estime ; ils veulent se satisfaire par un débit naturel et vrai. Voyez Talma dans la tragédie de Sylla : il *parle* presque tout son rôle ; mais en parlant, il conserve toujours l'orgueil de la puissance et la force de caractère du personnage : c'est un dictateur qui parle, et ce dictateur est Sylla.

» *Chanter* est plus facile, et c'est ordinairement par là que commencent les élèves lorsqu'ils prennent les premières leçons de déclamation. Ils adoptent l'habitude monotone de couper les vers alexandrins en deux parties égales, de marquer constamment l'hémistiche en élevant et en abaissant la voix tour à tour, ce qui forme un cantilène insupportable par son uniformité.

« La classe des tragédiens *chanteurs* est la pire de toutes, car ce défaut est ordinairement la preuve de l'absence d'esprit et de sensibilité. S'il arrive qu'un jeune comédien *chante* encore après un ou deux ans de théâtre, on peut dire qu'il n'y a rien à en espérer : il est condamné à la médiocrité pour toujours. »

(1) La tragédie doit-elle être *parlée* ou *déclamée*? Il est d'abord certain que Corneille, Racine et Voltaire n'ont pas fait de si beaux vers pour qu'on les réduise au ton de la prose. La nature tragique est en partie idéale ; le langage doit l'être de même. Parler noblement, dignement, sans enflure et sans trivialité, est le sublime de l'art. A côté de ce sublime est l'extravagant. Un

agréable à tous les instants : les convulsions tragiques ne durent que quelques minutes. (20 nivose an 13.)

Sur MANLIUS. — Il est très glorieux pour Talma d'être si bien entré, dès le premier jour, dans le caractère de Manlius, absolument nouveau pour lui. Rien ne prouve mieux la profondeur de ses études dramatiques. Cet acteur, qui souvent laisse à désirer, mais qui a des qualités assez brillantes pour qu'on puisse lui reprocher des défauts sans l'offenser et sans lui nuire, s'est montré tout à coup supérieur dans ce rôle de Manlius, et s'est mis au-dessus de la critique par l'excellence de son jeu. Son débit a de la fermeté et de

semi-ton de plus ou de moins peut rendre trivial ce qui, sans ce défaut de nuances, serait parfait.

Il est plusieurs circonstances où la magie de la diction doit plus tenir de la déclamation que de ce parler noble, mais simple, qu'on suppose le langage habituel des personnages tragiques. « Affermi dans sa méthode, dit à ce sujet M. Lemercier, l'élève, après une sérieuse étude, ne craindra plus de porter sa diction à la hauteur de l'accent oratoire : accent de vérité, de persuasion, de force et de dignité tout ensemble ; accent convenable à la noblesse de certaines expositions tragiques, à la majesté des conseils des rois, aux harangues des princes, des chefs du peuple, aux discours des ambassadeurs, à ceux des pontifes, aux organes des tribunaux... En de pareils rôles, en de telles situations, il ne faut ni excès de faste, ni vaine enflure ; mais il y faut quelque pompe, une énergie soutenue, une largeur proportionnée au caractère des personnages, à l'importance de leurs entretiens, aux formes que leur prête l'imagination. »

Quant aux vers techniquement considérés, la Harpe, d'un côté, étayé depuis par Geoffroy, ne pouvait se résoudre à croire qu'il fallût les débiter, tels majestueux ou touchants qu'ils fussent, comme *une vile prose*. L'art de la déclamation, dit le premier de ces critiques, n'était pas alors détruit par le système le plus faux que la médiocrité et l'impuissance aient pu substituer au talent. J'ajoute, moi, ce que j'ai remarqué et qui a pu frapper les yeux et faire réfléchir l'esprit de tous ceux qui ont l'habitude des

la force sans pesanteur ; sa voix suffit à tous les sentiments qu'il veut exprimer, sans le secours des cris et des hurlements. Profond et concentré, il n'en a que plus d'énergie. J'ose assurer que, dans ces grands caractères de conspirateurs sombres et fiers, il est meilleur et se montre plus grand comédien que dans les rôles de fous et de furieux. Dans les scènes de Manlius avec son ami, il a même rendu, avec beaucoup de naturel et de vérité, cette espèce de sensibilité et de douleur qui, bien loin d'être une faiblesse, est au contraire, dans un homme aussi inflexible que Manlius, le sublime de la générosité et de l'amitié. On

spectacles : c'est qu'à mesure que l'expression, dans le débit scénique, devient plus triviale ou plus enflée, les gestes se multiplient, les attitudes se contournent, et toute l'économie théâtrale prend je ne sais quelle allure ou bourgeoise ou gigantesque, aussi éloignée de la nature dans son imitation poétique, que des beaux-arts dans leurs efforts dissimulés.

D'un autre côté, car il faut tout entendre pour tout juger, la nouvelle école, à la tête de laquelle il faut placer Talma, tient pour principe : « que, pour réciter des vers, comme ils doivent être récités, la meilleure manière est celle qui approche le plus de la conversation ordinaire, selon pourtant la situation et le caractère du personnage. Et, ajoutent les disciples de cette doctrine, comme il n'est ni dans la vérité, ni dans la nature de s'énoncer en paroles cadencées, l'acteur doit mettre autant de soin à faire disparaître la mesure et la rime, que l'auteur en a mis à les trouver. » Les noms de Baron, de mademoiselle Lecouvreur, de Floridor, de mademoiselle Gaussin, viennent à l'appui de ces enseignements ; et ceux de mademoiselle Dangeville, de Monvel, de Michot en déterminent l'autorité. La Noue (l'auteur de *la Coquette corrigée*) les avait réduits en théorie ; et c'est sur la trace de ce professeur habile que Talma a reproduit et voulu consacrer une opinion dogmatique sur la versification brisée, sur les vers réduits à l'état de prose. En effet, La Noue avait coutume de faire copier les rôles en vers de ses élèves, *tout de suite, comme de la prose*, et de les leur faire réciter préci-

pourrait peut-être désirer que Talma eût une stature plus élevée, une plus grande dignité dans l'extérieur, un air plus imposant ; mais quand cet acteur nous donne tout ce qui dépend de l'art, il faut lui pardonner de ne pas avoir tout ce qui dépend de la nature. (13 janvier 1806).

(*Deuxième article.* — Le succès de Talma s'accroît de jour en jour : cet acteur excite une vive curiosité et attire une foule extraordinaire ; l'énergie, la profondeur et la vérité de son jeu sont vraiment admirables. Le rôle de Manlius est parfaitement assorti à la nature de son talent. C'est une chose digne d'observation que Talma, que l'on avait cru longtemps borné

sément de même que celle-ci, en prenant bien garde cependant qu'ils ne fissent rien perdre à la versification de son harmonie naturelle. C'est aussi ce que se prescrivait Talma, et ce dont il donne un échantillon dans son écrit sur l'art théâtral. « Par cette méthode, disait-il aux femmes et aux commençants, vous éviterez la monotone psalmodie du mètre dont chaque hémistiche amène l'inévitable retour ; vous éviterez ce *tintement* insoutenable de la rime, lequel suffirait pour faire prendre en haine la versification même de Racine ; par là, enfin, vous arriverez à ce naturel qu'on vous trouve communément dans les pièces en prose, mais qu'on vous demande vainement dans celles qui sont en vers. »

Ces préceptes, excellents pour ceux des comédiens qui peuvent n'en avoir pas besoin, ne seront-ils pas mortels aux auteurs, tous prêts à conclure de l'inutilité de la versification dans le débit, sa suppression dans la composition ? On a déjà proposé *les vers blancs*, et le comte de Saint-Leu (l'ancien roi de Hollande) a fait un gros livre exprès pour introduire, sur le Parnasse français, cette *réforme* anglaise, enrichie des iambes et des anapestes grecs. Pour peu qu'elle se glisse au théâtre, que le romantique escaladera demain, c'en est fait de la tragédie de Racine et de la comédie de Molière. A la vérité, nous aurons les *Mystères* renouvelés, et les singes de Shakespeare et de Schiller : ne serons-nous pas au niveau du siècle qui retourne vers la littérature de Ronsard, comme vers la politique des Valois ?

aux fureurs, aux convulsions, à l'horreur anglaise, ne s'est acquis une véritable gloire que dans les personnages d'un tragique sage et mesuré. Nicomède et Manlius lui font plus d'honneur que les Hamlet, les Othello ; tant il est vrai que le comédien, trouve plus d'avantages à faire valoir les bons ouvrages, et que le vrai talent se renferme dans les bornes de l'art et de la nature. (27 janvier 1809.)

Troisième article — Talma a joué un rôle sage, mûr et profond. Manlius est peut-être celui qui fait le plus d'honneur à son talent, quoiqu'il semble exiger moins d'efforts. Peut-être est-il encore plus difficile de peindre les tourments qui déchirent une âme forte et courageuse, que d'imiter les excès de la passion et de la douleur portés jusqu'au délire. On assure que le génie de Talma, enflammé par les témoignages de l'admiration publique, s'est élevé à une grande hauteur, et qu'il n'a jamais mis plus d'expression dans le rôle de Manlius, si ce n'est la première fois qu'il l'a joué ; car les connaisseurs conviennent qu'il eut ce jour-là une inspiration presque divine, une grâce particulière de Melpomène, qu'il n'a plus retrouvée depuis au même degré. Il venait de créer le rôle, et peut-être ce moment de création avait-il monté d'une manière presque surnaturelle ses facultés tragiques. Ce premier jet fut au-dessus de tout ce que Talma a fait voir dans les représentations suivantes, où cependant il n'a jamais cessé de nous montrer un acteur profond, énergique, et consommé dans son art (1). 31 août 1809.)

(1) Quand la passion, et surtout l'esprit de parti, n'égaraient pas Geoffroy, ses jugements étaient d'une justesse et d'une justice presque infaillibles. Jamais Talma n'a été loué plus cons-

Sur LE Cid. — Talma n'est pas à son aise dans le personnage de Rodrigue: son intelligence et son art ne l'abandonnent dans aucun rôle ; mais celui-là est si noble, si galant, si tendre, que l'acteur a besoin, pour le rendre, de tenir en bride toute son impétuosité tragique: il ne peut y faire briller ce talent particulier *et presque exclusif* qu'il a pour les situations terribles et pour le grand pathétique. (17 ventose an 12.)

Sur Macbeth. — Talma rend d'une manière effrayante tout ce qui appartient à Shakespeare, tout ce qui est naturel et vrai ; mais il s'empêtre dans les monologues, dans les remplissages de Ducis, et rend ce galimatias encore plus lourd par une déclamation traînante ; il donne à la douleur, au remords, un ton lamentable. Son jeu cependant fait supporter la pièce. (15 prairial an 12.)

Sur Athalie. — Talma [rôle d'Abner (1)], dès les premiers actes, est retombé dans son débit pesant, sombre, monotone, et l'on n'a pu reconnaître le talent

ciencieusement. Le rôle de *Manlius* a été, et il est demeuré le chef-d'œuvre de sa première manière ; comme celui de *Sylla* a indiqué, dans sa seconde, le comble et le terme de son talent.

(1) Talma, possédé presqu'exclusivement du génie de la tragédie, était bien éloigné d'avoir ce talent universel, mais du second ordre, dont la flexibilité que le vulgaire admire, n'est que l'impuissance d'arriver au premier degré. Comme Molière, qui s'imaginait exceller dans les rôles tragiques ; comme Voltaire, auquel la muse comique *tournait le dos,* Talma s'est longtemps abusé sur sa vocation véritable ; et comme il comprenait tous les genres et tous les personnages, il a cru pouvoir exprimer tous les rôles. Celui d'Abner, par exemple, fit peu pour sa gloire, mais beaucoup pour son amendement et pour nos plaisirs. C'est par ce rôle qu'il est monté à celui de Joad, l'une de ses perfections et l'un des dignes objets de nos enchantements.

supérieur de cet artiste que dans quelques endroits des derniers actes où il était aidé par la situation. Talma semble avoir oublié qu'Abner est un guerrier franc, généreux, plein de zèle et d'ardeur : ce caractère doit être marqué dès la première scène ; il demande une manière plus simple, plus ouverte ; il exige plus de franchise et de vivacité dans le jeu. (26 février 1806.)

Sur Hamlet. — Que va-t-on voir dans *Hamlet?* Des caractères bien tracés ? non ; car la pièce n'a point d'autre caractère que celui d'un furieux et d'un visionnaire. Des situations bien motivées et vraiment pathétiques ? non ; car la seule situation de la pièce, celle d'Hamlet avec sa mère, est invraisemblable autant qu'horrible. C'est donc la pantomime de Talma qui entraîne les curieux ; c'est son visage décomposé, ses yeux égarés, sa voix altérée, son accent sombre et lugubre, ses muscles qui se roidissent, son tremblement, ses convulsions. Quel est l'auteur noble, naturel, décent, qui ne paraîtra insipide et glacé, s'il faut avoir pour plaire les accès de frénésie ? La véritable déclamation tragique, toutes les nuances du sentiment et des passions, tout l'artifice de l'expression théâtrale ne seront plus sentis et n'auront plus de charme. Ce qui n'est que bien dit et bien pensé, ce qui est raisonnable, juste, éloquent, pathétique restera sans effet. L'on n'admirera que ce qui fait peur, que ce qui fait mal, que ce qui fait pâlir et frissonner ; et ce qu'il y a de fâcheux, on finira par se blaser sur les objets les plus effroyables, au point de ne plus faire qu'en rire ; ce sera le tombeau de la tragédie (1).

(1) La prédiction est accomplie : Melpomène, pour dernier attentat, s'est suicidée. Deux voies se présentent pour la rappeler

Sur Polyeucte. — Le rôle de Sévère ne convient point à Talma. Il exige une extrême noblesse, un débit franc, naturel, animé. Comme il n'est soutenu que par la force et la beauté des sentiments, sans aucun mouvement ou prestige théâtral, il faut que l'acteur paie de sa personne, qu'il tire ses effets de son âme. Talma se trouve gêné dans ce rôle (1) : la manière qu'il s'est faite ne lui fournit pas de quoi relever et rendre piquantes les scènes de galanterie et de tendresse qui dégénèrent en fadeur. Dans sa conversation avec son confident, il a de la simplicité et du naturel ; mais ce naturel est trop simple, et sa simplicité trop commune. La tragédie demande partout, et jusque dans ses moindres détails, de la noblesse sans enflure, de la simplicité et du naturel sans aucune nuance de familiarité. (1812.)

(2) On a bercé les oisifs, depuis quelques jours, de contes ridicules sur l'étrange visite que j'ai reçue, mercredi dernier, dans une loge du Théâtre-Français. Il y en a qui ont prétendu que, dans cette rencontre, j'étais tombé sous les coups du grand Talma, oubliant

à la vie : l'une, qui n'est pas dans nos mœurs, mais qui est dans nos idées, c'est d'admettre sur nos tréteaux tragiques Schiller et Shakespeare, civilisés par des hommes aussi habiles que MM. Lebrun et Davrigny ; l'autre moyen, que je ne découvre point dans les talents du jour, est de ressusciter, mais en *nationalisant* les sujets, Racine et Corneille.

(1) Cet article est un de ceux dont la nombreuse série et l'opiniâtre sévérité (pour ne rien dire de plus) fatiguèrent longtemps le patient orgueil de Talma, et finirent par le lasser.

(2) Nous donnons une version *littérale* du récit du journaliste que, par égard pour la mémoire de Talma, peut-être aussi pour celle de Geoffroy, d'autres journalistes ont tronqué, ou même supprimé.

qu'il ne faut pas confondre cet acteur avec les héros qu'il représente. D'autres ont dit que j'étais presque mort de peur, ignorant sans doute que Talma ne fait peur que sur la scène. Voici l'exacte vérité, et, pour ainsi dire, le procès-verbal des faits : j'étais dans une petite loge du rez-de-chaussée, assez près du théâtre, avec trois autres personnes. On jouait le premier acte de *la Revanche*, et ce spectacle occupait toute notre attention. Tout à coup la loge s'ouvre : un homme entre brusquement, l'air furieux, l'œil égaré, tel que Hamlet poursuivi par un fantôme, ou tel qu'Oreste tourmenté par les Furies. *C'est vous que je cherche*, me dit-il, en me serrant la main bien plus fort que ne fait un ami. Je sentis même que cette main qui serrait la mienne, était armée de griffes fort tranchantes, telles que les poètes en donnent aux princes infernaux. Une égratignure assez forte est la seule blessure que j'aie reçue dans cette action mémorable, et j'en porte encore la cicatrice glorieuse. Mais il faut juger mon redoutable adversaire plutôt sur l'intention que sur le fait. *Sortez !* a-t-il répété d'un ton tragique. — *Sortez vous-même !* Et aussitôt nous avons chassé l'ennemi de la place où il s'était introduit par surprise : exploit assurément très peu glorieux, car il était très faible :

> Que voulez-vous qu'il fît contre *quatre* ?
> — Qu'il sortît......

Sur les quatre, il y avait deux femmes. Il s'est fait un grand mouvement dans la salle : tout le monde s'est levé ; notre loge est devenue le lieu de la scène ; les acteurs, cessant de parler, n'ont plus été un instant que spectateurs.

Nous avons laissé Talma à la porte dans un beau désespoir : ne jugeant pas même ce champ de bataille indigne de sa valeur, il a continué à battre la loge avec la grosse artillerie des menaces et des injures, jusqu'au moment où des gens sages se sont emparés de sa personne, et ont soustrait son délire aux regards des curieux, auxquels il donnait une scène de fureur sur un théâtre qui ne devait pas être le sien. On assure, mais je ne garantis point le fait, qu'un médecin a été aussitôt appelé, et que, d'après l'inspection des symptômes, tous très alarmants, voici quelle a été son ordonnance :

> Que sur-le-champ il soit baigné ;
> Qu'après le bain il soit saigné,
> Mais saigné jusqu'à défaillance :
> Des humeurs, s'il est bien soigné,
> On rétablira l'alliance.

Y eut-il jamais, je le demande, expédition moins raisonnable et plus mal combinée ? Jusqu'ici je n'ai envisagé cet esclandre que du côté comique, et seulement comme un acte de folie burlesque ; mais, sous un autre rapport, c'est un acte de témérité et de violence très condamnable : c'est une offense grave envers le public, un délit contre l'ordre, dont l'impunité pourrait avoir des conséquences funestes à la tranquillité des spectacles ; c'est une violation du sanctuaire des arts, une profanation d'un lieu consacré aux chefs-d'œuvre du génie et du goût, et qui ne doit jamais être souillé par la férocité et par la barbarie : l'attentat devient plus criminel encore, quand on songe que le coupable est un acteur, un des ministres de l'autel de Melpomène, un des desservants de son temple.

Si de la nature de l'action nous passons à ses motifs, l'étonnement et l'indignation redoublent. Un comédien, dans la salle de spectacle, viole l'asile d'une loge, et se porte à des extrémités indécentes contre un homme de lettres : et pourquoi ? parce que cet homme de lettres a dit au public son avis sur le talent de ce comédien. Et dans quel pays le comédien a-t-il donc appris ce nouveau droit des gens, cet esprit de despotisme et d'intolérance ? Talma est cependant excusable ; ce n'est pas sa faute, c'est celle de l'éducation : gâté par les complaisances et les faveurs, nourri d'encens et d'adulation, comblé de richesses, il a dû se croire supérieur au reste des humains, et l'un des plus importants personnages de l'empire : il y avait là de quoi renverser une meilleure tête que la sienne.

On rapporte qu'un citoyen d'Athènes, passant par Lacédémone, s'imagina, d'après la réputation dont il jouissait, qu'il ne pouvait, en conscience, se dispenser d'aller faire sa cour au roi Agésilas, et que ce prince serait enchanté de faire sa connaissance. Les rois de Lacédémone n'avaient pas une étiquette fort sévère ; le comédien entra sans se faire annoncer. Mais remarquant que le roi, occupé à causer avec les généraux et les grands de l'Etat, ne faisait aucune attention à lui, ce comédien superbe s'imagina que le roi ne connaissait pas sa figure. Il s'avança sur la pointe du pied ; et, s'inclinant avec grâce : « Votre Majesté, Sire, ignore peut-être qui je suis ? — Non, répondit le roi, je le sais fort bien : n'êtes-vous pas *l'histrion* Callipides ? » Le comédien ne crut pas devoir attendre un second compliment, et s'esquiva très à-propos. Ce roi de Lacédémone était trop austère : il avait tort sans doute de ne pas assez estimer le comédien; mais le comédien avait eu bien plus grand tort de trop s'estimer lui-même.

Un sage monarque de l'Asie avait chargé un officier de venir tous les matins lui dire : « Souvenez-vous que vous êtes homme, » pour opposer cette réminiscence salutaire aux séductions de l'orgueil et aux vapeurs de la flatterie qui persuadèrent au grand Alexandre qu'il était un Dieu, je conseillerai à Talma de donner commission à un pensionnaire du Théâtre Français de venir, chaque matin, lui rappeler qu'il n'est encore qu'un simple mortel, et un habitant de la terre. Avant que ce spécifique contre les excès de l'amour-propre ait eu le temps d'opérer et de faire son effet, il faut s'attendre que Talma ne pourra souffrir un langage libre et franc : la longue habitude de n'entendre que des éloges exagérés ne lui permettra pas d'entendre sans convulsions, l'opinion d'un homme sensé, et nous venons de voir où l'ont conduit ses affections spasmo-diques. J'ai un moyen sûr de lui épargner ses crises, et j'en parlerai tout à l'heure.

« Je n'ai pas besoin de critique, s'écrie M. Talma; je suis vieux; on ne se corrige point à mon âge; je ne changerai point de manière : qu'on s'épargne un soin inutile, et qu'on me laisse en repos ! »

Je sais bien que M. Talma est vieux, qu'il ne se cor-rigera pas, et ne peut se corriger : il ne m'est jamais venu dans l'esprit de tenter ce miracle. Je n'ai point conçu l'idée folle de faire de Talma un Lekain; mais M. Talma n'est que le moindre objet à considérer ici : sa gloire n'est pas tout. L'art mérite plus de considé-ration que Talma : c'est pour l'honneur et l'intérêt de l'art que j'écris. Le public ne mérite-t-il pas bien aussi qu'on l'éclaire ? Un littérateur, un écrivain qui s'occupe des arts, n'est-il pas obligé de protester contre les méthodes vicieuses, contre le mauvais goût à qui l'engouement, la mode et le manége donnent quelquefois une vogue passagère ? Les amateurs éclairés ne se sont-ils pas élevés contre le style faux, froid et maniéré de Boucher, de Pierres, quoique ces artistes honorés et récompensés fussent les premiers peintres du roi, les chefs de l'académie, et qu'il leur fût impossible de changer leur manière ?

Aucune considération ne peut commander le sacrifice des principes, du goût ; je ne dois point autoriser, par mon suffrage des vices heureux et triomphants. Que M. Talma jouisse de sa vogue, qu'il reste en possession de ses applaudissements ; mais il faut garantir de la contagion de ses succès les jeunes élèves qui sont l'espoir du Théâtre-Français. Il faut prendre garde que les défauts de leur modèle, que pour lui seul on érige en vertus, ne deviennent, dans ses imitateurs, la ruine de leurs talents et un obstacle invincible à leur progrès. Les critiques viennent se briser contre une vogue enracinée, comme les vagues contre un rocher ; mais elles peuvent produire d'excellents effets sur des jeunes gens dont le talent court risque de de s'égarer, à l'entrée de la carrière, sur les pas d'un acteur si fameux. Il faut leur répéter : prenez garde ! ne soyez ni lents, ni lourds, ni monotomes, ni larmoyants ; évitez le débit brusque, haché, déchiqueté en phrases entrecoupées (1). Le véritable talent tragique

(1) Première manière de Talma. Jamais, comme on l'a remarqué dans ces extraits, Geoffroy ne lui contesta ni la beauté de sa

ne consiste point en contorsions et en grimaces : c'est l'art de dire les vers, d'exprimer les sentiments, de peindre les passions avec les accents et les inflexions qui sont la véritable langue du cœur. Conservez la noblesse et le génie jusque dans les situations les plus déchirantes ; soyez partout naturels et vrais : voilà le code de la bonne école française (1). Laissez les étran-

physionomie, ni la puissance de son organe, ni la terreur des effets qu'il tirait de quelques scènes, et surtout de ces mots isolés qu'il lançait, dit M. Duviquet, comme autant de dards pénétrants dans l'âme des spectateurs ; mais il lui souhaitait un débit plus rhythmique et plus varié, une noblesse de pose plus en harmonie avec la dignité historique ou idéale de ses personnages.

(1) Seconde manière. Talma blessé au cœur, plus par la justesse de la censure que par l'injustice du censeur, fit céder sa vanité à un orgueil raisonnable. A la suite d'une maladie nerveuse, dont il subit les spasmes en 1814, il crut en se décidant à une réforme totale, ne céder qu'à l'entier développement de ses facultés : la vérité est qu'il avait plutôt à les modifier, à les diriger, qu'à les exalter. Ce ne fut jamais par défaut que pécha Talma, auquel le classique Geoffroy ne reprochait que les écarts germaniques et les sombres excès de la manière anglaise. Celle qu'il lui prescrivait en 1812, et dont Talma, également réconcilié avec l'Aristarque et ses doctrines, suivit enfin et fit fructifier les leçons, cette méthode ou plutôt cette régénération, l'éleva bientôt au-dessus de lui-même. Elle lui avait conseillé de conserver les rares qualités dont il était si richement doué ; il y ajouta, remarque encore l'habile critique des *Débats*, une douce mollesse, une admirable diversité d'inflexions : elles avaient remplacé la dureté monotone de son ancien organe. S'il lui arrivait de rompre la prosodie métrique, ce n'était plus comme autrefois, aux dépens de l'harmonie. Sa familiarité autorisée par la nature de quelques rôles, tel que l'Auguste de *Cinna*, tel que *Sylla* le dictateur, était ou la noble simplicité, ou la hauteur austère du maître du monde. Sa sensibilité avait cessé d'être larmoyante, pour se montrer expansive : il avait appris à pleurer, ou, ce qui vaut mieux, à faire pleurer le parterre. Enfin Talma disparaissait entièrement sous son personnage.

gers jouer la tragédie comme des énergumènes et des fous ; laissez-leur les spectres, les ombres, les échafauds, les noires horreurs, et tout l'attirail d'une vaine fantasmagorie ; soyez dans la tragédie des hommes, des héros, des Français ; sachez plaire et toucher ; sachez même inspirer la terreur, mais par des moyens qui conviennent à des spectateurs judicieux et délicats ; soyez terribles quand il le faut, mais sans jamais chercher à vous rendre des objets horribles et hideux.

> D'un pinceau délicat l'artifice agréable
> Du plus affreux objet fait un objet aimable.

A plus forte raison, le tragique ne consiste pas à faire d'un objet aimable un objet affreux : il est temps de tirer la tragédie des *sépulcres*, des cachots et des cavernes, pour la faire briller au grand jour de la vérité et de la nature.

Voilà ce qu'il faut pratiquer si l'on ne veut pas que l'art périsse, si l'on veut sauver de la barbarie et des monstruosités voisines notre scène tragique, créée, illustrée par Corneille et Racine : scène unique en son espèce, la seule qui soit régulière, naturelle et vraie ; la seule qui soit fondée sur l'éloquence du cœur, sur des sentiments et des passions, et non sur des aventures, des fictions romanesques et de vains prestiges.

Voilà les instructions que je dois aux jeunes amants de Melpomène. Quant à M. Talma, je l'abandonne aux flatteurs,

> Présent le plus funeste
> Que puisse faire aux rois (*de théâtre*) la colère céleste.

C'est ici mon dernier mot sur cet acteur : un profond silence est désormais ce que je lui dois ; il est devenu étranger pour moi ; je ne le connais plus. Je ne peux plus, avec honneur, dire ni bien ni mal de son talent : mes éloges auraient l'air de la crainte et de la bassesse ; mes critiques ressembleraient à la haine et à la vengeance. Ces sentiments sont bien loin de mon cœur : la seule passion qui m'anime est l'amour des lettres et de l'art dramatique ; mon seul désir est d'être utile et agréable à mes lecteurs, désir insatiable qui, par un privilège bien précieux et bien rare, se réveille plus vif et plus ardent à mesure qu'il est satisfait (15 décembre 1812).

CHAPITRE XV

De l'époque de ses débuts, Talma, quoique mêlant les défauts aux qualités et les erreurs aux doctrines, avait marché de succès en succès : ceux qu'il avait conquis dans *Charles IX* étaient devenus des triomphes. La Gloire et l'envie sont nées du même œuf : tandis que l'une, comme un aiglon, s'élance aux plaines azurées, l'autre, rampant sur notre fange sublunaire, se complaît à salir de sa bave impure, les palmes qui parfois la décorent. Celles du comédien novateur l'importunaient : les sifflements du reptile avaient été répétés par toutes les médiocrités de l'époque.

A la réaction de thermidor, ses ennemis renouvelèrent contre lui d'odieuses attaques. Le 13 pluviôse an 2 (1ᵉʳ février 1794), l'affiche du Théâtre-Français annonçait *Epicharis et Néron* (1). Lorsque Talma, que les acclamations du parterre accompagnaient ordinairement dans le rôle de Néron, se présente sur la scène, des murmures se font entendre et quelques voix l'accusent de jacobinisme. Talma ne répond que peu de mots ; mais ces mots, prononcés avec l'accent

(1) *Mémoires historiques* de M. Moreau.

de l'indignation, ferment la bouche aux calomniateurs : « Citoyens, j'ai toujours aimé, j'aime encore la
liberté ; mais j'ai toujours détesté le crime et les as-
sassins. Le règne de la terreur m'a coûté bien des
larmes : *tous mes amis sont morts sur l'échafaud.* »

Talma aurait pu ajouter que, dénoncé lui-même par
l'*Ami du Peuple*, il avait acquis de nobles titres à sa
haine, en donnant asile à des proscrits (1), en expo-
sant sa tête pour sauver celle d'un émigré dont il
était loin de partager les opinions politiques. Personne n'ignorait qu'ami des députés de la Gironde, et
voyant presque tous les jours Condorcet et Clavière,
Talma était haï, redouté des Jacobins ; et que Marat,
à leur sanglante tribune, avait signalé comme un
crime la fête donnée par le tragédien à Dumouriez, au

(1) « Les contre-révolutionnaires, dit M. Arnault, n'avaient
pas été moins malveillants pour Talma que les ultra-révolu-
tionnaires. Après la journée de vendémiaire qui renversa les espérances des amis de la liberté, un d'eux chercha chez cet ami
de la liberté un abri contre le sort qui, dans les révolutions,
menace toujours les vaincus. Cependant, par suite d'une conspiration tramée en prairial, dans un but tout contraire, mais par
une faveur toute semblable, se cachait, chez Talma un autre ennemi du système de modération auquel les bons esprits commençaient à se rallier. Ces hommes habitèrent quelque temps, à
l'insu l'un de l'autre, sous le même toit, sous le toit de l'homme
dont l'un et l'autre avaient également voulu la perte : ils étaient
admis alternativement à sa table. Un jour même je les vis s'y
asseoir ensemble à côté de Talma qui s'y trouvait à côté de ses
deux ennemis, avec lesquels leur infortune l'avait réconcilié,
mais qu'elle ne réconcilia pas entre eux. Ces deux hommes auxquels il pardonnait, loin de suivre ce généreux exemple, commencèrent la guerre dans l'asile ouvert à leur commun danger ;
et Talma fut obligé de les sauver l'un de l'autre, tout en les
sauvant de la vengeance d'un gouvernement qui les poursuivait
tous les deux. »

mois d'octobre, peu de jours avant le départ de ce général pour la Belgique (1).

Mais ses succès toujours croissants avaient trop profondément blessé l'envie pour qu'elle abandonnât ses honteuses manœuvres : elle répétait à voix basse que Talma avait été un des pérsécuteurs des comédiens français à l'époque où ceux-ci furent jetés dans les prisons du Luxembourg, Larive et mademoiselle Contat prirent sa défense et détruisirent un bruit absurde dont la honte rejaillit sur ses auteurs (2).

(1) Cette fête, qui fut troublée par l'arrivée de Marat, eut lieu dans une maison de la rue Chantereine qui appartenait à Talma et qu'il vendit à Bonaparte après la campagne d'Italie. C'est dans cette maison que se préparèrent les événements du 18 brumaire. Le jour de la fête offerte à Dumouriez, on avait construit dans le jardin un pavillon faisant suite aux appartements du rez-de-chaussée. Ce fut là que Marat, qui sortait de la séance des Jacobins, eut avec le général une conférence très vive, à la juger par l'agitation et les gestes animés des interlocuteurs qu'on pouvait voir sans les entendre. Le fameux Saint-Georges, qui accompagnait Dumouriez, voulait absolument se jeter sur celui que Danton appelait son *bouledogue*, et dont la visite inattendue avait excité l'indignation de toute l'assemblée. Dugazon qui, par ses bouffonneries, faisait toujours diversion aux choses sérieuses, prit un réchaud après le départ de Marat et y brûla des parfums pour purifier l'air. A la fin du souper, il improvisa une scène dans laquelle il imitait de la manière la plus comique le baragoin d'un soldat autrichien qu'un sergent français a fait prisonnier. Chénier, Champfort, Méhul, Millin, Langlès, Riouffe, David, Ducis, presque tous les députés de la Gironde et plusieurs hommes de lettres assistèrent à cette fête dont on fit un crime à Talma. On criait le lendemain dans Paris, avec la feuille de l'*Ami du Peuple* : « Détails de la fête donnée au traître Dumouriez par les « aristo- « crates, *chez l'acteur Talma*, avec les noms des conspira- « teurs qui s'étaient proposé d'assassiner l'Ami du Peuple ! »

(2) Voici la lettre que mademoiselle Contat fit insérer dans les journaux le 3 germinal an 3 (23 mars 1795) :

« Ce fut à l'époque même de notre persécution que je reçus de

C'est vers la fin de 1790 que Talma vit pour la première fois l'homme extraordinaire que son génie devait appeler bientôt à de si hautes destinées. Bonaparte alors était simple sous-lieutenant. Parti bientôt pour la Corse avec le général Paoli, ce ne fut qu'à son retour en France que s'établit entre lui et Talma une liaison intime dont notre grand tragédien, dit M. Moreau, racontait les particularités avec un charme inexprimable. Cette intimité, ajoute ce spirituel écrivain, le nouveau César ne l'oublia pas, même quand il fut devenu l'arbitre des rois de la terre.

Il avait revu Talma avant son départ pour l'Egypte, dit un biographe bien instruit des particularités de cette époque, et il l'avait traité avec plus de distinction que jamais. A son retour, il suivit ses représentations avec une complaisante assiduité ; il l'appela chez lui et eut avec celui qu'il compara à Æsopus, et qu'il sur-

« Talma, que je ne voyais plus depuis longtemps, des marques
« d'un véritable intérêt. Je les jugeai si peu équivoques qu'elles
« firent disparaître les derniers nuages de nos anciennes divi-
« sions et nous rapprochèrent. Je m'empresse de rendre cet
« hommage à la vérité. Puisse-t-il détruire une inculpation que
« je ne savais pas même exister ! Je ne concevrai jamais qu'un
« artiste spécule froidement sur la ruine des autres ; et Talma
« n'était pas alors plus disposé à profiter de nos dépouilles que
« nous le serions aujourd'hui à profiter des siennes : je dis
« nous, sans avoir consulté mes camarades ; mais je le dis avec
« la certitude de ne pas être désavouée.

« L. Contat. »

Larive écrivit en ces termes :

« L'article inséré dans le *Républicain français* du 4 de ce mois
« m'a fourni l'occasion de rendre hommage à la vérité et justice
« à un de mes anciens camarades. Loin d'avoir contribué à
« l'arrestation des comédiens français, Talma a été volontaire-
« ment au devant du coup qu'on voulait me porter : c'est à ses

nommait déjà Roscius, de fréquents et savants entretiens. De l'admiration pour son talent à l'intimité, la
transition fut douce et prompte. Bientôt, entre ces
deux hommes destinés par la nature sur des théâtres
dont la plus grande différence, aux yeux du philosophe, est dans leur dimension, s'établit une sympathie
dont le résultat fut, jusqu'aux derniers instants du règne de Napoléon, une sorte de réaction continuelle du
personnage idéal sur le personnage réel, et de celui-
ci sur l'autre. Ainsi, quoiqu'il ne soit point exact de
dire que Napoléon ait pris des leçons de Talma, il est
certain que, par l'habitude de voir et d'entendre ce
grand acteur, il avait adopté plusieurs de ses manières, de ses attitudes, et même des inflexions de sa
voix ; de même, il est souvent arrivé à Talma d'étudier profondément l'*acteur couronné*, et d'appliquer
le résultat de ses observations à ceux de ses rôles qui
étaient analogues à son modèle et dans lesquels il

« soins et à son activité que je dois l'avis salutaire qui m'a
« soustrait aux poursuites des quatre aides de camp de Henriot,
« lorsqu'ils vinrent à la campagne me mettre hors la loi et don-
« ner l'ordre de tirer sur moi. — J'ose espérer que le public,
« juste et impartial, ne retirera jamais son estime à ceux qui
« sont dignes de sentir qu'il n'est point de bonheur pour l'homme
« de bien sans l'amour de ses semblables.

« MAUDUIT-LARIVE. »

L'histoire, dont Talma composa quelques pages doit recueillir
encore, pour sa justification, la lettre suivante que M. Trouvé fit
insérer au *Moniteur* du 27 mars 1795 :

« J'ai connu Talma il y a quinze mois, à l'époque où com-
« mencèrent les désastres intérieurs de la république ; et je dois
« à l'amitié, à l'amour des arts et à la vérité, de déclarer qu'il
« ne peut avoir de persécuteurs et d'ennemis que parmi les roya-
« listes et les partisans du 31 mai. »

14

avouait que la pensée de Napoléon, que son image lui étaient toujours présentes (1).

A l'époque où le premier consul fut proclamé empereur, Talma avait cru devoir mettre, de lui-même, un terme à l'ancienne familiarité qui, jusque-là, avait régné entre eux : il cessa donc de paraître au palais ; mais Napoléon ne tarda point à s'apercevoir de son absence, et lui fit dire qu'il aurait désormais, tous les jours, ses entrées au palais, à l'heure du déjeuner. C'était pendant ce repas, et à sa suite, que s'établissaient entre eux ces conversations qui duraient quelquefois des heures entières, et auxquelles Napoléon attachait le plus vif intérêt. L'une d'elles eut lieu à Saint-Cloud, le matin même du jour où toutes les autorités vinrent complimenter le premier consul sur son élévation à l'empire. Il parlait alors, depuis une heure, avec Talma, sur l'art de la tragédie. A tout instant on venait lui annoncer l'arrivée de nouvelles députations ; et comme Talma, craignant d'être importun, témoignait le désir de se retirer : « Non, non, dit Napoléon, restez ; » puis, s'adressant au chancelier de service : « c'est bien ; qu'elles attendent dans la salle du trône ; continuons ; » et il poursuivit une

(1) Ceux qui ont vu *Sylla* applaudiront à la justesse de cette remarque. Par une singularité mémorable, la figure de l'acteur, modelée pourtant sur une médaille antique à l'effigie du dictateur, reproduisait d'une manière frappante celle de l'empereur, non seulement dans la coupe des profils, mais dans l'expression physiognomonique de la face. Cette ressemblance, je dirais presque cette identité, fit un tel scandale que la police pensa à défendre la pièce qu'après tout, cependant, elle se décida à tolérer, dans l'honnête espérance que le public, fasciné par une analogie matérielle, confondrait le moral de deux hommes si différemment fameux.

conversation qui pourra sembler froide et futile, quant à la circonstance comme s'il se fût agi, pour lui, du moindre des intérêts. Ce jour-là même, Napoléon discuta, avec la supériorité ordinaire de son jugement, le jeu de Talma dans le rôle de Néron, et n'en parut pas entièrement satisfait : « Je voudrais, lui disait-il, reconnaître davantage, dans votre jeu, le combat d'une mauvaise nature avec une bonne éducation. Je désirerais aussi que vous fissiez moins de gestes : ces natures-là ne se répandent pas au dehors ; elles sont plus concentrées. D'ailleurs je ne puis trop louer les formes simples et naturelles auxquelles vous avez ramené la tragédie : en effet, lorsque les personnes constituées en dignité, soit qu'elles doivent leur élévation à la naissance ou aux talents, sont agitées par des passions ou livrées à des pensées graves, elles parlent sans doute de plus haut, mais leur langage ne doit être ni moins vrai, ni moins naturel. » Et au même instant, toujours préoccupé de l'idée qui, dans les moindres actes, dominait toute sa vie, il s'interrompit lui-même pour dire : « Par exemple, en ce moment nous parlons comme on parle dans la conversation : eh bien ! nous faisons de l'histoire. » Remarquons, en passant, qu'il n'appartient pas à beaucoup d'hommes de parler ainsi.

Toutes ces remarques de Napoléon, a observé un critique, quoique décélant une pensée et des aperçus aussi ingénieux que profonds, ne nous paraissent pas néanmoins également justes : quand Néron, qui n'était pas moins impétueux que cruel, se livre à sa fureur, il est évident que son caractère, et par conséquent le jeu de l'acteur, ne doit pas être concentré. L'âme de ce monstre naissant, passant violemment d'un état à un autre, doit offrir le spectacle des résolutions et des sentiments les plus opposés, parce que le propre des passions est de se contredire. Au reste, c'est ce qu'avait parfaitemeut senti Talma, et ce que comprendront ceux qui viendront après lui. Ce comédien penseur qui, par son admirable jeu dans ce rôle épineux, auquel, depuis trente ans, il donnait chaque jour des perfectionnements nouveaux, justifiait entièrement notre remarque. Tacite et Racine n'ont rien imaginé de plus profond et de plus tragique; et dans la manière unique dont il a constamment conçu et exprimé les intentions de l'historien et du poète, on ose dire que le grand acteur marchait leur égal.

Un événement politique de la plus haute importance a dû sa naissance à l'une des conversations dont nous parlons ici : c'est la mesure qui a rendu aux Juifs leur état civil en France. La tragédie d'*Esther* avait été représentée à la cour dans les premiers jours de juillet 1806; et le lendemain, Talma s'était rendu, comme de coutume, au déjeuner de l'empereur, auquel assistait M. de Champagny, alors ministre de l'intérieur. La conversation s'établit sur la représentation de la veille : « C'était un pauvre roi que cet Assuérus », dit l'empereur à Talma; puis se tournant vers le ministre : « Qu'est-ce que c'est que ces Juifs? quelle est leur existence? faites-moi un rapport sur eux? » Le rapport fut fait; et ce fut quinze jours après cette conversation que fut convoquée, le 26 juillet 1806, la première assemblée des notables d'entre les Juifs, dont le but était de fixer le sort de cette nation, et lui donner en France une existence légale.

Ce fut à la suite d'une représentation de *la Mort de Pompée*, où Talma jouait le rôle de *César*, que Napoléon lui adressa, sur la manière dont il entendait ce rôle, des réflexions critiques d'une justesse admirable, et dont Talma tira bientôt un grand parti. « En débitant, disait l'empereur, cette longue tirade contre les rois, dans laquelle se trouve ce vers :

Pour moi qui tiens le trône égal à l'infamie,

César ne pense pas un mot de ce qu'il dit; il ne parle ainsi que parce qu'il a derrière lui ses Romains, auxquels il est de son intérêt de persuader qu'il a le trône en horreur; mais il est loin d'être convaincu que ce trône, qui est l'objet de tous ses vœux, soit une chose méprisable. Il importe donc de ne pas le faire parler en homme convaincu; et c'est ce qui doit être soigneusement indiqué par l'acteur. Ajoutons, c'est ce qui est prodigieusement difficile, car il faut que les Romains de la suite de César se méprennent sur ses sentiments et sur ses intentions, et il ne faut pas que les spectateurs se méprennent sur ses paroles. » Toutefois, ces aperçus, aussi neufs que profonds, furent parfaitement saisis par Talma, qui en fit une étude toute particulière; et à la prochaine représentation du même ouvrage, qui eut lieu à Fontainebleau, il entra avec une si étonnante vérité dans les intentions de Napoléon, que ce prince, jaloux de tous les genres de supériorité et de triomphe, et qui sentait son amour-propre vivement flatté d'avoir fourni des inspirations à Talma, manifesta son enthousiasme, et déclara que, « pour la première fois, il avait vu César ».

14.

Lorsqu'en septembre 1808, les empereurs de France et de Russie durent se réunir à Erfurt, Talma avait exprimé à Napoléon le plus vif désir de faire ce voyage à sa suite, et d'y jouer devant lui ; ce prince y consentit avec empressement, en disant à Talma : « Vous aurez là un beau parterre de rois. Aussitôt fut donné l'ordre de faire partir tous les premiers sujets de la tragédie. Arrivé à Erfurt, Talma y fut, de la part de l'empereur, l'objet de la bienveillance la plus recherchée. Il était admis à toutes les heures, et fixait ainsi sur lui les regards des courtisans français et étrangers. Napoléon et Alexandre ayant été visiter le champ de bataille d'Iéna, où une grande fête militaire était préparée, les acteurs français eurent ordre de se rendre à Weymar, plus rapproché qu'Erfurt du champ de bataille. L'étrange choix, fait par Napoléon, de la pièce qui devait être représentée le même soir, causa aux rois un vif sentiment de surprise et d'embarras : c'était *la Mort de César*, dont presque chaque vers était dans la circonstance présente, une application directe à la situation de Napoléon, et à celle des rois et des princes confédérés dont il était le protecteur. Il paraît que cette bizarrerie amusa beaucoup l'empereur des Français, qui, voyant en lui César au milieu des conjurés, semblait défier la haine des rois, et considérait attentivement les traits, et jusqu'aux moindres mouvements de ces maîtres du monde asservis à son pouvoir, et qui n'attendaient qu'un instant favorable pour s'en affranchir. La contrainte qu'éprouvaient ces spectateurs était telle, qu'aucun d'eux, dans la crainte de paraître faire une application, n'osait jeter les yeux sur son voisin. Déconcerté par l'embarras visible de de ces augustes témoins, Talma, disent les mémoires du temps, resta au-dessous de lui-même.

On n'a pas oublié ce que tous les journaux de l'Europe nous apprirent alors, que ce fut à Erfurt, dans une représentation d'*Œdipe*, qu'à ce vers prononcé par *Philoctète* :

L'amitié d'un grand homme est un bienfait des Dieux,

L'empreur de Russie, assis à la droite de l'empereur Napoléon, se baissa vers ce prince, et lui dit, avec cette grâce qui lui était naturelle : « Voilà un vers qui a été fait pour moi. »

A la première restauration, Talma fut bien accueilli par le roi, digne en effet, par ses connaissances littéraires, d'apprécier le mérite de ce grand tragédien. Mais au retour de Napoléon, Talma s'étant présenté devant lui, ce prince, qui avait lu les libelles dirigés contre le vaincu, lui dit : « Eh bien ! on dit donc que j'ai pris de vos leçons ? Au reste, ajouta-t-il, si Talma a été mon maître, c'est une preuve que j'ai bien rempli mon rôle. » Puis changeant de conversation : « Eh bien ? vous devez avoir été flatté de son suffrage. C'est un homme d'esprit qui doit s'y connaître : il a vu Lekain. »

CHAPITRE XVI

Nous empruntons à M. Moreau le récit des derniers moments de notre grand acteur. Témoin assidu, narrateur fidèle, écrivain élégant, cet homme de lettres joint à ces qualités, celles d'ami sincère et d'admirateur éclairé. Grâces à lui et à M. Tissot, nous aurons transmis à nos lecteurs l'idée juste qui doit leur rester d'un caractère remarquable et d'un talent du premier ordre. Ce dernier chapitre les leur présente à leur terme, mais peut-être pas à leur comble : ce génie tragique ne nous montrait pas encore son déclin. C'est ainsi que règne l'astre qui dispense la lumière : ce que, sous notre horizon borné, nous nommons son coucher, n'est que l'aurore pour les latitudes qui s'éveillent à sa clarté.

« Depuis longtemps Talma paraissait arrivé à l'apogée de sa gloire. Les amis de l'art dramatique se bornaient à faire des vœux pour qu'un talent si parfait ne ressentît point les fâcheuses atteintes de l'âge, et ce talent, dont on semblait prévoir déjà le déclin, n'avait pas acquis toute sa force. Il devait nous étonner encore par les plus admirables créances.

» Après avoir opéré tant d'heureuses réformes dans

l'art de la représentation théâtrale, Talma commençait à porter jusque dans la composition littéraire l'influence de sa raison et de son goût. Il engageait les auteurs à réduire aux proportions naturelles la stature gigantesque des héros tragiques, à les humaniser, si l'on peut parler ainsi. On ne saurait nier que Voltaire, tout occupé d'exposer sous la forme de l'action dramatique des vérités abstraites, n'eût quelquefois négligé l'expression de la nature simple, la fidèle peinture des mœurs ; et, comme il arrive toujours, ses disciples avaient outré les défauts du maître. Une sorte de pédantisme s'était emparé de la scène, et en avait banni toute naïveté. Ce n'était plus l'étiquette du théâtre du dix-septième siècle ; les héros ne soupiraient plus, mais ils plaidaient, haranguaient, dogmatisaient. La passion même ne parlait plus qu'un langage apprêté ; l'ennui gagnait les spectateurs, et les auteurs ne cherchaient à le vaincre qu'à force d'exagération et par l'abus des effets de théâtre. La critique réclamait contre les vices de ce système ; les étrangers nous le reprochaient amèrement. Mais comment sortir d'une habitude protégée même par un public qui, tout en voulant du nouveau, répugne aux innovations ? Aucun auteur n'aurait osé le tenter sans le secours de Talma.

» Il se chargea du rôle de Leycester, dans *Marie Stuart*, et il triompha du préjugé qui ne permettait pas à un personnage tragique de céder à de honteuses faiblesses, et même d'exprimer des sentiments vulgaires. Voltaire avait si souvent dit dans ses *Commentaires sur Corneille*, qu'il fallait de la magnanimité jusque dans le crime ; il s'était tant raillé du débonnaire Prusias et du poltron Félix ! comment faire supporter ce faible favori d'Elisabeth, ce froid amant de Marie, qui ne sait trahir avec courage ni la reine puissante, ni la reine captive ? Ce caractère était conforme à la nature, mais non pas aux *convenances dramatiques*. A la première représentation, lorsqu'on entendit Leycester ordonner aux gardes d'arrêter Mortimer, un murmure s'éleva dans la salle, et l'auteur allait être puni de la lâcheté du personnage. Talma soutint seul la tragédie chancelante ; il y eut dans son attitude et dans le son de sa voix je ne sais quelle autorité qui commanda le silence et l'attention. Jamais un acteur n'avait exercé un tel empire sur le public. On sait quel succès obtint, aux représentations suivantes, ce drame touchant qui avait été si près d'une chute. On compris alors que la tragédie pouvait peindre aussi la nature, même dans ses travers et dans ses dépravations. Mais avec quel art profond Talma donnait de la grâce aux bassesses de Leycester, de l'intérêt à ses lâches aveux ! comme il savait nous attendrir sur ses humiliantes infortunes, sur ses remords honteux !

» L'épreuve que fit Talma sur le rôle de *Sylla*, dans la belle tragédie de M. de Jouy, était peut-être moins périlleuse ; mais elle n'en fut pas moins importante pour l'art de la composition dramatique. Les dimensions de la scène furent agrandies. Jusque-là les auteurs avaient à peine profité de l'espace que leur avait livré M. de Lauraguais, en bannissant les spectateurs de la scène. Nous en étions encore aux expositions en confidence, aux songes en récits, aux dénouements à tirades. Nous vîmes Sylla dans son cabinet, au milieu de ses familiers ; nous assistâmes au supplice de son douloureux sommeil ; enfin, nous le suivîmes au Forum, et nous fûmes spectateurs de son abdication.

» Rien, sans doute, n'est préférable aux beaux vers de Racine ; mais que d'effet n'eussent pas produit en action le songe d'Athalie et la mort de Britannicus !

» Austère, vraiment Romain dans *Régulus*, que d'énergie il déployait dans *Oreste* de la tragédie de M. Soumet !

» Le souvenir des succès qu'il avait obtenus dans *Pinto* et dans *Plaute* le déterminèrent à accepter le rôle de Danville, dans l'*Ecole des Vieillards*. Mais Plaute et Pinto ne portaient point de frac, et il fut facile de reconnaître, aux premières représentations de la comédie de M. Casimir Delavigne, que ce vêtement sous lequel, depuis près de trente ans, Talma ne paraissait plus sur le théâtre, lui imposait une espèce de gêne. Sa profonde intelligence, la chaleur de son jeu dans la scène du duel, firent excuser aisément le peu d'aisance de ses manières, et bientôt elles ne laissèrent presque plus rien à désirer.

» Quel autre acteur eût osé, dans la *Jane Shore* de M. Lemercier, nous montrer Richard III, bossu, paralytique, et le mendiant qui partage son pain avec la victime de Glocester ? Ce double personnage, que Garrick représentait avec la hideuse vérité que n'admet point la scène française, était aussi vrai, sans être repoussant, sous les traits de notre grand tragédien.

» Après avoir trouvé des accents nouveaux pour exprimer la noble infortune de *Bélisaire* et le sublime dévouement de *Léonidas*, il ne lui restait plus qu'à nous charmer par le spectacle de la nature morale réduite au dernier excès de la dégradation. La création du rôle de l'infortuné *Charles VI* fut le plus étonnant effort de l'art du comédien ; cet effort fut aussi le dernier. Talma portait déjà en lui le principe de sa mort prochaine, quand son génie semblait encore croître et se fortifier. Je me souviens de la dernière représentation de Charles VI. La scène pathétique du dénouement me causa une emotion pénible. Ce vieux roi, épuisé par les souffrances et le malheur, qui recouvrait un instant sa raison avant de perdre la vie ; cette voix qui jetait un éclat si terrible et s'éteignait ; cet œil enflammé qui se fermait tout à coup ; cette main royale qui ressaisissait le sceptre et tombait ; cette scène si belle et si courte m'attrista profondément, non pas sur le personnage, mais sur l'acteur. Je songeai à son âge, au mal dont il éprouvait déjà de violentes atteintes. Je crus assister au dernier combat d'un vigoureux athlète. Peu de temps après, je revis Talma, mais non pas au théâtre : il n'y reparut plus.

» Talma n'a pas précisément fait d'élèves, mais il donnait volontiers des conseils quand on lui en demandait. Plus souvent encore, il a détourné de la carrière du théâtre, qui est si triste quand elle n'est pas glorieuse, des jeunes gens sans vocation. Un séminariste de Saint-Supplice l'a consulté longtemps sur les inflexions de la voix, sur l'éloquence du geste ; et, s'il brille quelque jour dans la chaire de vérité, peut-être devra-t-il ses triomphes pieux aux utiles leçons d'un maître qui était repoussé par l'Église (1).

----

(1) Il se présenta l'année dernière chez Talma pendant que celui-ci lisait à MM. Picard, Coupigny et Lebrun, sa notice sur Lekain, avant de la livrer à l'impression. La lecture était à peine commencée, et le séminariste augmenta le nombre des auditeurs.

» Notre grand tragédien n'excitait pas des transports moins vifs à Lyon, à Marseille, à Bordeaux, à Rouen, etc., qu'à Paris. On enraya un jour sa voiture à Béziers, pour le contraindre à donner deux représentations dans cette ville. On l'avait applaudi à Londres, on l'accueillit avec enthousiasme en Belgique. En 1822, le roi des Pays-Bas lui accorda l'usufruit d'une rente de 10,000 francs, à la seule condition que, pendant six années, il irait, à l'époque du congé que lui accordait la Comédie-Française, jouer les principaux rôles de son répertoire sur le théâtre royal de Bruxelles. Il n'a pu remplir que la moitié de son engagement.

» Sa maladie fit des progrès rapides. Le repos et le secours de la médecine allégèrent pourtant ses souffrances, et l'on crut un moment que s'il était perdu pour la foule de ses admirateurs, il ne le serait pas du moins pour ses amis. Vain espoir ! Il voulut revoir Brunoy : il avait encore toute sa force morale, mais ses forces physiques étaient épuisées. Sa voix était toujours pleine, sonore, ses traits faiblement altérés ; mais la maigreur de son corps n'annonçait que trop sa fin prochaine. L'espérance, la veille même de sa mort, ne l'avait pas encore abandonné : elle ne quitte point le lit du mourant. Son esprit était aussi sain, son âme aussi calme que dans le meilleur état de santé. « Il me semble, répétait-il assez souvent, que les médecins sont découragés. »

« Pendant le court séjour qu'il fit à Enghien, bien peu de temps avant sa mort, M. Firmin alla le voir. Talma ne l'entretint que des réflexions nouvelles que lui avait inspirées sa passion pour le théâtre, au milieu même des plus cruelles souffrances. « Ah ! mon ami,

« lui dit-il, que nous sommes encore loin de la vé-
« rité ! » — « Eh bien ! vous allez jouer *le Tasse ?* »
(C'est un rôle que Talma devait remplir avant sa maladie.) « Il y a une belle scène au cinquième acte ; celle
« où, dans l'espoir de rendre la raison au malheureux
« Torquato, on lui parle des honneurs qui l'attendent,
« de la couronne qui va ceindre son front. Au mot de
« couronne, il semble se ranimer. *Une couronne à*
« *moi !... Alphonse ne me refusera donc plus sa*
« *sœur !...* On la lui présente, et dit en la regardant
« avec douleur : *Elle n'est pas d'or ! ce n'est que du*
« *laurier. Ah ! le frère n'y consentira pas...* — « Te-
« nez, poursuivit Talma, voici comment j'aurais rendu
« son stupide abattement » :

« Il se soulève alors avec peine et prend, sur son lit
de douleur, une attitude si vraie, sa figure exprime si
bien le dernier degré de la folie, qu'il semblait que
la grande ombre du Tasse fût sortie de son tombeau.

« Le zèle apostolique de M. l'archevêque de Paris
le conduisit, comme on sait, dans sa maison de la
rue de la Tour-des-Dames. Il s'y présenta quatre ou
cinq jours avant celui que Talma ne devait pas voir
finir.

« M. Amédée Talma, docteur en médecine et neveu
de l'acteur, témoigna toute sa reconnaissance à M. de
Quélen pour le soin qu'il voulait bien prendre ; mais
Sa Grandeur ne fut pas admise au chevet du malade.
On redoutait l'émotion que pouvait lui causer une visite aussi inattendue. Toutes les personnes qui ont
connu Talma savent combien il s'irritait à la seule
pensée de l'espèce de flétrissure dont les conciles ont
frappé, en France seulement, la profession dans la-

quelle il s'est illustré. Banni du sein de l'église pendant sa vie, il avait formellement déclaré qu'il ne voulait point qu'on l'y présentât après sa mort. Aussi, les nouvelles visites, les nouvelles instances de M. l'archevêque n'eurent-elles pas le résultat qu'il en attendait. Talma ayant appris de la bouche de son neveu les démarches de Monseigneur de Paris, qu'il avait eu l'honneur de rencontrer autrefois chez M. le duc Decazes, répondit : « Ce bon archevêque, je suis bien « fâché de ne pouvoir pas le recevoir. Dès que je me « porterai mieux, ma première visite sera pour lui. »

« Talma, dans sa trompeuse convalescence, avait pu jouir de tous les témoignages d'intérêt qui lui furent prodigués, et qui étaient si bien dus à son beau talent et à son honorable caractère. Pendant la dernière période de la maladie, ses deux neveux étaient auprès de lui. Une de ses sœurs, qui habite ordinairement l'Angleterre, arriva à Paris dans la soirée du 18 octobre 1826. Le malade souffrait peu : il s'éteignait. Le lendemain, à six heures du matin, sa vue, qui avait toujours été faible, s'obscurcit presque entièrement. On comprit à ses gestes qu'il voulait qu'on plaçât une petite pendule sur sa table de nuit. Il n'entendait plus sonner sa montre.

« A neuf heures, MM. Jouy et Arnault lui dirent un dernier adieu. Il les reconnut, et d'une voix encore assez forte, il prononça ces mots : « VOLTAIRE!... COMME VOLTAIRE!... » On lui amena ses deux jeunes fils ; il leur donna sa main défaillante, essaya d'étendre les bras et d'articuler le mot : *Adieu*. A onze heures trente-cinq minutes, il avait cessé de vivre.

« Les arts pleureront longtemps sa perte ; ils ont

entouré son cercueil, ils perpétueront sa mémoire. Un monument dira aux générations qui doivent nous succéder que la France du dix-neuvième siècle sut honorer tous les talents, tous les genres de gloire.

« La postérité ne s'étonnera pas des honneurs publics décernés à un homme qui s'était illustré par l'exercice d'un art voué jadis parmi nous à d'inconcevables mépris : honneurs inouïs sans doute, et dignes d'être enviés par des héros et de grands citoyens. Mais une nation éclairée et généreuse rémunère avec une égale libéralité les vertus civiques et les nobles talents. L'exemple de l'Angleterre, si prodigue d'hommages envers Garrick, justifierait, s'il en était besoin, l'éclat donné par la France aux funérailles de Talma.

« Et d'ailleurs que de souvenirs unis à la renommée du grand tragédien! que d'émotions sa mort a renouvelées dans les cœurs! Chaque jour nous voyons disparaître quelqu'un de ces hommes formés à l'école de la révolution, dont l'âme et le génie avaient grandi au milieu des plus terribles épreuves, et dont la présence était, pour la génération nouvelle, un sujet d'étonnement et d'admiration.

« La mort a frappé ce monarque sorti des rangs populaires, qui disposa de la destinée des rois et des peuples, et après lui une foule de guerriers, de princes, de tribuns, de législateurs, d'écrivains, qui jouèrent tant de rôles divers sur la scène du monde. Le plus illustre de nos peintres a terminé dans l'exil le cours de ses immortels travaux et de sa destinée orageuse. Une de ces renommées extraordinaires élevées au bruit des tempêtes politiques restait à peu près la dernière.

Talma était aussi un disciple de la révolution. Il avait *vu faire de l'histoire;* il avait *vu des tragédies vivantes.* La révolution tout entière vivait encore sur la scène, enrichie par lui de tant de traditions dramatiques. Tout ce qu'elle avait produit qui pût être approprié à l'art du théâtre a cessé d'être avec l'acteur. Les faits de l'histoire contemporaine se conservent par des écrits, par des monuments. Nos descendants pourront admirer comme nous les œuvres de nos législateurs, de nos artistes, de nos poètes, de nos orateurs. Nous ne conserverons de Talma qu'un vague souvenir : que du moins des hommages durables consacrent la mémoire de son nom! »

Journal des derniers jours de TALMA, *tenu par* M. *le docteur* Amédée Talma, *médecin-dentiste, à Bruxelles.*

« Ayant été instruit de l'état alarmant où se trouvait mon oncle, et du désir qu'il avait de me voir, je me rendis de suite à Paris, où j'arrivai le 9 octobre. Après qu'on l'eut préparé à ma visite, je m'approchai de son lit : il me tendit la main et m'attira à lui pour m'embrasser ; ses yeux se remplirent de larmes. Quelques temps après il s'informa avec intérêt de mes affaires ; mais il était obligé de suspendre à chaque instant la conversation, la moindre émotion ou les moindres mouvements occasionnant des vomissements. Il me dit : « *Tu ne dois pas rester longtemps à Paris, tes affaires de Bruxelles en souffriraient ; vois ces Messieurs* (les médecins), *qui desirent avoir tes avis et des renseignements antérieurs sur cette maladie.* » Une nouvelle consultation eut lieu le 12 octobre. Des onze médecins qui la composaient, un très-petit nombre conservait encore de l'espoir. Cependant les nouveaux moyens proposés calmèrent les vomissements qui finirent par cesser vers les derniers jours. Mon oncle dit à ces Messieurs qui tâchaient de lui donner de l'espoir : « *Je ferai tout ce que vous voudrez ; je m'en rapporte à vous ; me voilà ; du reste, j'ai pris mon parti ; je doute que vous puissiez jamais me sortir de là ; mes yeux me chagrinent, j'ai peur de perdre la vue.* » Je crus devoir le prévenir de mon prochain départ. Il me dit, avec un accent de tendresse : « *Déjà ? au fait, tu as raison… il le faut… tes affaires… Quand pars-tu ?* — Demain ou après. » Un de ses neveux (Charles Jannin) arriva de Bruxelles le 16 ; il fallut tous les ménagements possibles pour préparer mon oncle à cette visite, tant on craignait les émotions chez un homme d'une susceptibilité nerveuse si extraordinaire. Je lui dis, après lui avoir parlé de l'arrivée de Charles, que j'allais répondre à ma femme. « *Tu diras à Clémentine qu'elle soit tranquille, que nous avons bien soin de toi, que je l'embrasse parce que je l'aime.* » Peu de temps après, les médecins arrivèrent ; j'étais absent ; lorsque je rentrai, MM. Dupuytren, Biett, et Bégin étaient près de la cheminée du malade où ils causaient à voix basse ; j'entendis, en approchant, que mon oncle demandait à ces Messieurs ce qu'ils disaient. M. Dupuytren, sans répondre, s'avance vers moi et me dit à voix basse qu'il demandait à ces Messieurs si mon oncle était instruit des visites de l'archevêque. Comme mon oncle était mieux ce jour-là, je crus l'instant favorable ; je pris la parole, et dis avec intention au malade : « M. Dupuytren disait à ces Messieurs que M. l'archevêque lui demandait tous les jours de tes nouvelles. « — *Qui ?* répondit-il, *M. l'archevêque de Paris ? Ah ! que je suis touché de son souvenir ; je l'ai connu autrefois chez la princesse de Wagram ; c'est un bien digne homme.* » A quoi je répondis : « Mais il est venu plusieurs fois pour te voir ; je lui ai parlé deux fois et lui ai même promis que tu le recevrais aussitôt que tu serais mieux. » « — *Oh ! non, j'irai le voir, ma première visite sera pour lui ; combien je suis touché des visites de ce bon archevêque ! Dans le temps, il a déjà eu la bonté de m'envoyer un ecclésiastique, pour me prévenir qu'il n'était pour rien dans l'affront fait à mes enfants, lors de la distribution des prix (1), et que tout le blâme devait retomber sur le maître de pension.* »

» M. Dupuytren assura de nouveau que l'archevêque était un homme très tolérant ; qu'il s'était fort bien conduit lors de la loi du sacrilège ; qu'enfin il ne pouvait mieux le comparer qu'à Fénélon, sans toutefois lui en accorder tout l'esprit. Ces Messieurs sortirent ; M. Dupuytren me dit : Je vais au château ; si j'y rencontre l'archevêque, que lui dirai-je ? — Mais tout ce qui vient de se passer chez mon oncle ; que j'ai tenu ma parole ; que je l'ai instruit des visites de M. l'archevêque, et que, s'il le demande, j'aurai l'hon-

---

(1) L'archevêque de Paris s'étant rendu à la pension de M. Morin, pour faire la distribution des prix, les jeunes fils de Talma ne furent point appelés devant le prélat, et ne reçurent qu'après son départ, et en secret, les prix qu'ils avaient mérités. C'est cette circonstance qui détermina Talma à faire élever ses enfants dans la religion réformée.

neur de le faire prévenir à l'instant. » M. Dupuytren ne trouva pas le prélat; il lui écrivit que Talma était instruit de ses visites ; qu'il pouvait se présenter ; qu'il serait reçu. M. l'archevêque vint effectivement le soir, mais il fut reçu par moi, *comme de coutume*. Plusieurs personnes étant dans la chambre voisine entendirent toute la conversation.

» Le lendemain, M. Dupuytren s'excusa auprès de moi, en présence de M. Alphonse Marchais, de ce qu'il avait, sans y être autorisé, écrit à l'archevêque de se présenter et qu'il serait reçu par mon oncle, ajoutant ces propres paroles : « J'ai fait une école; je croyais que vous auriez eu le temps de disposer votre oncle à recevoir monseigneur; je suis on ne peut plus fâché de ma démarche. » Ce ne fut que le second jour de son arrivée que M. Ch. Jannin put voir son oncle qui s'entretint fort longtemps avec lui d'affaires de théâtre, et lui donna plusieurs conseils. Le soir même, 18 octobre, vers les dix heures, M. Jannin lui fit ses adieux et repartit pour Bruxelles, où il était forcé de se trouver le 20 pour acquitter l'engagement qu'il avait contracté envers l'administration du théâtre royal. Vers les onze heures, mon oncle me dit : « *Quand tu seras à Bruxelles, tu iras voir M. Van Gobbelschroy* (ministre de l'intérieur); *tu lui diras que je ne peux lui écrire... tu vois ?...* » Il fit un signe de la main pour me montrer sa personne, et dit avec un accent pénible : « *Pauvre nature !... tu le prieras de te conserver sa protection, et si...* » (Je supprime ici des détails qui me sont personnels.) Il s'endormit. La nuit fut assez tranquille, la respiration seulement était très accélérée; il ne parla pas de toute la nuit.

» Le 19 octobre, à six heures du matin, il me dit : *Amédée, tu ne pars donc pas ?...* — Il n'y a pas de place à la diligence. — *Quand pars-tu ?* — Demain matin. — *A quelle heure ?* — A six heures, si toutefois je puis trouver une place. — *Tu me trompes ? Vous n'avez pas pu me tirer de là, tu veux rester jusqu'à la fin. Si j'eusse été un homme ordinaire, vous m'auriez sauvé; on a tâtonné, ma mort ne servira qu'à vous faire connaître ce que vous devrez faire pour un autre. Voilà donc la médecine !... Je voudrais bien arranger mes affaires ; où sont MM. Nicod et Jonquoy ?* — Ils sont sans doute chez eux; si tu veux je les enverrai chercher; c'est un caprice de malade qu'il faut te passer. — *Mais ils ne viendront pas à cette heure ?* — Je t'assure qu'ils seront ici dans un instant. — *Tu me trompes encore,* dit-il (en me montrant du doigt indicateur) *ils sont là, je les ai entendus cette nuit.* — Pour te prouver le contraire, voilà ton jardinier, nous allons lui dire d'aller chez ces Messieurs. — *Ah ! ah ! c'est Louette: je n'ai pas compté avec lui depuis deux mois, tu le diras à Madame, cela est essentiel. Où donc est Caroline ? elle m'abandonne.* — Elle dort. — *Tais-toi donc; elle pleure ! Quelle heure est-il ?* — Six heures. — *Il est toujours six heures avec toi. Je n'entends pas l'heure avec cette montre.* — Veux tu une pendule ? — *Oui; va chercher celle qui est dans ma chambre à coucher, j'ai mes raisons.* — Te voilà Caroline ! il faut porter toutes ces affaires là-haut, entends-tu ? » Un instant après il me dit : « *Amédée tu pars donc demain ?* — Je crois que oui. — *Si tu vois le Roi, tu lui feras mes excuses, tu lui diras... que je ne puis...* » Il n'en dit pas plus. Plusieurs personnes de la famille arrivèrent successivement ; il leur parla à toutes avec bonté et tendresse. Ensuite, se passant la main sur la figure, il dit : « *Je suis bien laid, n'est-ce pas ? ma barbe...* — On te la fera aujourd'hui. — *Ah ! bien ! donnez-moi un miroir Je t'assure que je perds la vue, je n'y vois pas. J'ai une alèze sous moi, n'est-ce pas ?* — Oui. — *Mais il faut la changer, je veux que tout cela sois très propre. Faites donc quelque chose à mes yeux, je les perdrai ; je n'y vois presque pas ce matin.* » (Il s'est toujours fort inquiété de ses yeux dans tout le cours de sa maladie, et même durant sa vie.)

» Il est neuf heures. MM. les notaires arrivent ainsi que M. Davilliers ; il leur donne la main, leur dit bonjour et ne leur parle pas d'affaires. La langue s'épaissit de plus en plus ; il parle à voix basse ; nous ne comprenons pas ce qu'il dit. MM. Arnault et Jouy arrivent ; le premier l'embrasse très tendrement et laisse échapper le mot *Adieu !...* Mon oncle sort de son assoupissement, et reprenant toutes ses facultés dit : « *Tu pars donc ?* — Oui, répliquai-je vivement, M. Arnault part pour Bruxelles, ainsi que M. Jouy. Je fis avancer ce dernier qui n'osait approcher, crainte d'augmenter l'émotion du malade. Ces Messieurs l'embrassent ; il leur dit *adieu !* Ils étaient déjà à quelques pas, lorsque mon oncle, tournant la tête de leur côté, leur dit, en faisant un geste de la main : « *Adieu ! oui, mes amis, partez vite, cela me donne l'espoir de vous revoir encore.* Après cette scène, il devint très faible, parlait souvent sans qu'on pût le comprendre ; puis, reprenant ses sens : il indiquait ses yeux. On

amène ses enfants; il leur donne la main qu'ils embrassent. Un peu plus tard il prononce ces mots très
distinctement : « *Voltaire!...* (Il lève les yeux vers le
ciel, puis continue) *comme Voltaire!... toujours
comme Voltaire!* » Il était onze heures passées; il
leur dit encore ces dernières paroles : « *Le plus cruel
de tout cela est de n'y pas voir.* » Un instant après un
meuble ayant fait entendre un bruit assez fort, mon
oncle tourna un peu la tête de notre côté. Une dame
qui venait d'arriver lui prit la main, et lui ayant dit :
« Talma! c'est moi! mademoiselle Hénocq! » Il fit un
petit signe des yeux et lui serra la main. Onze heures
et demie sonnèrent, mon oncle prit son mouchoir avec
ses deux mains, le porta lentement à sa bouche qu'il
essuya, puis derrière la tête, le tenant toujours avec
les deux mains; celles-ci retombèrent bientôt. J'en
saisis une, il serra légèrement la mienne, puis ne fit
plus aucun mouvement ; la respiration devint presque
imperceptible. Enfin le dernier soupir s'échappa à
onze heures trente-cinq minutes, sans la plus petite
convulsion, ni contraction des muscles de la face.

» Plus tard deux peintres prirent un dessin de la
tête. M. David, statuaire, prit l'empreinte pour faire
un buste. Un autre peintre dessina la chambre, le lit,
et marqua la place qu'occupaient les personnes qui se
trouvaient présentes aux derniers moments.

» Cent mille personnes ont assisté aux funérailles
de Talma ; le pouvoir seul, protecteur obligé des arts
qui font la gloire et la prospérité des nations, n'y a
pris aucune part. Lorsque Garrick, l'honneur de la
scène britannique, comme Talma le fut de la scène
française, paya à la nature le tribut dont elle n'a

exempté ni la puissance, ni les vertus, ni les talents,
quatre pairs d'Angleterre tinrent à honneur d'accompagner cet homme illustre au dernier asile qui lui
avait été assigné au milieu des tombes royales, et de
porter les coins du poêle qui couvrait son cercueil :
les journaux français n'ont pas annoncé qu'un seul des
membres des hautes autorités de l'État ait assisté aux
funérailles de Talma. »

TALMA

—

Anecdotes et particularités concernant ce tragédien
célèbre et le voyage qu'il fit en 1817
à Boulogne-sur-Mer.

Les détails les plus simples sont intéressants lorsqu'ils concernent un homme célèbre. On aime à voir ce
que cet homme était dans les circonstances même les
moins remarquables de sa vie et c'est ce qui donne
tant de charme aux narrations du bon Plutarque, qui ne
craint pas de présenter à ses lecteurs les plus grands
héros des temps antiques en déshabillé.

J'ai eu l'occasion de connaître, de voir hors de la
scène l'admirable tragédien dont la France déplore
en ce moment la perte, et je me plais à consigner ici
quelques anecdotes nées des rapports malheureusement pour moi trop peu fréquents, qu'il m'a été
permis d'avoir avec lui.

En Mars 1811 je rendis compte dans le journal des
Arts, de la représentation du Mahomet II de M. Baour
Hormian. Talma portait dans cette comédie un costume
aussi riche qu'élégant, mais je crus y remarquer un

anachronisme, et j'en fis l'observation ; trois jours après je reçois une lettre de lui : il me prouvait que j'avais complétement tort en entrant dans des détails historiques qui ne laissaient aucun doute sur ses connaissances et sur le soin qu'il donnait aux moindres parties des rôles qu'on lui confiait ; il terminait sa lettre à peu près ainsi : « Quoiqu'en général je ne voye point « les journalistes, il me serait cependant agréable « de vous rencontrer, et de vous remercier de l'opi- « nion favorable que vous avez émise sur mon jeu dans « le rôle de Mahomet II. » Je retractai l'erreur que j'avais commise en plaçant une note à ce sujet dans le plus prochain numéro du journal. Nouveau billet de Talma, qui m'invitait à dîner pour le mercredi suivant, en m'annonçant que je trouverais chez lui M. Ducis.

On présume facilement que je m'empressai de répondre à cette invitation et que pendant le dîner il fut souvent question de tragédie. Le vénérable Ducis avait pour Talma une grande estime. Plusieurs fois il lui répéta qu'il lui devait en partie ses succès, et qu'il lui abandonnait le soin de montrer ses ouvrages et de couper les scènes et les vers de la manière la plus convenable à l'effet théâtral. Depuis, il a renouvelé cette prière dans une lettre autographe que j'ai lue en tête d'un exemplaire de ses œuvres qui doit être en la possession des héritiers de Talma. Ce dernier le pressa de travailler encore pour la scène : « Non, répondit « Ducis ; j'ai juré de ne plus m'occuper de tragédie « depuis qu'elle a couru les rues ; d'ailleurs, je suis « vieux, j'ai besoin de repos. Après avoir agité pendant « trente ans le poignard de Melpomène, j'ai pris la « houlette du pasteur :

« Que le Ciel me donne une Annette !
« Je suis devenu Timarette.
« Et je me borne à mes moutons. »

J'avoue que l'idée de voir l'auteur d'Othello transformé en berger me parut originale. Cependant le caractère de Ducis offrait les deux extrêmes : il était à la fois plein de véhémence et de douceur. Les épîtres pastorales qu'il a publiées comparées à ses ouvrages dramatiques en offrent la preuve.

Quant à Talma, il parla peu, se montra distrait, rêveur, et je remarquai que dans la conversation il employait presque toujours cette voix factice dont le timbre grave et concentré causait au théâtre une si profonde émotion. Du reste, rien de brillant, rien surtout qui décelat cet amour propre, partagé assez ordinaire des comédiens : C'était la simplicité, le laisser aller d'un homme de génie, qui hors du champ de ses succès et de ses travaux, se délasse en songeant aux moyens qui pourront lui obtenir de nouvelles couronnes.

Quelque temps après ce diner, je rencontrai Talma chez M. Boileau notaire du Théâtre Français : « Ah !
« vous voilà, me dit-il..... je joue ce soir un rôle nou-
« veau, Tippo-Saëb : venez m'y voir. Après la repre-
« sentation vous demanderez à être conduit dans ma
» loge et vous me rendrez compte des passages de la
« tragédie qui auront paru faire impression sur le
« public. Je me trompe quelquefois sur le silence des
» spectateurs, ajouta-t-il, et cela me décourage. »

J'allai de bonne heure au Théâtre ; la salle était comble et Talma fut sublime !... La tragédie étant terminée, je me rendis dans sa loge ! « — J'espère, lui
« dis-je, que vous ne vous plaindrez pas du silence du

« public ; dans le moment où, interrompant la haran-
« gue de l'ambassadeur anglais qui cherchait à obte-
« nir vos enfants en otages, vous l'avez foudroyé par
« cet hémistiche : »

> .....,§Attends, traître!!.,....

En effet, qu'on se figure une lionne couvrant ses lion-
ceaux de ses flancs pour se défendre, tel était Talma,
s'élançant le poignard à la main, du tronc où il était
assis, et agitant ses bras au dessus de la tête de ses
fils auxquels il semblait vouloir faire un rempart de
tout son corps contre les perfides desseins de l'envoyé
britanique. La salle, en ce moment, avait retenti d'applaudissements et de cris d'admiration !...

« J'espère encore que vous ne me direz pas que c'est
« par le silence qu'on a accueilli l'expression de mépris
« extrême et de noble fierté que vous avez donnée à ce
« vers :

> « Tu crains tes envoyés, et non pas tes soldats ! »

— « Non, me répondit-il, mais je me suis sans doute
« trompé au troisième acte, dans mes adieux à mes
« enfants, quand j'ai prononcé ce vers :

> « En vous quittant, mes fils, je commence à mourir !

« car il a été reçu avec une grande froideur. »
— « Vous êtes dans l'erreur ; jamais peut-être vous
« n'avez été aussi beau ! Mais comment voulez-
« vous qu'on applaudisse lorsque l'émotion qu'on
« ressent est si forte, qu'elle paralyse toutes les fa-
« cultés.., »

— « J'ai donc joué passablement ce rôle de Typ-
« poo; nous verrons ce qu'en dira le bon Geof-
« froy (1). »

Je revis Talma en 1817, dans la province que j'habi-
tais, et où il était venu donner quelques représentations
avant de s'embarquer pour l'Angleterre. Il occupait à
Boulogne le rez-de-chaussée de l'hôtel de l'Europe,
et, dans ma première visite, je le trouvai sur le tapis
jouant avec ses deux enfants : — « Je connais cette
« ville, me dit-il; j'y ai passé à l'âge de 12 ans avec
« mon père, et nous logions chez un bien brave homme,
« Monsieur Manneville, ami de ma famille et que j'ai-
« merai à revoir. »

Je devinai que c'était de M. Manneville qu'il parlait,
et je lui donnai son adresse. Il était inquiet de l'effet
qu'il produirait sur le théâtre de Boulogne, qui lui paraissait beaucoup trop petit, et sur le public qu'il ne
connaissait pas.

— « Je ne suis à mon aise, répétait-il, que lorsque
« j'ai tâté mon parterre. » — J'ai eu l'occasion de remarquer en plusieurs circonstances, qu'un des traits
distinctifs du caractère du grand artiste était une défiance de lui-même et une déférence pour ses auditeurs
portée souvent jusqu'à l'extrême.

Son organisation éminemment nerveuse pouvait en
être une des causes principales. Elle lui faisait perce-
voir avec force toutes les impressions; et celui qui,
sur la scène, déployait la vigueur d'un héros, avait

(1) J'ai cité de mémoire, n'ayant pu me procurer cette tragédie qui renferme de beaux vers et des situations très intéressantes.

quelquefois dans la vie privée la timidité d'un enfant. En causant, je mis la main sur un exemplaire de *Manlius* couvert de notes de Talma, et renfermant des vers de sa composition qu'un bon poète aurait volontiers avoués : « — Je me permets quelquefois cela pour « l'effet dramatique, me dit-il, avec Lanoue parce « qu'il était mon camarade (1) et avec Ducis parce « qu'il m'y a autorisé ; mais quant à Corneille, Racine « et Voltaire, ah ! c'est bien différent... je ne touche à « leurs ouvrages que pour les adorer !!... »

Ses costumes venaient d'être enlevés de ses malles et je pris du plaisir à les examiner : ils étaient de la plus rigoureuse exactitude, sans aucun de ces ornements étrangers à la vérité de site et d'histoire qu'emploient certaines gens qui, dans leur mauvais goût, croiraient rendre la Terpsichore de Canova plus belle en la couvrant d'une robe de velours brodé en or.

Les perruques de ses divers rôles étaient étiquetées et taillées suivant la forme qu'avait la chevelure de chaque personnage, d'après les bustes et les médailles antiques. Plusieurs parties de ses costumes lui avaient été données par Napoléon, entr'autres un superbe poignard auquel il attachait beaucoup de prix.

Le soir, il joua Oreste avec son talent accoutumé, et M. W..., amateur éclairé des arts qui assistait à cette représentation, en fut enchanté. Il me fit remarquer avec autant de goût que de vérité, les nuances qui existaient dans ce rôle entre la manière de Talma

____

(1) Lanoue, auteur de *Manlius*, était acteur.
Lisez la Posse qui ne fut pas acteur.
A moins qu'au lieu de *Manlius* l'auteur de cette notice ait voulu mettre : Mahomet,

et celle de Larive ; le premier, sombre, concentré, paraissant poursuivi par la fatalité pendant toute l'exposition de cette admirable tragédie d'Andromaque ; le second, plus brillant, plus égal, mais produisant un effet bien moins profond sur les spectateurs. Cependant Talma n'était pas content : — « La fatigue m'a « rendu froid, et les Boulonnais m'ont reçu froide- « ment. » Voilà ce qu'il répéta plusieurs fois au moment où on venait de baisser la toile. Alors les applaudissements partirent de tous les coins de la salle, et de toutes parts on cria : Talma !... Talma !... — « En vous appelant avec tant d'empressement, lui « dis-je le lendemain, le public vous a répondu, et « l'enthousiasme qu'il a manifesté vaut bien mieux « que tous les raisonnements qu'on aurait pu faire « pour vous prouver que vous avez hier soir repré- « senté dignement le fils de Clytemnestre. — Vous « avez beau dire, je n'ai pas été moi, et si je ne prends « pas ma revanche dans Hamlet, ajouta-t-il en sou- « riant, j'emporterai de Boulogne l'idée que l'air du « Pas-de-Calais ne vaut rien pour Melpomène. » — A la fin de la tragédie, l'acteur Mausard avait récité avec intelligence les vers qui commencent ainsi :

« Oui, c'est bien là ce malheureux Oreste,
« Objet tout à la fois d'horreur et de pitié,
« Qui, poursuivi par le courroux céleste,
« Ne peut trouver du calme au sein de l'amitié ! »

Ce passage parut surtout flatter Talma :

« Depuis, abandonnant une route commune,
« On te vit, créateur d'un genre tout nouveau,

« Des muses d'Albion chaussant le noir cothurne,
« Et de Chekspire explorant le tombeau (1),
« Présenter à nos yeux ces sanglants personnages
« Dont les forfaits iront épouvanter les âges..... »

. . . . , . . . , . . .

En effet, ce fut en exploitant le théâtre de Ducis qu'il déploya toute sa supériorité et ne compta plus de rivaux. L'alliance aussi inattendue qu'heureuse du génie britannique et du génie français, l'art d'exprimer avec une vérité admirable les passions concentrées, firent alors de Talma un homme à part, et entraînèrent tous les suffrages.

Les vers que je viens de citer me rappellent que M. Vigée qui les traita avec beaucoup trop d'indulgence, s'éleva cependant contre l'opinion émise dans la tirade suivante :

« Quand Lekain expira, pour porter sa couronne,
« En vain, ses successeurs tentèrent mille efforts,
« Son talent avec lui descendu chez les morts,
« Paraissait ne devoir revivre dans personne. »

En faisant observer dans un recueil périodique dont il était le directeur que « Sans doute je n'avais pas vu Larive » ; je conviens de ce fait ; mais d'après la tradition, il fut loin de remplacer Lekain, et tout le monde se rappelle le jeu des mots du quatrain qui finissait ainsi :

« En déposant le sombre bord,
« Que n'a-t-il déposé son talent sur la rive!... »

(1) Chekspire, Shakespeare, pour la mesure, plusieurs de nos poètes et entr'autres M. Campenon l'ont écrit ainsi.

Ce dernier, doué par la nature d'un beau physique, d'un organe admirable, sut parler aux yeux, à l'imagination, et conquis de justes applaudissements, sans recueillir toutefois la succession de Lekain ; tandis que Talma se montra son digne héritier en sachant émouvoir puissamment le cœur, et en devenant par de profondes études l'acteur de la pensée.

Je parlai plusieurs fois à Talma des artistes ses contemporains, et, dans les réponses qu'il me fit, il montre toujours autant d'esprit de justice que de réserve. « Il « ne m'appartient pas de juger entre Larive et moi, me « dit-il un jour, mais je ne le vaudrai jamais dans le « rôle d'Achille. » Dans une autre circonstance où je l'interrogeai sur Mesdemoiselles Georges et Duchesnois, en ne lui cachant pas le sentiment de prédilection que j'avais pour le talent de cette dernière, il me répondit : « Melle Duchesnois doit beaucoup à la nature ; « elle a des inspirations sublimes, mais ses forces la « trahissent souvent ; tandis que Melle Georges joint à « toutes les ressources de l'art une charpente vraiment « tragique. »

Il me parla avec estime du talent de Mme Moligny qui faisait alors partie de la troupe de Boulogne, et trouvait que l'acteur Mansard la secondait bien. Cependant, dans le moment où ce dernier répétait avec lui la scène cinquième du second acte d'Hamlet, et se tenait à une assez grande distance en prononçant ces vers :

« Ouvrez les yeux, Seigneur, reconnaissez Norceste,
« Que sa tendre amitié conduit auprès de vous ! »

Talma lui dit avec le geste et l'accent de l'impatience :

— « Approchez-vous donc ! Ne craignez pas de me
« toucher : je suis votre ami d'enfance ; je suis malheu-
« reux ; vous me revoyez après une longue absence et
« vous me traitez comme si Norceste n'était pour
« Hamlet qu'un courtisan. C'est de vos bras que je dois
« m'écrier :

« Que pour moi, mon ami, ton retour a de charmes ! »

Nous fîmes une promenade à la Colonne, monument
qui retrace à la fois le souvenir de la valeur française
et de la paix. J'avais depuis longtemps le désir de
parler à Talma de ses rapports avec Napoléon, mais
je sentais combien ce sujet de conversation était difficile à aborder. A la vue de la Colonne, il ne tarda pas
à m'en fournir lui-même l'occasion, et tout ce qu'il me
dit me parut d'accord avec la raison et la reconnaissance
qu'il devait à l'homme qui l'avait comblé de faveurs :
— « Il m'a toujours témoigné la plus grande bienveil-
« lance, parce que j'ai réglé ma conduite sur les pro-
« grès de sa fortune ; je ne pouvais pas traiter d'égal
« à égal avec le premier magistrat de la république et
« l'empereur des Français, comme je l'avais fait avec
« le lieutenant d'artillerie. Si Dugazon avait suivi mon
« exemple, il n'eut pas été éconduit d'une manière
« aussi désagréable. »

On raconte en effet, que les premiers jours du
Consulat, Dugazon qui avait été lié particulièrement
avec Bonaparte fut le voir.

— « Comme vous vous arrondissez. Dugazon ! » lui
dit le consul.

— « Pas tant que vous, petit papa », répondit

l'acteur en lui frappant familièrement sur le gilet. — A dater de ce moment, les portes des Tuileries lui furent fermées.

Je demandai à Talma s'il était vrai qu'il eût donné des leçons à Napoléon pour porter le manteau impérial : — « Rien n'est plus faux, me répondit-il ; c'était « bien un homme à s'assujétir à de semblables vé- « tilles !... Je suis fâché qu'un grand écrivain ait prêté « l'autorité de sa plume à une fable aussi ridicule ; « mais ce qui est vrai, c'est que Napoléon m'a quelque- « fois donné sur certaines parties de mes rôles des « conseils que j'ai mis à profit. Il aimait le théâtre et » en raisonnait très bien. Corneille était son auteur « favori, et lorsque j'avais une lecture à lui faire, il « m'indiquait presque toujours une tragédie de ce « prince des poètes tragiques (C'est ainsi qu'il le « nommait). »

Talma venait de quitter Lille où des troubles avaient eu lieu au théâtre à l'occasion de ce qui c'était passé à Paris à la représentation de Germanicus de M. Arnault — « Vous ne sauriez croire, me dit-il, combien cela « m'a causé de peine : mon caractère éloigné de « tout esprit de parti n'est pas connu. Depuis les « représentations si tumultueuses de Charles IX et la « leçon qu'un enthousiasme irréfléchi m'a value, j'ai « eu pour principe qu'un comédien ne devait s'occuper « de politique que sur la scène. J'aime, j'estime, j'ho- « nore M. Arnault ; je désire autant que personne son « retour de l'exil ; mais il a toujours été loin de ma « pensée de tracer à l'autorité la conduite qu'à cet « égard elle croira devoir suivre. L'innocence de « l'auteur des *Vénitiens*, son beau talent et la bonté

« du roi le rendront à la France. » Il fut question de monter sur l'échafaudage très élevé qui recouvrait alors la colonne, afin de mieux apercevoir la campagne et les côtes d'Angleterre. Melle Feart et Manvielle que Talma conduisait à Londres pour le seconder, nous accompagnaient dans cette petite expédition. A la vingtième marche à peu près, Talma s'arrêta : « J'é-« prouve des vertiges dit-il et je n'irai pas plus loin. » — « Quelle faiblesse pour un Romain, répondis-je en « plaisantant... » — « Quand les Romains avaient mal « aux nerfs, répliqua-t-il, ils n'étaient pas plus forts « que les autres hommes. Avez-vous oublié l'ombre de « Brutus après la bataille de Philippes ?... »

Bientôt après, la chaleur nous força à entrer chez le gardien du monument qui nous offrit de la bière. Nous venions de parler du drame d'*Henri IV* par Collé : — « Sire, dis-je en riant à Talma, vous êtes encore ici « chez Michaud. » — « Cette pièce, me répondit-il, m'a « donné beaucoup de mal. Il n'y a dans la *Partie de* « *chasse* qu'une scène qui soit à ma taille : c'est « celle de la réconciliation du bon Henri avec Sully. « J'ai trop de mélancolie dans l'âme pour offrir « l'image fidèle du plus gai et du plus aimable des « rois. »

Il acheta et fit porter dans sa voiture un grand nombre de petits objets en marbre du Boulonnais, et je remarquai qu'il choisît avec soin ceux qui se rapprochaient des formes antiques.

Le soir, il joua admirablement le rôle d'Hamlet ; de son aveu, il n'avait jamais été mieux inspiré : aussi excita-t-il le plus vif enthousiasme ! Parmi les Anglais qui étaient au spectacle se trouvait le vieux chevalier

B... qui me dit plusieurs fois : « C'est Garrick ressus-
« cité !...

Lors de son entrée en scène, à ce vers :

... Fuis, spectre épouvantable !...

Une dame se mit à crier avec l'accent de la terreur :
« Ah Dieu ! » — Talma me parla de cet incident :
« C'est ma sœur, lui dis-je, qui s'est avisée de jouer
aussi la tragédie. »

« — Ah ! je suis enchanté de lui avoir fait peur ! »
Jamais je n'avais aussi bien saisi la mobilité de sa
physionomie et toutes les nuances de son talent. Il est
vrai que j'étais placé contre la rampe et que, dans les
grandes salles de Paris, l'éloignement fait perdre aux
spectateurs l'expression des yeux et des muscles d'un
visage d'acteur.

On lui demanda *Manlius* pour le lendemain ; il devait partir, mais, flatté de l'empressement qu'on lui
témoignait, il se rendit aux vœux du public et promit
même de revenir à Boulogne à son retour de Londres,
et de passer quelques jours à la campagne de M. le
colonel S... qui lui avait fait visite avec moi.

La déclamation de Talma était nuancée avec tant
d'art et de vérité, qu'à la représentation de *Manlius*,
je parvins facilement à noter de la manière la plus
exacte les diverses inflexions de sa voix dans cette
partie de la fameuse scène d'explication :

« ...Tu connais la main de Rutile ?...

... Eh bien ! lis !

... Qu'en dis-tu ? »

Cela me confirma plus que jamais dans cette opi-

nion émise par Grétry : « Que le chant dramatique
« n'était qu'une reproduction fortement accentuée. »
— Je sens qu'en reproduisant cette idée du musicien
le plus fécond et le plus spirituel qu'ait possédé la
France, je m'expose à toute l'animadversion des *Dilet-
tanti*. En effet, depuis qu'un homme plein de verve,
M. Rossini, a cru pouvoir sauter à pieds joints par-
dessus l'expression dramatique, que va-t-on chercher
au théâtre ? Des sons, des difficultés propres à faire
briller le gosier des chanteurs ; des appogiatures, de
brillantes fusées et rien de plus, *verba, voces prœterea-
que nihil !...* Beaucoup de nos compositeurs se traî-
nent à la suite du cygne de Pezzaro, comme on a vu
beaucoup de nos jeunes littérateurs chercher à imiter
le style de l'auteur des *Martyrs* ; mais les uns et les
autres ont oublié que l'originalité n'admet pas de copie, et qu'il est des écarts que le génie parvient seul à
légitimer. A cela on me répondra peut-être : *que la
musique est une affaire de mode.* C'est-à-dire en
d'autres termes que la mode, abandonnant l'unique
empire qu'il lui soit permis d'exercer, celui de la fantaisie, dirige maintenant les sentiments et les passions;
c'est, en un mot, vouloir soumettre un art enchanteur
aux révolutions que subissent chaque jour les robes,
les chapeaux et les coiffures de nos élégantes. Le vrai
beau existe en musique comme pour la peinture et la
sculpture : on le cherchait encore du temps de Rameau ; et Gluck et Mozart l'ont enfin trouvé. Le faire
sortir des bornes que ces colosses ont posées, c'est
s'exposer à tomber dans le bizarre et à nous ramener
le chaos. Si cela continue, la musique ne tardera pas à
avoir aussi son moyen âge et les romantiques en se-

ront sans doute charmés. Mais, je le demande à tout homme de sens et de goût : le temple de Diane, les Propylées, le Panthéon de Rome, l'Apollon du Belvédère et le Lacoon ne sont-ils pas, sous le rapport de l'art, bien au-dessus de l'église de Saint-Denis, de la cathédrale d'Amiens et des figures gothiques qui décorent le portail de Reims ?... Toute la question est cependant là.

On me pardonnera, je l'espère, cette digression qui n'est pas aussi éloignée de mon sujet qu'on pourrait d'abord le penser, car notre système tragique qui est le plus parfait de l'Europe, a aussi ses novateurs ; nos grands tragédiens ont aussi leurs singes et on ne saurait trop s'élever contre de dangereuses innovations, et surtout contre le *servum pecus* des initiateurs, si justement bafoué par Horace.

Deux années s'écoulèrent et je revis Talma à Paris dans l'*Œdipe* de Voltaire. J'eus l'occasion alors de sentir toute la justesse des observations que fait l'éloquente Mme de Staël dans son livre de l'*Allemagne*, sur la manière dont il disait le beau récit du 4me acte, comparée à celle de Larive. Quelle profondeur de talent et d'études cette manière de concevoir un rôle ne prouvait-elle pas dans celui qui l'avait créé.

Après la tragédie, je me rendis dans sa loge avec mon ami M. Bouilly, qui voulait l'entretenir du rôle de *Corneille* qu'il lui destinait dans une comédie anecdotique très intéressante ayant pour titre : « *Une matinée du siècle de Louis XIV* (1) ». Accablé de fatigue Talma

---

(1) Cette comédie qui n'a point encore été jouée, est une galerie animée de tous les personnages les plus célèbres du grand siècle de Louis XIV : Colbert, Louvois, Corneille, Racine, la du-

était couché sur un divan et essuyait son front couvert de sueur. M. le Chevalier du Puy des Islets assis près de lui récitait un distique qu'on a je crois placé au bas d'un de ses portraits, et dont je ne me rappelle que le second vers :

« D'un poignard plus sanglant il arma Melpomène. »

— « Eh bien, mon cher Boulonnais n'ai-je pas « perdu depuis mon voyage en Angleterre? » Telle fut sa première question après les salutations d'usage et les nouvelles que je lui donnai de la santé de M. Menneville dont les bontés pour lui lorsqu'il était encore enfant, ne sortaient pas de sa mémoire. Ainsi cet acteur étonnant, toujours occupé du soin de conserver sa grande réputation, s'inquiétait sans cesse des effets que le temps destructeur pouvait avoir produit sur son talent. Il y a selon moi quelque chose de touchant dans ce genre de sollicitude qui a contribué à lui faire conserver et perfectionner tous les dons que la nature lui avait si libéralement départis. En effet, comme ces flambeaux dont la lumière n'a jamais plus d'éclat qu'au moment où elle est prête à s'éteindre, de même Talma ne fut jamais plus admirable que dans le rôle de Charles VI, le dernier qu'il ait créé avant de mourir.

chesse de Bourgogne, Mme de Maintenon y figurent avec les caractères et les traits distinctifs que nous a transmis l'histoire. L'auteur a fait usage de mémoires posthumes qui lui ont fourni une foule de mots heureux et d'anecdotes très curieuses.

QUELQUES PARTICULARITÉS

SUR

LA VIE DE TALMA

Par Mme TALMA, née Vanhove [1]

Je ne prétends pas donner ici une biographie complète de Talma, beaucoup d'autres ont pris ce soin ; mais je ne puis résister au désir de rapporter, sur son caractère, quelques détails inconnus jusqu'à ce jour, parce qu'ils sont tout-à-fait de son intérieur. Je n'ai pas même la volonté d'établir un ordre méthodique dans ces documents : je laisse errer ma plume selon le vague de mes souvenirs. Les moindres particularités prennent de l'intérêt lorsqu'il s'agit d'un homme célèbre.

I

Talma, fils d'un dentiste, comme on le sait, était destiné dès son enfance à suivre cette carrière : c'était le

---

1. *Etudes sur l'Art théâtral, suivies d'anecdotes inédites sur Talma et à la correspondance de Bucis avec cet artiste.* Paris, 1836 (in-8°).

16.

vœu de son père, qui était établi à Londres ; c'était celui de son oncle qui, exerçant à Paris cette profession, aurait désiré laisser à son neveu sa maison et sa clientèle.

Les parents admettent rarement, dans leurs projets d'avenir pour nous, les obstacles suscités par nos dispositions naturelles, ou par les évènements qui changeant ces projets et notre destination, en décident bien autrement.

Talma, né à Paris, fut emmené fort jeune en Angleterre. Presque toujours nos goûts, nos habitudes naissent de nos premières impressions. Talma devint anglais par les manières, les idées, et les principes qu'il a toujours conservés. Il parlait la langue de ce pays comme si elle eût été la sienne. Son père l'élevait d'une manière très singulière : il lui lisait, tous les jours, l'ouvrage de Dupuis sur l'origine des cultes, et lui enseignait surtout l'athéisme.

Talma serait resté près de son père qui, à cette époque, faisait fort bien ses affaires (car il était un des premiers dentistes de Londres), si des dissensions, survenues dans la famille, n'eussent ramené madame Talma, sa mère, à Paris : il l'y suivit.

Cette circonstance fut très favorable à sa santé délabrée. On attribuait à l'air épais de Londres, les accès de *spleen*, les maux de nerfs dont il était tourmenté : ils avaient pour cause première de fréquentes purgations avec de l'eau de mer, remède violent alors à la mode, et qui eut une fatale influence sur son système nerveux.

Mais cependant a-t-il dû se plaindre, comme tragédien, de cette facilité à s'émouvoir et de cette disposition mélancolique qui entrèrent dans son talent comme éléments de ses succès !

Nous reviendrons sur le caractère de cet homme extraordinaire ; mais, suivons-le encore quelques instants avant de mettre le lecteur dans la confidence de tous les sentiments dont il était tourmenté, et dont une seule femme a reçu le secret : cette femme, c'est moi.

II

Le jeune Talma, de retour à Paris, suivit les cours de chirurgie, prit place sur les bancs de l'école, et fit des études qui devaient encore assombrir cette imagination, déjà trop frappée de la fragilité de notre existence. Il conçut un tel dégoût pour les études anatomiques et chirurgicales, qu'il ne pouvait prendre aucune nourriture le jour où il avait été témoin d'une dissection, ou d'une opération quelle qu'elle fût.

Doué d'une intelligence peu commune, il sut bientôt assez d'anatomie pour être dentiste ; on l'établit à grand frais, rue J. J. Rousseau ou Mauconseil.

Il réussissait dans cette profession qui n'était nullement de son goût. Mais, loin de se borner aux études nécessaires à son état, il se livrait à sa passion pour la lecture des anciens ; il s'identifiait avec leurs mœurs, leurs usages ; il dessinait leurs costumes, et donnait beaucoup de temps à ce genre d'occupation.

Soit disposition d'esprit, soit défaut de santé, Talma, dans sa jeunesse, ne pensait point aux femmes : l'étude le captivait tout entier. Ce n'était pas qu'il manquât de sensibilité ; il en avait plus qu'on n'en eût désiré pour son bonheur. Mais il était tellement distrait qu'il fallait. en quelque sorte, venir le chercher, et lui faire des avances pour fixer son attention.

III

Quelques années s'étaient passées ainsi lorsqu'un jour, malgré sa vue basse et sa distraction habituelle, il arrêta ses regards sur un joli minois, arrivé, depuis peu de jours, du midi de la France. C'était une séduisante Languedocienne : sa taille arrondie, ses charmes, ses caprices et son accent tournèrent la tête de Talma, qui perdit entièrement l'usage de sa raison : car il voulait, malgré ses parents, unir sa destinée à celle de cette jeune personne.

Il fut jaloux à l'excès (à tort ou à raison), et d'autant plus malheureux qu'il était devenu père d'une jolie petite fille qu'il ne voulait point abandonner.

Un jour, dans un accès de cette frénésie jalouse, il prend son enfant dans ses bras, et court à l'aventure dans les rues de Paris ; son égarement ne lui permet pas de savoir où il va, ni ce qu'il veut faire... Revenu enfin à lui même, il rapporte l'enfant à sa mère.

Plusieurs querelles, suivies de raccommodements, refroidirent cette liaison : elle se rompit, peu d'années après, à la grande satisfaction de madame Talma la mère, qui, on ne sait pour quelle raison, redoutait les suites d'un pareil attachement.

IV

Il était assez difficile de faire sortir Talma de ses habitudes studieuses ; je vais en donner une preuve : son père lui avait adressé une Anglaise, d'une très grande beauté, et qui devait passer quelques mois à Paris. Au lieu de lui chercher un appartement, on lui proposa de partager celui du jeune dentiste : elle accepta. Ils restèrent pendant six mois sous la même clef, sans que ni l'un ni l'autre se doutassent qu'il y eût quelque chose d'extraordinaire dans ce rapprochement. La belle Anglaise reprit la route de Londres, se louant beaucoup de l'hospitalité qu'elle avait reçue, et Talma fut charmé d'avoir rendu un service dans lequel il était resté entièrement désintéressé.

V

Ce fut peu de temps après que, sans avoir le projet de se livrer à la carrière dramatique, Talma joua dans les sociétés, puis chez Doyen, et ensuite partout où il en trouvait l'occasion. On sait qu'enfin, pressé par ses amis, il débuta au Théâtre français. — Je ne parlerai point de ses succès, dont Paris fut témoin, ne voulant ici m'occuper que de quelques particularités restées ignorées du public, et qui feront mieux connaître ce caractère original, remarquable sous tant de rapports.

Talma était né sensible, je l'ai dit: mais il fallait réveiller cette sensibilité. Il oubliait facilement les objets les plus chers, s'ils étaient absents. Préoccupé par ses propres sensations, il regardait peu autour de lui, dans les habitudes de la vie. Ses sens paraissaient en quelque sorte presque engourdis. Il avait la faculté de dormir à volonté, souvent et longtemps. On eût dit que, fatigué par un travail intérieur et pénible, il cherchait à se soustraire à lui-même. Une conversation douce et tranquille ne pouvait l'attacher. Il lui fallait une occupation forte, ou bien une conversation vive, animée, tenant de la discussion: alors, il sortait de sa torpeur habituelle, et l'on était surpris de l'ardeur qu'il mettait à soutenir des opinions qui, pour n'être pas toujours justes, ne manquaient jamais d'une originalité où d'une bizarrerie très piquantes.

Il avait dans les idées une espèce de sauvagerie, comme s'il eut toujours vécu loin des hommes et loin de leurs institutions.

VI

A l'époque où Talma fut admis au Théâtre-Français, il avait déjà des créanciers. Les dépenses nécessaires à son nouvel état en augmentèrent chaque jour le nombre.

Pendant son séjour en Angleterre, il avait fréquenté les théâtres: il voyait les artistes en réputation; il savait combien l'état de comédien était honoré dans ce pays, quelle place les acteurs occupaient dans la haute société, et l'aisance dont ils jouissaient. Il songea à les imiter en tout, lorsqu'enfin, écoutant sa vocation, il entra dans la carrière du théâtre. Les succès qu'il obtint dans ses premiers essais justifiaient ses projets et ses espérances.

Sa renommée marchait à grand pas : mais la fortune suivait de loin.

VII

Lorsqu'un acteur était reçu à notre premier théâtre, il était convenu, dans le monde, qu'il serait comme obligé, pendant les premières années, de faire quelques dettes qu'il pourrait ensuite payer facilement, Talma profita très amplement de l'usage établi. Il n'épargnait rien pour ses costumes, rien même pour ses ameublements. Ce fut lui qui, le premier, fit exécuter des meubles d'après les dessins antiques.

Les artistes les plus distingués se pressaient autour de lui. Il avait beaucoup d'amis. Un jour, ou plutôt un soir, l'un d'eux étant resté à causer bien avant dans la nuit, Talma lui proposa de coucher chez lui ; mais le nécessaire était justement ce qui manquait dans la maison du jeune artiste. Ne trouvant point de draps, on fit avec la nappe et la table un lit à la romaine dont son hôte se contenta ; car il aimait aussi la tragédie : c'était Arnault.

La table de l'artiste, bonne ou mauvaise, était ouverte à tous venants. Ce mouvement lui plaisait et le faisait sortir momentanément de sa mélancolie, par des accès de folle gaieté, qui n'avait cependant que très peu d'influence sur le fond de son caractère.

Du moment où il fut admis au Théâtre-Français, il prit l'habitude de la dépense. Il croyait avoir de l'ordre, par ce qu'il écrivait exactement, chaque jour, les nouvelles dettes qu'il accumulait, et dont il ne pensait jamais à payer le premier sou.

Cette façon de vivre ne pouvait durer longtemps. Les entrepreneurs ne mettaient plus autant de complaisance à seconder cette imagination fertile qui, chaque jour, enfantait de nouvelles formes d'habits, de meubles, d'ornements, de vases, etc. Enfin, le jeune Roscius, contrarié dans ses goûts, dans ses projets de prédilection, allait être réduit à l'économie, triste situation pour un homme de génie ! mais il en fut autrement. Une femme spirituelle et riche vient combler le déficit, apportant en mariage au grand artiste quarante mille francs de rente. Cette affaire s'arrangea chez mademoiselle Contat.

VIII

Je dis cette affaire, car l'aimable prétendue avait, pour le moins, vingt ans de plus que Talma ! n'importe : il se crut amoureux ; et Julie (c'était son nom), bien plus éprise que lui, abandonna sans peine l'entière disposition de sa fortune à l'homme qu'elle aimait.

Cette fortune qu'elle devait à l'amour, elle la lui

restituait avec l'entraînement passionné d'une femme qui veut être aimée, et pour la dernière fois.

Aussitôt mariée, c'est-à-dire dès la première année, Julie donna le jour à deux enfants mâles et jumeaux : ils furent surnommés par le public, Henri VIII et Charles IX, par allusion aux deux rôles que Talma jouait en ce moment, et dans lesquels il avait un succès prodigieux.

Les deux enfants moururent peu de jours après leur naissance. Ce fut un grand malheur, et surtout une atteinte portée à la paix du ménage : car il était probable que Julie ne serait plus mère.

L'union de Julie et de Talma ne fit le bonheur d'aucun des deux. Julie se plaignait des froideurs de son mari ; lui se plaignait de ses exigences. Leur fortune ne pouvait tarder à être dissipée : car ils ne savaient, ni l'un ni l'autre, bien régler leurs dépenses. Madame Talma ne comptait jamais avec ses domestiques ; il fallait que le mari se mêlât de tous les détails. Je laisse à juger du désordre qui dut s'ensuivre : ils s'accusaient mutellement de leurs embarras de fortune, et tous deux contribuaient sans relâche à les augmenter.

Les amis de la maison (ils étaient fort nombreux) arrivaient pour dîner ou souper, à différentes heures : aussi la table était comme permanente, servie et reservie pour les nouveaux venus. Julie était l'âme de la société, qui devenait, chaque jour, plus brillante. — Elle accueillait tous les hommes en réputation : les poètes, les artistes, les auteurs, les savants, les publicistes, accouraient tous au petit hôtel de la rue Chantereine.

IX

On accusait Talma d'être, dans ces temps, un homme de parti; je puis assurer que l'accusation était bien injuste, car il se mêlait fort peu des discussions qui occupaient les grands personnages de cette époque. Le croirait-on? lorsqu'il rentrait chez lui, il ne montait point au salon : il allait trouver sa cuisinière. Cette excellente femme avait bien soixante ans; elle adorait son maître, et le plaignait, avec raison, du peu de soin que l'on prenait pour conserver sa santé ; elle lui donnait de bons bouillons, et le faisait passer avec un fauteuil sous le manteau de la cheminée. C'était là, dans la cuisine, que Hamlet, ou Néron, ou Brutus, ou Manlius, prenait un peu de repos, voulant surtout échapper à la cohue qui sans cesse assiégeait sa maison.

X

Au temps de la terreur, on sait que Robespierre avait inscrit sur ses tables de proscription Talma, et qu'il voulait le perdre. Mais on ignore le motif de cette haine; le voici :

Une jeune actrice, qui venait d'être reçue au Théâtre de la République, avait inspiré au grand tragédien une véritable passion; la jeune personne n'y était point insensible : comment résister au prestige d'un si beau talent, et surtout à la peinture d'un sentiment que Talma savait exprimer d'une manière si pénétrante !

Robespierre venait presque tous les jours au théâtre ; la jeune actrice ne fut pas longtemps à s'apercevoir qu'elle était l'objet de cette assiduité. Elle frémit ; et, craignant les manifestations d'un amour si fatal, elle chercha les moyens de retarder au moins une déclaration qu'elle craignait de ne pouvoir longtemps éviter. Elle se dit malade et s'abstint de la scène.

Mais quelle fut sa terreur lorsque Talma vint lui raconter ce qui s'était passé relativement à lui ! Il avait un tailleur en grande renommée : c'était le seul qui exécutât parfaitement, d'après la direction du tragédien, de petites redingotes courtes à la polonaise, ornées de brandebourgs. Ce vêtement de bon goût, le gilet en schal, le pantalon juste, le col découvert, le chapeau relevé avec une plume : tel était, à cette époque, le costume de Talma, porté aussi par quelques jeunes gens,

Robespierre fit mander le tailleur en question, et lui dit, en peu de paroles, de lui faire un habit. Celui-ci, croyant ajouter à sa réputation de tailleur à la mode, tout en prenant mesure à Robespierre, lui dit : « Si le citoyen voulait une petite redingote à la Talma ! » — A ce nom, une crispation de nerfs saisit Robespierre et se manifesta de telle sorte que le tailleur tremblant crut voir un tigre prêt à le saisir : *Talma ! Talma !* répétait Robespierre. — « Je ne dis pas cela, citoyen ! » criait en reculant le pauvre tailleur ; et, sans finir de prendre mesure, il saisit la porte et courut à toutes jambes jusqu'à la rue de la Victoire, pour informer Talma de la scène qui venait d'avoir lieu.

On peut juger de la frayeur de la jeune actrice, car elle pensait entrevoir la véritable cause de tant de fureur ; par prudence, elle pria Talma de suspendre ses visites et ne songea plus qu'à chercher des protecteurs dans les personnes qu'elle savait être du parti contraire à Robespierre. Elle renoua donc connaissance avec son ancienne camarade, Mme Cheftel, actrice du Théâtre-Français, dont le nom connu est celui de Mlle Fleury ; son mari, antagoniste de Robespierre, recevait chez lui Danton et Tallien.

La jeune actrice, invitée à dîner un jour de réunion, tâcha de se rendre agréable, et elle y réussit si bien qu'au dessert Tallien, élevant la voix, lui adressa la parole avec le ton de galanterie et de courtoisie qui était le cachet du temps : « Sais-tu, jolie citoyenne, « qu'il y a contre toi une dénonciation au comité de « salut public ? — Ah ! citoyen, que me dis-tu ? — « Rien de plus vrai ! mais tu dois le savoir : le scélé- « rat de Robespierre est amoureux de toi.—Je l'igno- « rais, citoyen ; mais, s'il en était ainsi, j'implorerais « votre assistance pour me soustraire à cet affreux « malheur. — Vraiment ! penses-tu ce que tu dis ? — « Eh ! mais sans doute, dit Danton, avec sa voix de « tonnerre : cette jolie femme ne peut vouloir de ce « reptile, de ce rebut de la nature ! Pauvre petite ! « elle en est toute rouge. Ne vous effrayez pas, ajouta- « t-il, vous n'avez plus rien à craindre, ma toute char- « mante ; nous sommes maintenant vos amis. Si l'on « vous tourmentait, moi, je vous prendrais sous ma « protection ; alors venez trouver Danton ! »

Pendant le dîner, une circonstance, insignifiante en tout autre moment, avait frappé la jeune femme. On servait un superbe poisson dont la tête se trouvait justement en face de Danton : en le posant sur la table, la tête de ce poisson tomba sur son assiette : « Danton! « ceci est d'un mauvais augure, s'écrie Tallien. — « Eh non ! répond Danton, tu vois bien que cette tête « tombe devant moi ! » Mais si la tête de Robespierre ne tarda pas à tomber, celle de Danton était tombée auparavant.

XI

Cependant Talma, vivement épris de la jeune actrice, voulait franchir tous les obstacles qui s'opposaient à leur union ; il fallait donc rompre son mariage par un divorce et la jeune actrice s'y opposait avec une invincible détermination. Talma, peu disposé à prendre les conseils de la raison, ne voulait rien entendre : sa passion était, à son avis, une réponse à tout argument. Enfin, celle qu'il aimait, voulant assurer son repos, obtint un congé, fut quelques mois absente, et toute relation avec Talma fut rompue.

Elle revint, mais sans avoir changé de résolution ; et tout espoir de rapprochement paraissait impossible, lorsqu'une circonstance extraordinaire réunit deux êtres dont la destinée ne pouvait plus être séparée.

Dans une pièce de Collot d'Herbois, où l'héroïne doit être enlevée, l'acteur chargé du fardeau fit malheureusement un faux pas, alla tomber rudement dans la coulisse ; et non seulement il écrasait la pauvre actrice, mais il arriva qu'une grosse épingle entra de toute sa longueur dans la poitrine de celle qu'il abîmait de son poids. L'accident était affreux ; on porta la malheureuse femme dans sa loge.

Les médecins, les chirurgiens s'empressèrent autour d'elle ; tout le théâtre était en rumeur, car cette actrice était aimée de ses camarades. D'après l'avis des médecins, la plaie ne saignait point assez : « Il « faut sucer la plaie, dit l'un d'eux, en élevant la voix ; « c'est le seul moyen d'écarter le danger. Allons ! ne « tardons pas... Talma, vous n'y répugnerez point, je « pense ? il faut la sauver. »

Talma, en rougissant, fut le sauveur, et il acquit ainsi des droits imprescriptibles au cœur et à la main de celle qu'il aimait.

Toutes les convenances paraissaient se trouver dans une pareille union ; elle fut longtemps heureuse : mais on sait trop qu'elles en ont été les suites....

XII

Talma devint tout-à-coup un homme à bonne fortune. Poursuivi, provoqué par des femmes de la plus haute société, il conçut le projet d'obtenir encore ce genre de célébrité, si nuisible au bonheur domestique.

Sa femme, qui tolérait facilement son goût exagéré pour la dépense, fut moins indulgente lorsqu'elle vit joindre l'infidélité au désordre de ses affaires. Elle lui disait un jour, avec un peu de colère : « Si j'avais des

« goûts aussi dispendieux que les tiens ! si je vou-
« lais des diamants, des loges à tous les théâtres ! si
« j'avais des fantaisies !.... »

Elle croyait le fâcher ; mais il lui répondit avec le
plus de sang-froid : « Eh bien ! nous aurions plus de
« dettes.»

XIII

Un autre jour, sa femme lui déclara qu'elle voulait
enfin prendre les rênes de leur fortune commune ;
qu'elle ne voulait plus s'en remettre à lui, pour leur
sort à venir : « Eh bien ! dit Talma, je te livre nos
affaires, si tu peux t'y reconnaître ! » En effet, la
chose était difficile. A la vérité, il écrivait tous les
jours ses dépenses, mais en petits pieds de mouche,
sur un registre in-folio, bien relié en maroquin vert ;
et l'on pouvait défier le plus habile d'y rien comprendre.

XIV

Talma, favorisé hautement par l'empereur, ne pouvait plus se contenter d'une existence ordinaire : il lui
fallait du luxe, de la gloire, des émotions ; il cherchait
le bonheur, mais par des moyens qui deviennent bien
souvent la source de tous les maux.

Eût-il été plus heureux dans une situation tran-

quille ? On peut en douter : car il avait souvent besoin
d'échapper à lui-même. Pour le prouver, il me suffira
de recueillir ses propres paroles.

« Lorsque je vais au spectacle, disait-il à sa femme,
« et que je vois tous ces êtres rassemblés, parés et
« joyeux, je fais toujours cette réflexion : dans peu
« d'années ils seront tous dans le cercueil, et cela pour
« l'éternité !

« Le croirais-tu ? quand je considère une femme, ses
« formes gracieuses, ses traits charmants, je cherche
« à voir ce que serait le squelette de cette jolie créa-
« ture : je le découvre sous la chair ; mes yeux et mon
« esprit ont pris cette habitude, et, malgré mes efforts
« je la vois toujours ainsi. »

Les maux de nerfs dont Talma se plaignait sans
cesse, le disposaient à des terreurs dont il ne pouvait
se défendre : tantôt il se croyait près de devenir aveugle ;
tantôt il craignait de tomber mort dans la rue ; souvent
il pensait être paralysé.

Mais quand Talma était vivement ou sérieusement
préoccupé, il n'avait pas ses tristes idé es

XV

Un jour Talma, se promenant avec sa femme, fut
arrêté par un jeune homme d'un extérieur agréable,
qui vint lui sauter au cou, avec la démonstration de la
plus vive amitié. Talma paraissait charmé de le revoir.
Ils eurent une conversation très animée ; elle était relative au théâtre : ce qui les retint longtemps à la même

place. Au moment de se quitter, nouvelle effusion de part et d'autre, nouvelle marques d'intérêt : — *Adieu mon ami !* — adieu ! dit le jeune homme, *je ne tarderai pas à t'aller voir ; adieu !* — Talma, tout ébahi, le suivait des yeux : « Je n'ai jamais vu ce monsieur, « lui dit sa femme, d'où le connais-tu donc, mon ami ? « — Ma foi, je n'en sais rien ! — mais tu l'appelais ton « ami ? — Eh bien ! ma chère, c'est un de mes amis que « je ne connais pas. »

XVI

On sait que Talma avait au suprême degré, la manie des ouvriers ; sous ce rapport, sa femme, ses parents, ses amis, ne pouvaient rien gagner sur lui. Un jour, dans une réunion fait à dessein, on entreprit de lui parler raison :

« Songe, Talma, disait l'un, que tu ne seras pas « toujours jeune. Avec ton caractère, on a besoin d'ai- « sance ; prépare donc ton avenir.

« Je t'assure, mon ami, reprenait un autre, que ces « travaux continuels, ces plans que tu fais sans cesse « pour embellir ta campagne, ne vont point à ton but ; « car une chose n'est pas plus tôt achevée que tu « changes tes dispositions pour faire tout autrement, « et tu détruis le lendemain ce que tu as fait la veille.

« Cela est vrai, disait un autre ami : moi je soutiens « que ta campagne vaut moins que lorsque tu l'as « achetée. Si tu voulais la revendre, tu n'en trouve- « rais pas maintenant le prix de ta première acquisi- « tion. »

17.

Lorsque chacun l'eut sermoné à sa manière, Talma prit la parole, et au grand étonnement de l'assemblée, il promit bien plus qu'on ne lui demandait ; même il enchérissait encore sur tout ce qu'on avait pu lui dire.

Il se montra si persuadé, si raisonnable, qu'enfin on lui rendit les armes. Sa femme, bien rassurée sur l'avenir, embrassait de grand cœur tous ses amis, et se félicitait d'une conversion si prompte et dont elle n'aurait osé se flatter.

Sur ces entrefaites, un des domestiques vint avertir Talma que le maître maçon et le maître serrurier de Brunoy venaient se rendre à ses ordres.

Talma sortit, pour aller leur parler, mais sa femme, désireuse de savoir ce qui les amenait, se glissa furtivement dans un cabinet d'où l'on pouvait entendre ce qui allait se dire. Quel fut son étonnement ! Les ordres étaient donnés pour faire à la maison de Brunoy un nouvel escalier à la moderne, et pour établir une grille sur tout le devant de la propriété : les devis pouvaient monter à plus de *dix mille francs.*

Tel fut l'effet du sermon, et tel le prompt résultat de la conversion promise !

XVII

Lorsque le célèbre anglais Kemble vint à Paris, Talma se proposa de le recevoir dignement, au grand déplaisir de sa femme, qui prévoyait, en les craignant, de grandes et nouvelles dépenses.

En effet, Talma fit tout renverser dans son appar-

tement de Paris. Une querelle à ce sujet troubla la
paix du ménage. « J'entends, disait Talma, que celui
« que l'on veut bien appeler le premier acteur de la
« France, reçoive avec éclat le premier acteur de l'An-
« gleterre. Penses-tu que je veuille déshonorer ma
« nation ! Kemble tient un grand état de maison dans
« le pays qu'il habite : je veux me mettre à son ni-
« veau... Je suis même fâché de n'avoir pas un hôtel...
« Mais il n'importe : mon appartement, décoré comme
« je l'entends, sera noble, délicieux ! Je veux ici des
« lambris dorés ; là, je veux une galerie de tableaux,
« ce qui pourra se faire en abattant des cloisons ; je
« veux deux salons, dont l'un sera décoré tout-à-fait
« à la romaine. — Mais, nous n'en avons qu'un ! répé-
« tait madame Talma. — Ta chambre à coucher fera
« le second, ma chère amie : elle est vaste... D'ail-
« leurs, on peut faire abattre ce petit mur, et agrandir
« ta chambre avec la largeur des couloirs : laisse-moi
« faire. Si tu m'opposes encore tes difficultés, prends-y
« garde ! tu me fâcheras tout de bon... Te voilà tou-
« jours avec tes calculs bourgeois, tes idées étroites !...
« Allons, ne perdons pas de temps. »

En peu de jours tout fut culbuté, et l'on ne savait
plus où mettre le pied, tant il y avait de confusion.

En travaillant jour et nuit, il fallait bien deux mois
pour voir la fin de cet ouvrage.

Mais Kemble n'attendit pas si longtemps. Au bout
de huit jours il arriva : on fut trop content, trop heureux de pouvoir remettre à la hâte les boiseries qu'on
avaient enlevées du salon, et l'on balaya, comme on
put les plâtres et les copeaux pour mettre les tables
dans la salle à manger.

Les auteurs, les artistes les plus célèbres, étaient invités, et le festin n'en fut pas moins agréable. Mais pour Talma, quel désappointement ! il n'avait ni sa galerie de tableaux, ni son salon à la romaine.

XVIII

Voici encore une preuve de la préoccupation habituelle de Talma.

Un jour qu'en descendant un escalier avec une actrice du temps, la célèbre Desgarcins, dont la voix avait tant de charmes, le grand artiste négligeait de lui donner la main : « Comment, Talma, lui dit-elle, « vous ne m'offrez pas votre bras ! vous me laissez « descendre seule ! — Eh bien, répondit-il, en pensant « à tout autre chose, prenez la rampe. »

XIX

Un ami de Talma, qu'il voyait tous les jours, partit pour l'Amérique ; il y resta quelques années, attendant inutilement des nouvelles de celui qui ne répondait pas même à ses lettres. — De retour à Paris, cet ami s'empressa de courir au théâtre, ou plutôt à la loge de Talma, qui s'habillait pour jouer Manlius ; il finissait d'attacher son cothurne. En levant la tête, que voit-il ! son ami, M. C***, parti depuis trois ans ; et sans manifester la moindre surprise, Talma lui dit :

Ah! bonjour, mon petit, comme s'il l'avait vu la veille et tous les jours d'une si longe absence. M. C*** pourtant ne tarissait pas en reproches, de ce qu'on n'avait pas répondu à ses lettres. « Que tu es injuste! lui dit « Talma, j'ai dans mon secrétaire, une lettre pour toi « de plus de quatre pages, tu l'auras ce soir : dis à « présent que je suis négligent! »

XX

Un journal a rapporté nouvellement sous ce titre : *Un trait de la vie de Talma*, une anecdote qui *peindra mieux*, dit-il, *que tous les éloges, la bonté de son cœur, la noblesse de son caractère* : ce trait trouve ici naturellement sa place.

Dans les premiers temps de sa carrière théâtrale et tandis que la tourmente révolutionnaire agitait la France, Talma fut lié à Paris avec quelques hommes politiques, au nombre desquels se trouvaient plusieurs conventionnels. Lorsque le despotisme détrôna l'anarchie, Talma, en parcourant cette carrière hardie qui fit dire un jour à Mlle Contat : *Il a l'air d'une statue romaine*, Talma se souvint de ses amis, surtout de ceux qui, fermes dans leurs principes, refusèrent de courber la tête devant le nouvel empereur. Avec tous il fut toujours le même homme.

La seconde restauration revint avec ses rancunes et ses haines. On ne le sait que trop. Plusieurs illustrations de la France, des maréchaux, des généraux, des orateurs, des jurisconsultes, des peintres, des acadé-

miciens, des savants, allèrent demander l'hospitalité à
une terre étrangère, et le roi des Pays-Bas les reçut
tous avec la même bienveillance. La Belgique fut pour
eux une seconde patrie.

Au nombre des exilés se trouvait le conventionnel
A***, qui signa dans les Cent Jours l'acte additionnel.
Ce vieillard, qui ne voulut jamais accepter ni places
ni dignités de Napoléon et qui vécut isolé pendant
vingt ans dans un des coins de Paris, alla s'établir à
Liège où il vivait d'un modeste revenu de 500 francs,
débris d'une belle fortune que des malheurs avaient
anéantie. Des maladies, des infirmités inséparables
d'un grand âge, étaient venues aggraver la situation
de M. A***, qui se trouvait dans un état voisin de l'in-
digence.

Dans les dernières années de sa carrière, Talma alla
faire un voyage en Belgique et donna des représentations
à Bruxelles, à Liège, à Anvers et à Gand. A peine arrivé
à Liège, le grand acteur fut visité et fêté par plusieurs
Français de distinction qui résidaient dans cette ville
et par des amis éclairés des lettres et des arts, tels
que cette cité en renferme. Au bout de quelques jours,
les compatriotes et les amis de Talma résolurent de
lui donner une fête... : une députation fut envoyée auprès de lui pour l'inviter à un banquet ; c'était l'avant-
veille de son départ. Talma accepta avec empressement une fête offerte par l'amitié.

« Mais, dit-il, je ne puis accepter votre invitation
« que pour demain soir après la représentation ; car
« des engagements impérieux me forcent à partir de-
« main matin. »

On convint donc de faire un souper. On passa en

revue le nom des convives qui, pour la plupart étaient des Français et des proscrits. Le nom de M. A*** fut prononcé dans la conversation.

« M. A***, s'écria Talma, mais c'est un des amis de « ma jeunesse ; ne sera-t-il pas des nôtres ?

« — Hélas ! répondit celui qui avait prononcé son « nom, M. A*** n'est pas heureux : il ne voit, il ne « veut voir personne.

« — Ah ! rendez-moi ce service, dit Talma : voyez- « le, rappelez-moi à son souvenir. Dites-lui combien « je serai heureux de le presser dans mes bras !... « Faites en sorte qu'il soit au nombre des convives. »

On se rendit chez M. A*** qu'on trouva dans un complet dénûment. On lui dit que Talma donnait des représentations à Liège et qu'il avait témoigné le désir de le revoir, lui, son vieil ami. « Je sais, dit-il, que « Talma est ici ; mon plus grand plaisir eût été d'as- « sister à une de ses représentations ; mais peut-on « donner quelque chose au superflu quand on manque « du nécessaire?... Au surplus, je ne demande, je n'ai « jamais rien demandé à personne... Qu'on m'appelle « original, ou autrement, peu m'importe ; je ne veux « pas sortir de mon obscurité : c'est vous dire assez « que je n'irai point voir Talma. »

On reprocha doucement au vieillard son éloignement pour le monde ; on lui rappela qu'il avait des amis dont il dédaignait les offres ; enfin on employa force prières pour le faire revenir de sa résolution et on ne parvint à le fléchir qu'en lui assurant que son refus affligerait beaucoup Talma.

L'état de gêne de M. A*** était tel qu'il n'avait pas un seul vêtement avec lequel il pût se présenter mo-

destement en société. Il fallut faire de nouvelles instances pour lui faire accepter des habits et du linge
qui lui furent apportés le lendemain. M. A*** finit par
y mettre de la bonne grâce. Il se promettait un grand
plaisir à la représentation... Mais hélas! ses amis
n'avaient pas pensé à lui envoyer aussi un billet d'entrée; et le pauvre homme n'avait pas de quoi payer sa
place.

On s'excusa sur l'oubli maladroit et on l'emmena.

La reconnaissance entre M. A*** et Talma fut touchante : « Mon vieil ami, lui dit Talma, nous avons fait
« l'un et l'autre bien du chemin depuis trente ans! »
Puis, lui parlant de la représentation : « Vous con-
« naissez, sans doute, la tragédie de M. de Jouy :
« comment m'avez-vous trouvé dans *Sylla ?* »

« — Mon cher Talma, lui répondit-il, je n'ai pas eu
« le plaisir de vous voir jouer aujourd'hui. » Puis il
s'arrêta tout à coup. Un des interlocuteurs de cette
scène rompit le silence et raconta à Talma le motif qui
avait empêché M. A*** d'aller au spectacle. Talma en
fut vivement touché.

On se mit à table, M. A*** fut placé à côté de son
ancien ami. La plus franche cordialité régna pendant
le repas. Lorsqu'on fut levé de table, Talma tira
M. A*** dans l'embrasure d'une croisée et lui dit à
voix basse : « Mon ami, vous n'avez pu jouir du spec-
« tacle; mais, au nom de notre vieille amitié, daignez
« accepter le produit de cette représentation qui était
« tout entière à mon bénéfice. »

Et en disant ces mots avec émotion, Talma lui glis-
sait dans la main six billets de mille francs que le directeur lui avait apporté le soir même dans sa loge.

L'orgueil de M. A*** se réveilla de nouveau et il refusa avec fermeté.

« — Au moins, dit Talma, les larmes aux yeux, si
« vous n'acceptez pas cette faible somme comme un
« don, ne la refusez pas comme un prêt fait par un
« vieux camarade ! »

M. A***, vaincu par tant de générosité, accepta et
proclama à l'instant même, devant toute la société, le
service que Talma venait de lui rendre avec tant de
délicatesse et de désintéressement.

XXI

Le premier acteur du Théâtre-Français eut pour ami
le premier acteur de la scène du monde. Bonaparte, devenu premier consul, recevait le grand artiste familièrement... et, lorsqu'il fut parvenu à l'empire, il lui dit
un jour : *Talma ! je vais te faire jouer devant un
parterre de rois !* Bientôt Napoléon partit pour Erfurth : un détachement du Théâtre-Français l'avait
précédé ; une grange fut arrangée en salle de spectacle ; il y avait deux fauteuils en avant : l'un pour Napoléon, l'autre pour Alexandre ; des chaises garnies
pour les rois ; des banquettes pour les ducs et princes
souverains et lorsque Talma dit ce vers :

L'amitié d'un grand homme est un bienfait des cieux,

l'autocrate se tourna vers Napoléon, prit sa main et
s'inclina devant lui.

XXII

Talma réunissait aux profondeurs de son génie dramatique, une forte littérature, éclairée par un goût exquis. Il avait une si grande connaissance des effets de la scène que plusieurs auteurs le consultaient sur leurs ouvrages, lui remettaient leurs manuscrits et le priaient de faire, dans les scènes et dans les vers, les changements qu'il jugerait convenables. Ducis avait cette grande confiance en ses lumières. Il s'est trouvé dans les papiers de Talma le manuscrit autographe d'une des meilleures pièces du célèbre académicien ; et sur ce manuscrit on remarque un assez grand nombre de vers corrigés, changés ou ajoutés par Talma et écrits de sa main.

Il avait refait aussi en entier le cinquième acte de *Manlius*, et le manuscrit autographe, ainsi que la tragédie de Ducis, ainsi que divers plans et analyses d'ouvrages dramatiques, faits et écrits par le grand artiste, ont été vendus et la plupart dispersés après sa mort.

Je crois devoir me borner à donner ces détails sur l'homme célèbre dont j'ai été la femme. Il m'avait confié son bonheur, qui m'eût paru si cher s'il m'avait été donné de l'assurer constamment !... J'ai parlé de quelques faiblesses, de quelques bizarreries... Quel génie en est exempt ! et si Talma eut des torts, ils se perdent dans sa gloire.

NOTES ET DOCUMENTS

FAMILLE, NAISSANCE, ENFANCE DE TALMA

La famille de Talma était-elle d'origine hollandaise? La désinence de son nom le laisse supposer, mais il n'en savait rien lui même (1). Le 15 juin 1822, il écrivait cette curieuse lettre à un M. Aretius Sibrandus Talma, fixé à Engevirum, en Frise, et qui croyait être de ses parents :

MONSIEUR,

J'ai eu l'honneur de recevoir, il y a huit jours seulement, une lettre de vous, datée du mois de février dernier, avec deux exemplaires de votre thèse. M. le pasteur Marron vient aussi de m'en adresser une troisième de votre part. Je suis très reconnaissant de votre obligeante attention, et vous prie d'en agréer mes sincères remerciements.

J'ignore, Monsieur, et il me serait difficile de découvrir si vous et moi sortons de la même souche. Il y a déjà plus de quinze ans qu'étant en Hollande, j'ai appris qu'il y avait dans ce pays des familles qui portaient le même nom que moi. La mienne habite principalement un endroit à six lieues de Cambrai, dans la Flandre française. Au reste, ce n'est pas la première fois que mon nom donne lieu à des informations sur mon

---

(1) Le nom qu'il devait illustrer était très répandu. Jal, dans son DICTIONNAIRE CRITIQUE, cite trois Talma parisiens, dont l'un, Firmin Talma, était cocher

origine de la part d'étrangers. Il y a environ quarante ou cinquante ans qu'un fils de l'empereur du Maroc, se trouvant à Paris, et entendant prononcer le nom de mon oncle, vint lui demander s'il n'était pas d'origine arabe. Depuis ce temps, un négociant d'une des villes maritimes de l'Afrique, que j'ai vu dans ma jeunesse à Paris, me fit la même question, et je ne pus pas plus répondre au négociant que mon oncle au fils de sa majesté marocaine. M. Langlès, savant très distingué dans les langues orientales, et mon ami d'enfance, me dit, à cette époque, qu'en effet *talma*, en arabe, signifiait *intrépide*, et que c'était une de ces appellations que ces peuples emploient pour distinguer les différentes branches d'une même famille. Vous sentez, Monsieur, qu'une telle explication dut me rendre très fier, et que j'ai constamment fait mes efforts pour ne pas déroger. Malheureusement, m'étant toujours livré au culte des arts, je n'ai jamais eu l'occasion de prouver que ce nom m'était justement acquis. Bref, j'ai supposé, d'après tous ces éclaircissements, qu'une famille maure, restée en Espagne, avait pu embrasser le christianisme, passer de ce royaume dans les Pays-Bas, possédés alors par les Espagnols, et de là, par une circonstance quelconque, être venue s'établir dans la Flandre française.

Mais, d'une autre part, on m'a dit en Hollande que notre nom avait une terminaison hollandaise, et qu'il était très répandu dans ce pays. Ce nouvel éclaircissement a renversé tout le bel édifice de mon imagination, et m'a renvoyé d'un seul trait des sables de l'Afrique dans les pâturages de la Hollande. C'est vous, Monsieur, qui, parlant hollandais, pouvez mieux que moi décider si définitivement nous sortons du nord ou du midi; si nos ancêtres portaient le turban ou le chaperon; s'ils invoquaient Mahomet ou le Dieu des chrétiens.

J'oubliais encore de vous dire, Monsieur, que le comte de Mouradja, qui a résidé longtemps en Orient, et qui a fait un ouvrage sur le système religieux des Orientaux, cite un passage d'un de leurs auteurs qui nous apprend que le roi, ou plutôt le Pharaon IVe d'Egypte, lequel chassa les Israélites, s'appelait *Talma*. C'était un grand coquin que ce roi; mais il ne faut pas y regarder de si près, quand on peut se dire d'une si illustre origine. Vous voyez, Monsieur, qu'il n'y a point de baron allemand à seize quartiers, pas même de rois dans les quatre par-

ties du monde, qui puisse se vanter d'une antiquité aussi haute
et aussi légitime que notre famille. Au reste, Monsieur, je tiens
beaucoup plus à honneur d'être le parent d'un savant aussi
distingué que vous, que d'être le descendant d'une tête couronnée. J'espère, Monsieur, que vous voudrez bien m'informer
si vous pensez qu'en effet notre nom soit plutôt hollandais
qu'arabe. Dans tous les cas, Monsieur, je me félicite sincèrement
de porter un nom que vous savez si bien honorer, et je me flatte
qu'un jour quelque circonstance favorable me procurera l'avantage de vous rencontrer et de faire plus particulièrement votre
connaissance, soit que j'aille en Hollande, soit que vous veniez à
Paris.

Agréez, je vous prie, Monsieur, l'assurance des sentiments les
plus distingués de votre dévoué serviteur.

TALMA.

Rue Saint-Lazare, n° 56, Chaussée-d'Antin.

Ce qui est certain, c'est que son père était de Poix-du-Nord.
Pour gagner sa vie plus facilement, il alla se fixer à Paris où il
fut domestique et entra au service d'un Anglais. Il eut l'idée
d'apprendre le métier de dentiste et fit dans cet art, qui était
alors purement mécanique, de remarquables progrès. Un curieux
détail nous est donné à son sujet par Charles Maurice : « En
sa qualité de dentiste, ayant troublé un de ses confrères dans la
possession de son brevet, il perdit un procès qu'il soutenait de
concert avec quatorze autres arracheurs de molaires, d'incisives
et de canines plus ou moins bien portantes (1). »

Le 29 avril 1760, Michel-François-Joseph Talma, valet de
chambre, âgé de 27 ans, fils de François-Joseph Talma et de
Catherine Hardy, avait épousé Anne Mignolet, âgée de 28 ans,
fille de Pierre Mignolet et de Marguerite Trouvé.

Anne Mignolet, qui était lorraine, habitait rue des Menestriers.
C'est là que naquit le grand tragédien.

« Le quinze janvier mil sept cent soixante-trois a été baptisé
François-Joseph, né aujourd'hui de Michel-François-Joseph
Talma, valet de chambre, et d'Anne Mignolet, son épouse, de-
meurant rue des Menestriers; le parrain Philippe-Joseph Talma.

(1) Charles Maurice. ÉPAVES. Paris 1865, p. 18.

cuisinier, oncle de l'enfant, demeurant rue de Clichy, paroisse de Montmartre ; la marraine, Marie-Thérèse Mignolet, fille majeure, tante de l'enfant, demeurant rue Portefoin, lesquels ont signé..... » (1)

Jusqu'à l'âge de neuf ans, Talma, que son père n'avait pas encore emmené à Londres, où il exerçait sa profession, fut confié à une de ses tantes. Cette période de sa vie se passa presque entièrement au hameau de Vagnouville, dépendant de la commune de Poix. On raconte qu'il y planta un pommier qui existait encore vers 1830 (2).

SUR LE THEATRE DE DOYEN

V. *Mémoires de M*ⁱˡᵉ *Flore, même collection.*

Talma joua chez M. Doyen entre autres rôles celui d'Oreste dans l'*Iphigénie en Tauride*, de Guimond de la Touche. L'opinion de quelques-uns de ses amis qu'il avait prié d'assister à la représentation ne lui fut pas très favorable. Sa résolution risquait d'en être ébranlée, mais Mⁱˡᵉ Sainval cadette, actrice à la Comédie-Française, par ses conseils et ses éloges, l'empêcha de céder au découragement.

Une anecdote racontée par Villeneuve nous apprend comment se déclara sa vocation : « A cette époque (vers 1783), trois jeunes légistes, devenus depuis célèbres au barreau, MM. Bellart, Bonnet et Lépidor, passaient souvent les longues soirées d'hiver à s'exercer à la lecture à haute voix ; et pour se former à l'art oratoire, ils récitaient des scènes de Corneille et de Racine, de Molière et de Voltaire. Ami des trois jeunes avocats, Talma se réunissait avec eux ; il était présent à leurs exercices : mais il n'y prenait d'abord aucune part. Il restait assis au coin du feu, comme absorbé, rêveur, insouciant, et se montrait étranger à ces nobles études : pendant assez longtemps il fut vainement pressé

---

(1) Ce document, tiré du registre des baptêmes de l'église Saint-Nicolas-des-Champs, a été donné pour la première fois exactement par Jal, dans son Dictionnaire critique. Talma avait un frère, Jean-Joseph Talma, qui fut dentiste à Paris, et une sœur, Anne-Gertrude, plus jeune que lui et qui mourut le 8 avril 1806.

(2) V. « Intermédiaire des Chercheurs et des Curieux. » Nᵒ du 10 février 1903, p. 190.

de s'y associer. Enfin il céda à des instances vives et toujours renouvelées. On lui mit en main un livre et il donna les répliques :

> D'abord il s'y prit mal, puis mieux, puis un peu bien,
> Puis enfin il n'y manqua rien.

Bientôt l'insouciance devient un goût, et le goût une passion. M. Bellart aimait à raconter que le barreau avait donné Talma au théâtre s (1).

Un de ses premiers maîtres avait été un acteur, Dorival, assez médiocre sur la scène mais, en ville, donneur d'excellents conseils. « Il m'apprit littéralement à respirer, disait plus tard Talma ; il ne faut jamais, me recommandait Dorival, respirer entre le verbe et son régime, le substantif et l'adjectif, à moins qu'il n'y ait énumération ; mais il faut respirer au sujet, parce que cela donne à l'auditeur le temps de fixer son attention. Il y a, ajoutait ce comédien, des demi-respirations, des quarts de respiration : un tact fin, quelquefois une heureuse inspiration, et finalement une bonne haleine, sont nécessaires, sont au moins désirables à l'élève, et les lui font placer à propos. »

LES FEMMES DE TALMA.

Le 19 avril 1791 Talma épousa à l'église Notre-Dame-de-Lorette Julie Gareau, et la bénédiction nuptiale leur fut donnée par un des vicaires qui s'appelait Lapipe. L'acte suivant fut inscrit sur le registre des mariages de l'église :

« François-Joseph Talma, bourgeois de Paris, âgé de vingt-huit ans, demeurant rue Chanterenne (*sic*), fils de François-Joseph Talma, bourgeois de Paris, de présent en Angleterre et consentant, comme il appert par l'acte fait et passé à Londres, le 15 mai 1790, et d'Anne Mignolet, son épouse, présente et consentante, d'une part, et Louise-Julie Careau, âgée de vingt-cinq ans (elle en avait en réalité 35), demeurant aussi rue Chanterenne, fille de Marie Carreau (*sic*) présente et consentante, d'autre part, ont été fiancés et mariés... en présence de... Fran-

(1) Particularités sur la vie de Talma (par Charlotte Vanhove). Noté à Villeneuve.

çois-Michel Talma, dentiste, demeurant rue Mauconseil... (signé)
Franç.-Jos. Talma, L.-J. Careau, Talma jeune, J. Talma,
etc. » (1).

Près d'un an auparavant le contrat avait été signé chez Julie
Careau par Mᵉ Martinon, en présence de Jean-Joseph Talma,
dentiste à Paris, frère du futur, de Nicolas-Gabriel Allart, ami
du futur, de M. James, bourgeois de Paris, et de Mˡˡᵉ Thevenet
de Celigny, ancienne danseuse à l'Opéra, ces deux derniers amis
de la future. Ce contrat, comme le document cité plus haut, a
été en parti reproduit par Jal. qui l'a trouvé dans les minutes
d'un des successeurs de Mᵉ Martinon :

« Pardevant... sont comparus M. François-Joseph Talma,
pensionnaire du Roy, demeurant à Paris, rue de Molière, faubourg Saint-Germain, paroisse Saint-Sulpice, majeur, fils du
sieur Michel Talma, dentiste en la ville de Londres et de dame
Anne Mignolet, son épouse, desquels il déclare avoir le consen-
tement, stipulant pour lui et en son nom, d'une part, et demoiselle Louise-Julie Carreau (*sic*), fille majeure (2), demeurant en
cette ville, rue Chantereine, paroisse Saint-Eustache, stipulant
pour elle et en son nom, d'autre part; lesquels avant de passer
la célébration du mariage convenu et arrêté entre eux en ont
réglé les clauses et conventions ainsi qu'il suit... Les futurs seront communs en biens... (3) Les biens de la Dˡˡᵉ Carreau consistent : 1º dans une maison sise en cette ville, rue Chantereine,
occupée par la Dˡˡᵉ Garreau, et par elle acquise de François-
Victor Perrard de Montreuil, architecte de Monseigneur le comte
d'Artois, moyennant la somme de cinquante mille livres... Le
futur époux a donné et doté la future épouse de dix mille
livres... (4) Fait et passé à Paris en demeure des parties, l'an
1790, le 30 avril, et ont signé : L.-Careau, J.-F. Talma, J.
Talma, etc... »

Le mariage avait été retardé d'un an par suite du refus

(1) Jal. Dɪᴄᴛɪᴏɴɴᴀɪʀᴇ ᴄʀɪᴛɪǫᴜᴇ, au mot Talma.
(2) Elle était même très majeure, puisqu'elle avait trente-quatre ans.
(3) Talma déclare « que ses biens ne consistent que dans ses meubles et ef-
mobiliers, habits et hardes à son usage, mais que la valeur doit en être com-
pensée par le montant de ses dettes passives. » En réalité il apportait pour
part des dettes.
(4) Clause apportée pour sauvegarder l'amour propre du futur qui aurait été
embarrassé, s'il lui avait fallu donner réellement ces dix mille livres.

curé de Saint-Sulpice de publier les bans à cause de la profession
infamante du futur. Talma s'en plaignit par une lettre adressée
le 12 juillet 1790 à l'Assemblée Nationale :

« Messieurs

« J'implore le secours de la loi constitutionnelle et je réclame
les droits de citoyen qu'on ne m'a point ravis, puisqu'elle ne prononce aucun titre d'exclusion contre ceux qui embrassent la
carrière du théâtre. J'ai fait choix d'une compagne, à laquelle je veux
m'unir par les liens du mariage. Mon père m'a donné son consente-
ment. Je me suis présenté devant le curé de Saint-Sulpice pour la
publication de mes bans. Après un premier refus, je lui ai fait
faire sommation par acte extra judiciaire. Il a répondu à l'huissier
qu'il avait cru de la prudence d'en déférer à ses supérieurs; qu'ils
lui ont rappelé les lettres canoniques auxquelles il doit obéir, et
qui défendent de donner à un comédien le sacrement du mariage
avant d'avoir obtenu de sa part une renonciation à son état...
Je me prosterne devant Dieu ; je professe la religion catholique,
apostolique et romaine... J'aurai pu, sans doute, faire une renonciation et reprendre le lendemain mon état ; mais je ne veux
point me montrer indigne de la religion qu'on invoque contre moi,
indigne du bienfait de la Constitution en accusant vos décrets
d'erreur et vos lois d'impuissance. Je m'abandonne avec confiance à votre justice. »

Trois membres, Goupil, l'abbé Gouttes et Bouche, prirent la
parole au sujet de cette lettre qui avait été lue à la tribune.
Bouche remarqua que des acteurs, pour se soustraire aux ri-
gueurs à la loi ecclesiastique, s'étaient mariés en prenant le titre
de *musiciens*. L'Assemblée passa à l'ordre du jour et Talma
trouva à Notre-Dame de Lorette un prêtre plus accommodant
que le curé de Saint-Sulpice.

La femme qu'il épousait aurait pu difficilement prendre part à
un de ces concours de rosières déjà nombreux à cette époque.

Julie Careau née le 8 janvier 1756 était fille de Marie Careau
et d'un certain François Proch qui ne se décida à la reconnaître
que le 6 août 1801 (1). Plus piquante que jolie, si on en juge

(1) Je me suis beaucoup servi pour ces détails sur la première femme de
Talma d'une très intéressante étude publiée récemment dans le CARNET par
M. Gustave Bord. « L'Hôtel Chantereine et ses habitants. »

par ses portraits, intelligente et spirituelle, elle ne tarda pas à
être classée parmi ces femmes qui se consacrent tout spécialement au bonheur du genre humain, ou plutôt du genre masculin,
et que l'on désigne d'ordinaire par leurs prénoms. Elle parlait
avec beaucoup d'agrement, sans affecter de savoir ce qu'elle
ignorait, et elle savait s'habiller. « On voyait réunies dans sa toilette deux choses dont chez les femmes l'une est indispensable
et l'autre pleine de charme : la propreté soigneuse et la demi-
négligence. Si vous eussiez ajouté un demi-pouce à son fichu,
c'eut été le fichu d'une prude. » Prude elle ne l'était pas, elle le
devint plus tard, parce que le diable se fait ermite, quand il est
vieux.

Benjamin Constant, juge délicat et difficile, a loué cette courtisane bien rentée, pourvues de belles relations, et Arnault, dans
ses *Souvenirs d'un sexagénaire* ne se montre pas moins elogieux :
« Connue, dit-il, dans le monde sous le nom de Julie, la femme
que Talma épousait, plus remarquable encore par le charme de
son caractère et de son esprit que par celui de sa figure, tout
agréable qu'elle fût alliait à un physique presque grêle une âme
des plus énergiques. Egalement passionnée pour les arts, les
lettres, la philosophie et la politique, après avoir réunis chez
elle, sous l'ancien régime, ce que la cour et la ville avaient de
plus aimable, elle y réunissait, depuis la révolution, aux littérateurs et aux artistes les plus célèbres, les plus célèbres membres
de la législature. » A l'époque où elle se lia avec Talma, Narbonne,
le prince de Monaco, Chamfort, Bertin Condorcet, Rivarol,
Sophie Arnould, Louise Contat, Vestris, Dugazon, Mlle Raucourt, etc. étaient les familiers de son salon de la rue Chantereine.

Son professeur d'esprit et d'elégance avait été le vicomte de
Ségur, poète doucereux — il est l'auteur de la célèbre romance
le temps fait passer l'amour, l'amour fait passer le temps — mon-
dain raffiné et seducteur professionnel. De ce sous-Lauzun, son
amant en partie double ou triple, la belle Julie eut un fils,
Alexandre-Félix, né le 30 avril 1781 et qui mourut en 1804. Le
5 décembre de la même année l'heureux père acheta à sa maîtresse, pour 50 000 livres, l'hôtel de la rue Chantereine « av
passage cour et jardin ». C'est ainsi (et pour fêter la naissan

d'Alexandre-Félix) que de locataire elle devint propriétaire (1).

Julie Careau n'était pas (au moins avant de connaître Talma) une de ces femmes futiles et imprudentes qui apportent dans l'amour trop de désintéressement.

Le 15 août 1782, Louis Philippe Joseph duc d'Orléans lui accordait « une rente annuelle et perpétuelle de 200 livres qu'elle pourra toucher en deux termes égaux chez Hector-Hyacinthe Séguin, rue Saint-Thomas du Louvre. »

A la fin de la même année elle recevait de François Beudet, avocat au Parlement, une autre rente de 130 livres.

Un gentilhomme irlandais, Antoine Maurice de Saint-Léger, commençait à cette époque à remplacer le vicomte de Ségur dans sa situation quasi-matrimoniale. Il eut ou crut avoir un enfant de sa maîtresse, de leur maîtresse, et cet enfant, Antoine Jules Victor Gabriel, fut reconnu par lui.

Julie Careau connut Talma vers 1787. Elle avait l'âge des grandes passions. Elle s'éprit du jeune acteur qui venait de débuter avec succès et dont quelques journaux devinaient déjà le talent. Talma à son tour ne put voir sans être un peu ému cette femme qui n'était plus très jeune mais dont la réputation augmentait considérablement le charme et la beauté. Julie joua d'abord la comédie des scrupules et de la résistance, mais elle ne la fit pas durer trop longtemps. Elle écrivait à l'apprenti tragique pour calmer ses alarmes qu'elle se plaisait à exagérer : « Je t'aime avec excès, mon tendre ami ; que nulle inquiétude ne trouble ton cœur ; le mien t'appelle à chaque instant. Demain

(1) On sait que cette maison fut vendue en 1796 à Napoléon, comme en fait foi l'acte ci-dessous passé deux ans après et tiré des registres de l'enregistrement :

« Du 11 germinal au 6 (31 mars 1798) enregistré, vente par Louise-Julie Careau, femme séparée de François Talma, demeurant, savoir : ledit Talma, rue de la Loi (rue Richelieu) ; et elle, rue Matignon, faubourg Honoré, n° 4.

« A Napolione (sic) Buonaparte, président de la légation française au congrès de Rastadt, demeurant rue de la Victoire, n° 6, d'une maison susdite, rue de la Victoire, ci-devant Chantereine, même numéro, appartenant a ladite citoyenne Talma, comme l'ayant acquise par contrat devant Rouen, notaire le 6 décembre 1781...

« Passé devant Raguideaux, notaire à Paris, le 6 germinal au 6 (25 mars 1798) — Reçu deux mille quatre-vingt-seize francs.

« Dudit enregistré intervention de Charles Louis Perdrix, homme de loi, rue Honoré, n° 69, qui se rend caution de ladite citoyenne Talma envers le citoyen Buonaparte pour raison de six mille quatre cents francs qui ont été payés à valoir sur le prix à ladite vente. »

dans la matinée j'irai te trouver. J'irai me jeter dans tes bras ;
que ces moments seront doux ! »

La courtisane lassée visait au mariage et elle était désormais
assez riche pour se payer ce luxe. Elle apportait à Talma deux
enfants mais elle lui apportait aussi trois maisons (1). C'était plus
d'une maison par enfant. Il est vrai que deux petits Talma-Careau,
un peu pressés, allaient très vite et en même temps augmenter
la famille. Le mariage avait été célébré le 19 avril 1791 et le
1er mai Henri-Castor et Charles-Pollux, nés la veille, étaient
baptisés à Notre-Dame de Lorette, Le premier eut pour parrain
Dagazon et Marie-Madeleine de Garcins, le second fut tenu par
Fr. Pierre le Sieur, économe du collège de Louis-le-Grand et
Louise-Alexandrine de Rivoal (2).

Cette union ne fut pas très heureuse. Talma avait la manie de
la batisse et d'autres manies assez coûteuses, celle du jeu par
exemple. Il dépensait sans compter. Ses premiers succès lui
avaient fait la réputation d'un homme à bonnes fortunes et il
semblait prendre à cœur de maintenir cette réputation et de la
mériter. Dix années de mariage parurent plus que suffisantes aux
deux époux et le 6 février 1801, le maire du x⁰ arrondissement
« sur leur demande mutuelle, faite à haute voix » (il n'en fallait
pas davantage en ce temps-là) prononça le divorce entre François-
Joseph Talma et Louise-Julie Careau. Celle-ci mourut en 1805, à
quarante neuf ans.

Le 16 juin 1802, Talma épousa Charlotte Vanhove femme divorcée d'un musicien d'orchestre, Petit (3).

Charlotte Vanhove, née à La Haye le 10 septembre 1771 était la
fille de Charles-Joseph Vanhove qui joua pendant près de trente
ans les pères nobles au Théâtre français, « le vieux Vanhove,
disait Bouilly, si paternel et si vrai ».

Six ans après son père, elle débuta sur le même théâtre que
lui le 8 octobre 1785 dans le rôle d'Iphigénie en Aulide et eut un
très vif succès, dû surtout, on peut le supposer, à son extrême

_____

(1) « Il est convenu entre les parties, dit le contrat de mariage, que les enfants
de la demoiselle Careau seront logés, nourris, entretenus et éduqués tant en
santé qu'en maladie, aux frais et dépens de la communauté sans pouvoir par
ledit sieur Talma exiger à cet égard aucune indemnité. »

(2) Castor et Pollux ne vécurent pas longtemps. Avant eux était mort, âgé de
douze jours, le 3 avril 1794, un troisième enfant, Tell.

(3) Elle avait épousé Petit en 1786 et le divorce avait été prononcé le 26 août 1794.

jeunesse. Les *Mémoires de Bachaumont* constatent que « tout Paris se portait en foule à la Comédie-Française pour l'admirer » (1). La jalousie d'Emilie et de Louise Contat, contribua beaucoup à augmenter le nombre de ses partisans et un poète oublié, Salior, lui adressa ce madrigal :

> Que Contat, nouvelle Eriphyle
> Contre toi de l'envie épuise tous les traits
> Paris répond avec Achille :
> Vous m'en voyez encor plus épris que jamais.

Avant la fin de ses débuts elle avait été admise comme sociétaire. En 1786, elle commença à prendre au théâtre le nom de son mari, Petit.

Emprisonnée à Sainte-Pelagie, le 3 septembre 1793, avec une partie de la troupe du Théâtre français, elle n'en sortit qu'en 1794 pour entrer au *Théâtre de la République*.

Ce fut à cette époque que Talma en devint épris et qu'elle inspira une passion bien involontaire à Robespierre (2). Le 9 thermidor débarrassa le jeune acteur tragique d'un rival d'autant plus redoutable qu'il avait à sa disposition la guillotine.

Talma et « madame Petit » jouèrent ensemble en 1797 dans *l'Agamemnon* de Nepomucène Lemercier. Elle avait le rôle de Cassaudre et lui le rôle d'Egisthe. Un journal de théâtre, *l'Indicateur dramatique*, consacra, à cette occasion, à l'actrice une aimable épître, où on lit ces vers prophétiques :

> De l'acteur qui peignit Egisthe
> Le succès au tien s'unira :
> Tous deux vous ornerez la liste
> De ceux que la scène honôra :
> Tous deux en partage de gloire.
> Avec l'auteur d' « Agàmemnon »
> Je vois les filles de mémoire,
> Près du Sien placer votre nom.

Ce ne furent pas les filles de mémoire qui unirent leurs noms,

---

(1) « C'est l'idole du public, et sa grande jeunesse, sa voix, la plus touchante qu'on ait entendue depuis mademoiselle Gaussin, sa sensibilité naïve, sa grâce peuvent justifier cet enthousiasme, et l'on peut espérer que l'avenir ne le démentira pas. » La Harpe, CORRESPONDANCE LITTÉRAIRE.

(2) C'est du moins ce qu'affirme Charlotte Vanhove elle-même dans l'ouvrage qu'elle publia en 1836 — mais le fait me paraît douteux.

mais plus simplement, le 16 juin 1802, le maire du X⁰ arrondissement. Ce mariage, à vrai dire, n'était pas une inauguration
mais une consécration.

Un bonheur paisible et sûr régna d'abord dans ce ménage qui
rappelait, quoique plus jeune, celui de M. et M™⁰ Denis. Avec sa
chevelure bouclée, son air d'enfant, sa beauté « touchante », son
sourire candide (1), Charlotte Vanhove, née hollandaise, était
très « matrimoniale ». Le mari, de son côté, un peu fatigué ou
déçu par les passions illégitimes, aspirait au calme de la vie
bourgeoise : « L'usage à la Comédie-Française, dont le spectacle
se composait invariablement de deux pièces, était de le commencer toujours par la plus grande; en sorte que les acteurs jouant
dans celle-ci se trouvaient libres d'assez bonne heure. Talma,
qui demeurait au faubourg Saint-Germain, rue de Seine, s'y rendait constamment à pied, sa femme au bras, et le vénérable
bonnet de coton enfoui sur les oreilles, pour se préserver de
transpirations rentrées » (2).

Ils eurent deux fils, dont un Alphonse-Basile Talma, né en 1814,
entra dans l'armée, devint commandant de cavalerie et mourut
en 1882. Après quinze ou vingt ans de mariage, Talma et sa
femme s'aperçurent qu'ils ne pouvaient plus vivre ensemble et
se séparèrent à l'amiable.

Charlotte Vanhove avait pris sa retraite en 1811. En 1816 on
joua une pièce composée par elle et qui n'en était pas moins mauvaise : *Laquelle des trois?* Elle épousa, le 31 mai 1828, Jacques Antoine, comte de Chalot, ancien colonel de cavalerie, qui habitait
rue de Vaugirard. Elle mourut très âgée, en avril 1860.

En 1836, reprenant, pour aider à la vente, son titre de veuve
Talma, elle avait publié un livre plein de détails curieux et qui
est aujourd'hui fort difficile à trouver, *Etudes sur l'Art théâtral,
suivies d'anecdotes inédites sur Talma et de la correspondance de
Ducis avec cet artiste* (3).

(1) V. le portrait qui se trouve en tête de son livre sur l'Art Théâtral.
(2) Charles Maurice. Histoire anecdotique du Théâtre, I, 121.
(3) Elle écrivait, le 12 janvier 1836, à Lucas de Montigny en lui envoyant le manuscrit de cet ouvrage : « Moi je n'ai pas la prétention d'être auteur, j'écris
comme je parle et je concevrais très bien qu'il fallut autre chose pour se livrer
à la critique... » Catalogue des autographes et manuscrits de M. Lucas de
Montigny. Paris, 1860.

TALMA JUGE PAR Mme DE STAEL

Talma venait, en 1809, de donner, avec un très grand succès, des représentations au théâtre de Lyon, lorsque Mme de Staël qui avait obtenu, quoique exilée à Coppet, l'autorisation d'y assister, lui écrivit ces deux lettres enthousiastes :

« Lyon, le 4 juillet 1809,

« Ne craignez point que je sois comme madame Mylord, que je mette la couronne sur votre tête au moment le plus pathétique; mais comme je ne puis vous comparer qu'à vous-même, il faut que je vous dise, Talma, qu'hier vous avez surpassé la perfection, l'imagination même. Il y a dans cette pièce, toute défectueuse qu'elle est, un débris de tragédie plus forte que la nôtre, et votre talent m'est apparu dans ce rôle d'*Hamlet*, comme le génie de Shakespeare, mais sans ses inégalités, sans ses gestes familiers, devenus tout à coup ce qu'il y a de plus noble sur la terre. Cette profondeur de nature, ces questions sur notre destinée à tous, en présence de cette foule qui mourra, et qui semblait vous écouter comme l'oracle du sort; cette apparition du spectre, plus terrible dans vos regards que sous la forme la plus redoutable; cette profonde mélancolie, cette voix, ces regards qui décident des sentiments, un caractère au-dessus de toutes les proportions humaines, c'est admirable, trois fois admirable; et mon amitié pour vous n'entre pour rien dans cette émotion, la plus profonde que les arts m'aient fait ressentir depuis que je vis. Je vous aime dans la chambre, dans les rôles où vous êtes encore votre pareil; mais dans ce rôle d'Hamlet, vous m'inspirez un tel enthousiasme, que ce n'était plus vous, que ce n'était plus moi : c'était une poésie de regards, d'accents, de gestes, à laquelle aucun écrivain ne s'est encore élevé. Adieu, pardonnez-moi de vous écrire, quand je vous attends ce matin à une heure, et ce soir à huit; mais si les convenances sociales ne devaient pas tout arrêter, je ne sais, hier, si je ne me serais pas fait fière d'aller moi-même vous donner cette couronne due à un tel talent, plus

qu'à tout autre; car ce n'est pas un acteur que vous êtes: c'est
un homme qui élève la nature humaine, en nous en donnant une
idée nouvelle. Adieu, à une heure. Ne me répondez pas, mais
aimez-moi pour mon admiration. »

« 8 juillet 1809,

« Vous êtes parti hier, mon cher Oreste, et vous avez vu combien cette séparation m'a fait de peine. Ce sentiment ne me quit-
tera pas de longtemps; car l'admiration que vous m'inspirez ne
peut s'effacer. Vous êtes dans votre carrière, unique au monde,
et nul, avant vous, n'avait atteint ce degré de perfection où l'art
se combine avec l'inspiration, la réflexion avec l'involontaire, le
génie avec la raison. Vous m'avez fait un mal, celui de me faire
sentir plus amèrement mon exil et la puissance de l'Empereur
qui, indépendamment de cette petite Europe, est maître du do-
maine de l'imagination. A peine étiez-vous parti, que le sénateur
Rœderer est entré chez moi, venant d'Espagne pour aller à
Strasbourg. Nous avons causé trois heures, et nous avons souvent mêlé votre nom à tous les intérêts de ce monde. Il était di-
manche à *Hamlet*, et vous l'avez ravi. Nous avons disputé sur le
mérite de la pièce en elle-même; il m'a paru très orthodoxe, et
il prétend que Napoléon l'est aussi. Je lui ai développé mon idée
sur votre jeu, sur cette réunion étonnante de la régularité française et de l'énergie étrangère; il a prétendu qu'il y avait des
pièces classiques françaises où vous n'excelliez pas encore; et
quand j'ai demandé lesquelles, il n'a pas pu m'en nommer. Mais
il faut qu'à Paris vous jouiez Tancrède et Orosmane à ravir; vous
le pouvez, si vous le voulez: il faut prendre ces deux rôles dans
le naturel. Ils en sont tous les deux susceptibles, et comme on
est accoutumé à une sorte d'étiquette dans la manière de les
jouer, la vérité profonde en fera de nouveaux rôles; mais je ne
devrais pas m'aviser de vous dire ce que vous savez mille fois
mieux que moi. Il est vrai, pourtant, que je mets à votre réputation un intérêt personnel. Il faut que vous écriviez; il faut que
vous soyiez aussi maître de la pensée que du sentiment; vous le
pouvez, si vous le voulez. J'ai vu madame Talma après votre dernière visite. Sa grâce, pour moi, m'a profondément touchée; dites-
le-lui, je vous prie. C'est une personne digne de vous, et je crois

beaucoup louer en disant cela. Quand vous reverrai-je tous les deux? Ah! cette question me serre le cœur, et je ne peux me la faire sans une émotion douloureuse. *God bless you, and me also.* Je vais écrire sur l'art dramatique, et la moitié de mes idées me viendront de vous. Adrien de Montmorency, qui est le souverain juge de tout ce qui tient au bon goût et à la noblesse des manières, dit que madame Talma et vous, vous êtes parfaits aussi dans ce genre. Toute ma société vous est attachée à tous les deux. On raconte mes hymnes sur votre talent par la ville, et Camille Jordan m'en a raconté à moi-même que j'ai trouvés pindariques; mais je ne suis pas comme Corinne pour rien et il me faut pardonner l'expression de ce que j'éprouve. Le directeur du spectacle est venu me voir, après votre départ, pour me parler de vous. Je lui ai su gré de si bien s'adresser. Sa conversation était comique, mais je n'étais pas en train de rire, et j'ai laissé passer tout ce qu'il a bien voulu me dire pour me donner bonne opinion de lui. Ainsi chacun s'agite pour réussir, il n'y a que le génie qui triomphe presque à son insu. Ainsi vous êtes. Adieu, écrivez-moi quelques lignes sur votre santé, vos succès, et la probabilité de vous revoir. Mon adresse est à *Copet* (Suisse). Adieu, adieu; mille tendres compliments à madame Talma.

TALMA ET NAPOLEON

Dans un ouvrage intitulé, la *Musique au théâtre*, et qui fut publié en 1863, A.-L. Malliot, reproduit une lettre de Bonaparte adressée à Talma, et qu'il suppose être un peu antérieure au 13 vendémiaire :

« Je me suis battu comme un lion pour la République, mon bon ami Talma, et en récompense elle me laisse mourir de faim. Je suis au bout de mes ressources, ce misérable Aubry me laisse sur le pavé, lorsqu'il pourrait faire de moi quelque chose. Je me sens de force à primer les généraux Santerre et Rossignol, et l'on ne trouvera pas un petit coin de la Vendée ou ailleurs pour m'employer !

« Tu es heureux! ta réputation ne dépend de personne; deux

heures passées sur des planches te mettent en présence du public qui dispense la gloire. Nous autres militaires, il nous faut l'acheter sur une vaste scène, et on ne nous permet pas toujours d'y monter. Ne regrette donc pas ta position; reste sur ton théâtre. Qui sait si je reparaîtrai jamais sur le mien ?

« J'ai vu hier Monvel; c'est un parfait ami; Barras me fait de belles promesses; les tiendra-t-il? J'en doute. En attendant je suis à mon dernier sou. Aurais-tu quelques écus à mon service? Je ne les refuserais pas, et je t'en assure le remboursement sur le premier royaume que je conquerrai avec mon épée. Mon ami, que les héros de l'Arioste étaient heureux ! Ils ne dépendaient pas d'un ministre de la guerre !

« Adieu, tout à toi.

« BONAPARTE. »

On ne peut guère douter que cette lettre, où chaque ligne sent l'artifice et l'effet à produire, ait été fabriquée de toutes pièces, mais à l'époque où elle est censée avoir été écrite, Talma était certainement lié avec Bonaparte.

Il dit le connaître, l'entrevoir en 1790, mais leurs relations ne devinrent amicales qu'en 1794 ou 1795. Bonaparte avec « *ses oreilles de chien* mal poudrées, son mauvais chapeau rond tombant sur ses yeux, ses bottes mal faites, mal cirées, son teint fauve », tel que le décrit la duchesse d'Abrantès, n'était qu'un officier de fortune. Talma avait eu au théâtre de grands succès. Celui des deux à qui semblait réservé le plus brillant avenir, c'était l'acteur.

Un goût commun les rapprochait, celui de l'antiquité, le culte des Brutus et des Cassius, de tous ces héros surfaits, considérablement revus et embellis par la légende. Ils se rencontrèrent dans le salon de Mme Tallien, où fréquentaient des hommes de lettres, des artistes et aussi des ambitieux.

Talma ne se borna sans doute pas à donner des billets de théâtre. Qu'il lui ait prêté des livres et même de l'argent, c'est possible. Ni l'un ni l'autre ne s'en trouve diminué.

Pendant le consulat, Talma alla régulièrement une fois par semaine assister au déjeuner de Napoléon, ce qui était un honneur fort recherché, mais lorsque le premier Consul devint empereur son ancien ami pensa qu'il y avait désormais une trop grande distance entre les Tuileries et le Théâtre-Français.

Sa discrétion passa d'abord pour de l'opposition : « Je ne le vois plus, dit un jour l'Empereur à Regnault de Saint-Jean d'Angely. Est-ce qu'il me boude lui aussi ! Prétendrait-il faire le Brutus en révolte. Il y a des titres. Il le joue si bien au théâtre. »

Le propos fut rapporté au grand acteur, et, malgré son apparente brusquerie, lui causa une vive joie. « Le moment vient bientôt où Talma, dans son élégante voiture, se dirigea à l'heure de son ancienne habitude vers le palais impérial, n'ayant pris que le temps nécessaire pour se procurer l'uniforme civil adopté par la nouvelle cour : habit en drap à la français, couleur marron, doublé de satin blanc ; gilet de même couleur, culotte courte de soie noire ; souliers à petites boucles d'or ; le chapeau à plume et l'épée à poignée d'acier richement façonnée.

« L'empereur à son entrée dans le salon pour se mettre à table apercevant Talma, laissa voir sur son visage une surprise à laquelle succéda un mouvement de satisfaction. Le déjeuner fini, il alla vers le visiteur retardataire et lui dit tout bas : « C'est bien Talma, c'est très bien ! » Et d'un signe il l'invita à le suivre dans son cabinet, où il engagea ainsi la conversation : « Vous avez compris, Talma, avec un tact parfait, que vous vous présentiez chez l'empereur ; vous avez également compris que vous deviez attendre d'y être convié : Je vous en sais gré. Mais soyez persuadé que vous retrouverez toujours en moi l'homme du passé. Mon manteau impérial n'est pas le manteau de l'oubli. J'aurais même grand plaisir à revenir sur ces causeries, où jadis vous me parliez de ma future destinée. Vous avez été le premier, Talma, je m'en souviens, à découvrir mon étoile. Je ne vous savais pas si bon astronome » (1).

(1) INDISCRÉTIONS ET CONFIDENCES, par H. Audibert. Paris, 1858, p. 67.

LAMARTINE CHEZ TALMA

« De 1815 à 1818, dans la mansarde solitaire de la maison paternelle, à la campagne et dans les langueurs d'une première jeunesse inoccupée, j'avais écrit plusieurs tragédies sur le mode banal et classique de la scène française. La première était une tragédie de *Médée*, dans le genre de celle qui vient de donner récemment une triple gloire à M. Legouvé, à M. Montanelli, son poète traducteur, et à Mme Ristori, leur pathétique interprète. La seconde était une tragédie d'imagination imitée de *Zaïre*, et dont le sujet était pris dans les croisades. La troisième était une tragédie biblique, intitulée *Saül*, pastiche, assez bien versifié, de Racine et d'Alfieri. Je les ai encore ; elles restent livrées justement aux intempéries de l'air et aux insectes, qui font justice du papier noirci par une main novice, dans un coffre de mon grenier de Milly.

Je n'étais évidemment pas né pour cette poésie à personnages et à combinaisons savantes qu'on appelle le drame. L'art et le mécanisme, et le coup de théâtre, et la brièveté laconique qui concentre une situation dans un mot, me manquaient.

Le théâtre parle et ne chante pas assez pour moi. J'aurais peut-être chanté un poème épique si c'eût été le siècle de l'épopée ; mais qui est-ce qui fait ce qu'il aurait pu faire dans ce monde où tout est construit contre nature ? Ce n'est pas moi. Nous rêvons des pyramides, et nous ébauchons quelques taupinières.

Rien n'est que fragments dans notre destinée, et nous ne sommes nous-mêmes qu'une rognure de ces fragments : tout homme, quelque bien doué qu'il paraisse être, n'est qu'une statue tronquée.

Mais je me flattais secrètement alors, au bruit des brises d'hiver dans le toit de ma mansarde et au pétillement du sarment de vigne dans l'âtre, que quelqu'une de ces tragédies, amusement de mes ennuis de jeunesse, aurait le bonheur de parvenir jusque sur la scène par la projection de quelque acteur de génie ou de quelque actrice en faveur. J'entrevoyais dans ce succès non seulement une précoce célébrité pour moi inconnu du monde, mais un peu de fortune à ajouter pour mon père, ma mère et mes sœurs, à la médiocrité de notre vie des champs.

Que de beaux rêves ne faisais-je pas, la nuit, sur mon oreiller, quand j'avais déposé la plume après une scène dont les vers sonores retentissaient après coup dans ma mémoire! Quelles scènes illuminées m'apparaissaient toutes pleines des personnages créés par mon imagination! Quelles masses de spectateurs ondoyants au parterre sous le vent de mes inspirations! Quelles femmes en larmes, penchées sur les galeries et sur les bords des loges! Quels applaudissements au milieu desquels Talma s'avançait et proclamait mon nom! Je m'endormais au bruit de ces ovations dans mon oreille; je les retrouvais le matin à mon réveil. Elles m'excitaient à reprendre patiemment au lever du jour le travail commencé.

Je ne me doutais guère alors que ces applaudissements passionnés, que je rêvais dans une salle, je les entendrais dans tout un peuple, et qu'au lieu de faire jouer un rôle à des acteurs dans mes tragédies idéales, j'en jouerais un moi-même dans la tragédie civile des événements de mon temps.

Un beau jour de 1818, au printemps, mes tragédies terminées et soigneusement recopiées par moi sur du papier à tranches dorées, l'impatience de la célébrité et de la fortune me saisit comme une fièvre de végétation saisit la nature en ce temps-là. Je ne dis ni à mon père ni à ma mère pourquoi je quittais la chambre et la douce table de famille, et je partis pour Paris par les carrioles du Bourbonnais, appelées *pataches*, en compagnie des marchands de vin du vignoble et des marchands de bœufs des herbages de mon pays, qui causaient de leur commerce, aux cahots inharmonieux de ces voitures. Je n'emportais que mon *Saül*, ma meilleure espérance, dans ma valise de cuir.

Je logeais, comme à l'ordinaire, dans une chambre étroite et haute du cinquième étage du grand hôtel du *maréchal de Richelieu*, rue Neuve-Saint-Augustin, sur un vaste jardin qui confinait avec le boulevard.

Le lendemain de mon arrivée à Paris, je pris héroïquement, et

sans me donner le temps de la réflexion et du repentir, la résolution d'aborder d'assaut le Théâtre-Français. Je me levai;
j'écrivis à Talma, sur du joli papier vélin, un billet dont j'ai
conservé encore l'ébauche raturée et que voici :

« Monsieur et illustre acteur,

« Je suis un jeune homme inconnu, sans protection et même
sans relations à Paris. J'ai écrit une tragédie intitulée *Saül*. J'en
ai pris le sujet dans la Bible. J'ai tenté d'en dérober quelquefois et autant qu'il convient à ma faiblesse le style à Racine. Je
désire ardemment la soumettre à votre jugement. Ma fortune
et peut-être mon talent dépendent d'un moment d'attention que
vous accorderez ou que vous refuserez à mon œuvre. Je n'ai
pour me recommander à vous, que ma jeunesse, mon isolement,
et ma confiance dans votre bonté, égale à mon admiration
pour votre génie. Votre réponse ou votre silence décidera de
mon sort.

« Recevez, monsieur et illustre acteur, l'expression de mon
respect.

« ALPHONSE DE LA MARTINE,
« Grand hôtel de Richelieu, rue Neuve-Saint-Augustin, 15,
à Paris. »

Ce billet écrit, recopié de ma plus élégante écriture et cacheté,
je le portai moi-même à l'adresse de Talma. Le concierge du
Théâtre-Français me l'avait donnée; c'était rue de Rivoli, 16 ou
26. Je remis ma lettre d'une main tremblante dans la loge du
portier de Talma, et je rentrai dans mon hôtel pour y attendre
ou le signal de mort ou la réponse de vie du grand tragédien.

Je n'attendis pas longtemps. Au moment où j'allais sortir de
ma chambre pour aller dîner chez le restaurateur Doyen, où je
prenais mes repas, dans la même rue, près de la rue de la
Paix, un domestique en riche livrée de fantaisie frappa à ma
porte et me remit un billet de Talma. Il me répondait de sa
main, avec une bonté aussi parfaite qu'elle était prompte :

« Qu'il jouait ce soir-là dans *Britannicus*, qu'il partait le lendemain, à midi, pour sa campagne de Brunoy; mais que, si je
n'étais pas effrayé de l'heure matinale, il me recevrait à huit

heures du matin le lendemain, et qu'il entendrait avec intérêt la lecture de mon ouvrage. »

La cordialité et la promptitude d'une réponse si gracieuse, faite de la main du grand homme de la scène à un jeune homme inconnu, m'attachèrent instantanément et pour jamais à Talma. Soit que le style ferme et modeste de mon billet l'eût prévenu machinalement en ma faveur, soit que mes caractères élégants et mon nom semi-aristocratique eussent eu un attrait non raisonné pour ses yeux, il ne m'avait pas fait faire antichambre une heure aux portes de sa gloire. Sa réponse respirait d'avance son accueil. On peut penser que je dormis peu cette nuit-là. Le lendemain je croyais livrer la bataille de ma vie.

Avant huit heures j'étais à la porte de Talma. Je montrai mon billet d'introduction au concierge; je montai, le cœur palpitant, les cinq étages d'escaliers de bois ciré et luisant qui conduisaient au seuil du grand homme. Je sonnai doucement, comme un visiteur qui tremble d'être importun et qui ne veut pas donner un sursaut pénible à l'oreille du maître de la maison.

Une très belle femme, en peignoir d'indienne à fleurs bleues, les cheveux épars sur son cou de Clytemnestre et la ceinture dénouée laissant entrevoir des épaules et un sein de statue antique, m'ouvrit la porte. Ses traits étaient imposants de forme, mais bons d'expression; ses regards répandaient comme des ombres de velours noirs sur ses joues. Elle souriait à demi, mais sans malice, en me regardant : on voyait qu'elle était habituée à introduire bien des rêves et à éconduire bien des illusions.

« Vous voulez voir Talma? me dit-elle; vous êtes sans doute le jeune homme qu'il attend? Voulez-bien me dire votre nom ? » ajouta-t-elle en tenant toujours sa belle et large main sur la serrure. Je lui dis mon nom. « Entrez, monsieur, » me dit-elle. Puis, ouvrant une autre porte qui donnait sur le cabinet de Talma : « Mon ami, » lui dit-elle d'une voix de caresse et de familiarité, « c'est ce jeune homme que tu as commandé de laisser entrer. » Elle disparut après ces mots en retirant les plis de son peignoir sur ses pantoufles traînantes, et je restai seul en présence de Talma.

Talma était alors un homme assez massif, mais très noble

dans sa force, de cinquante à soixante ans. Une robe de chambre
de bazin blanc, nouée par un foulard lâche, lui servait de ceinture. Son cou était nu et laissait se gonfler librement à l'œil
ses muscles saillants et ses fortes veines, signes d'une charpente
solide et d'une mâle énergie de structure. Sa physionomie, qui
est connue de tout le monde, était déjà médaillée; elle rappelait, par la forme et par la teinte, les bronzes impériaux du
Bas Empire. Mais ce masque romain, qui semblait monté sur
ses traits quand il était sur la scène, tombait de lui-même
quand il était en robe de chambre, et ne laissait voir qu'un tronc
large, des yeux grands et doux, une bouche mélancolique et
fine, des joues un peu pendantes et un peu flasques, d'une blancheur mate, des muscles au repos, comme les ressorts d'un
instrument détendus.

L'ensemble de cette physionomie était imposant, l'expression
simple et attirante. On sentait l'excellent cœur sous le merveil-
leux génie. Il ne cherchait à produire aucun effet : il était las
d'en produire sur la scène; il se reposait et il reposait les yeux
dans sa maison. Je me sentis à l'instant rassuré et pris au cœur
par la bonhomie sincère et grandiose à la fois de cette figure.

Talma habitait alors un petit appartement au cinquième étage
des façades de la rue de Rivoli, en face du jardin des Tuileries
et très près du palais. Une belle lumière du matin, un peu verdie
par le reflet des marronniers en fleurs, se jouait sur les rideaux
sur les glaces et sur les reliures rouges des livres de son cabinet.
Il me fit asseoir entre la cheminée et la fenêtre, et il s'assit en
face de moi dans un fauteuil de forme grecque. Une petite table
à guéridon nous séparait. Je tirai du pan boutonné de mon habit
mon manuscrit relié en album, et je le posai timidement sur la
table. Il l'ouvrit, le parcourut rapidement du doigt, et me fit
compliment sur la netteté et sur l'élégance de mon écriture.

« Lisez, me dit-il en me le rendant, « et, pour épargner votre
« fatigue et notre temps, lisez seulement les scènes qui sont de
« nature à me donner une idée nette du style et de l'ouvrage. »
J'ouvris le manuscrit et je lus.

Dès la première scène, il parut frappé, malgré le tremblement
de ma voix, de l'harmonie et de la pureté des vers. « On voit
« que vous avez beaucoup lu Racine, peut-être trop, » me dit-il
à la fin de la scène. « Continuez. »

Je lus pendant environ trois quarts d'heure, sans que sa vaste tête, appuyée sur sa main, donnât aucun signe ni de lassitude ni d'approbation. Cette immobilité et ce silence me glaçaient un peu. Aux dernières scènes, ma voix fléchissante et entre-coupée trahissait mon inquiétude; je me repentais d'être venu chercher si loin une rude vérité. Quand j'eus terminé ma lec-ture, Talma, dans la même attitude, continua de se taire et de réfléchir longtemps. Je respirais à peine. A la fin, se levant de son siège et s'avançant vers moi avec un sourire affectueux : « Jeune homme, » me dit-il de sa voix la plus grave et la plus émue, « j'aurais voulu vous connaître il y a vingt ans : vous « auriez été mon poète; maintenant il est trop tard; vous venez « au monde et je m'en vais. Vos vers sont vraiment des vers, « votre pièce est bien conçue et bien conduite; il y a des scènes « susceptibles de produire de grands effets, et, avec quelques « corrections que je vous indiquerai à loisir, je me charge de a « réception, du rôle et du succès. Seulement, il y a çà et là « trop de jeunesse et trop de déclamation poétique, au lieu d'art « dramatique. Ce n'est rien; ce sont des feuilles à élaguer pour « laisser nouer et mûrir le fruit. Quel âge avez-vous? D'où « venez-vous? Quelle est votre famille? votre situation dans le « monde? et à quoi vous destinez-vous? Parlez-moi comme à un « père; je me sens un véritable intérêt pour vous.

« — Je suis de province, lui répondis-je; ma famille est con-« sidérée dans notre pays; elle habite ses terres dans les envi-« rons de Mâcon et dans les montagnes du Jura, patrie de ma « grand'mère paternelle; ma famille est riche, mais mon père « ne l'est pas. Après avoir servi Louis XVI dans ses armées, il « vit en gentilhomme oisif, mais lettré, dans une petite terre, « apanage d'un cadet de famille. Il a beaucoup d'enfants; je « suis son seul fils. Ma mère, qui est de Paris et qui a été « à la cour, nous a transmis les goûts et les sentiments délicats « du monde où elle a vécu dans son premier âge. J'ai fait de « bonnes études chez les jésuites; j'ai servi quelque temps comme « mon père dans la maison militaire du roi; cette vie monotone « sans guerre et sans gloire, m'a dégoûté. J'ai voyagé, puis je « suis rentré dans la maison paternelle, où l'ennui et l'oisiveté « me rongent, et où j'essaie d'évaporer en poésie cet ennui de « mon âme. Je voudrais agir, je voudrais sortir de mon obscu-

« rité. Je voudrais rapporter quelque honneur au nom de mon
« père, quelque consolation au cœur de ma mère. J'ai pensé à
« vous. J'ai écrit trois ou quatre tragédies; vous venez d'en en-
« tendre une. Seriez-vous assez bon pour me tendre la main et
« pour m'aider à parvenir sur la scène? »

Il y avait des larmes, en m'écoutant, dans ses beaux yeux
bleus. « Déjeunons, » me dit-il du ton avec lequel Auguste dit à
Cinna : « *Prends un siège, Cinna!* » Puis il essuya ses yeux d'un
revers de main. « Vous m'attendrissez, » me dit-il, « avec ces
« images de père, de mère, de sœurs, plus encore qu'avec vos
« beaux vers bibliques. *Soyons amis,* » ajouta-t-il en souriant.

Il sonna. La belle personne qui m'avait introduit entr'ouvrit
la porte du cabinet contigu au salon. Elle avait fait sa toilette
pour sortir, pendant ma lecture. Elle me parut plus éclatante,
mais non plus gracieuse que le matin.

« Que veux-tu? mon ami, » dit-elle à Talma. Puis, voyant à
ses yeux humides qu'il avait été ému plus que d'habitude : « La
« tragédie de monsieur est donc bien touchante, » lui demanda-
t-elle avec hésitation, « puisqu'elle te fait pleurer? »

« — Oui, oui, » répondit-il entre ses dents, « mais ce n'est
« pas la tragédie qui me fait monter les larmes aux yeux; c'est
« ce jeune homme. Faites-nous servir le déjeuner, sur ce gué-
« ridon, dans mon cabinet. Monsieur veut bien se contenter de
« mes œufs frais, de mon beurre et de mon chocolat. Nous cau-
« serons plus à l'aise jusqu'à l'heure de Brunoy. »

« — Eh bien! on va te servir. Adieu! » dit-elle, « je sors jus-
« qu'à midi. » Puis, embassant Talma et me saluant à demi,
elle sortit en me jetant un long regard de curiosité et de bienveillance.

On apporta le déjeuner sur un guéridon, et, tout en déjeunant
lentement et frugalement aux rayons du soleil levant sur les
arbres et aux roucoulements des tourterelles sur les toits de la
maison, Talma me disait : « La nature vous a donné le senti-
« ment et l'harmonie des beaux vers; vous ferez ce que vous
« voudrez faire. Mais, si vous vous destinez au théâtre, venez
« souvent me voir à Brunoy; nous ferons la poétique de ce
« temps-ci à l'ombre de mes allées. J'ai tout mon temps à moi;
« je le dépense délicieusement avec quelques amis; soyez de ce
« nombre. Je serai fier que votre avenir, dont j'espère bien, ait

« commencé dans mon jardin. N'y mettez pas de fausse discré-
« tion; venez souvent, venez à toute heure : Brunoy sera toujours
« ouvert pour vous. J'aime la nature et je me sens meilleur
« quand je suis dans mes bois. »

Puis, reprenant la question de ma tragédie à jouer : « Voyez,
« me dit-il, c'est très bien. Si nous étions au siècle de Louis XIV,
« où la tragédie française, fille de la tragédie grecque et latine
« n'était qu'une sublime conversation, un dialogue des morts en
« action sur la scène, je n'hésiterais pas à vous jouer demain,
« et à vous garantir un grand applaudissement au théâtre; mais
« entre Corneille, Racine et ce siècle-ci, il est né une autre tra-
« gédie d'un homme de génie moderne, antérieur à eux, nommé
« Shakspéare (connaissez-vous Shakspeare?). Eh bien! ce Shaks-
« peare a révolutionné la scène. Corneille est l'héroïsme, Racine
« est la poésie. Shakspeare est le drame. C'est par lui que je
« suis devenu ce que je suis. Si vous voulez sérieusement de-
« venir un grand poète théâtral, vous en êtes le maître; mais
« ne faites plus de tragédie, faites le drame; oubliez l'art fran-
« çais, grec ou latin, et n'écoutez que la nature. Je n'ai pas eu
« d'autre maître et voilà pourquoi on m'aime. »

A ces mots, un vigoureux coup de sonnette retentit comme le
tocsin dans la petite antichambre de Talma; la porte s'ouvrit
avec fracas, et une femme toute tumultueuse et toute familière
entra sans se faire annoncer dans le cabinet. Elle était grande,
maigre, pâle, très laide, avec quelques traces de sensibilité fémi-
nine dans les yeux et sur les joues. Elle jeta avec un geste de
dégoût son vieux chapeau de soie noire sur un meuble; elle découvrit de longs cheveux noirs roulés en bandeaux comme un
diadème sur son front.

« Ah! c'est toi, Duchesnois! lui dit Talma d'une voix creuse.
« J'aurais dû le deviner à ton coup de sonnette : tu entres comme
« un ouragan, et tu sors souvent comme une pluie. » ajouta-t-il
en riant, en faisant allusion à l'éternelle pleurnicherie de sa camarade sur la scène.

« — Ah! c'est que je suis révoltée, indignée, furieuse, » répondit Mlle Duchesnois en s'asseyant entre Talma et moi.

Et, prenant alors la parole avec une volubilité turbulente, elle
raconta à Talma je ne sais quel grief théâtral ridicule et sanglant quelle avait contre les gentilshommes de la chambre

chargés de la discipline du Théâtre-Français, et contre les Bourbons, qui autorisaient ces iniquités et ces humiliations. « Cela ne peut pas durer, cela ne durera pas! » criait elle sans faire attention à moi, et sans savoir si je n'étais pas un de ces royalistes contre lesquels elle se répandait en malédictions et en menaces. « Non, cela ne durera pas! Il y faudra du sang; mais « n'importe, il faut qu'on nous en délivre à tout prix, même au « prix du sang! »

« — Ah! Duchesnois, » interrompit Talma d'un ton de modération grandiose et humaine, « tu ne penses pas ce que tu dis « là. Je connais ton cœur, il vaut mieux que ton humeur. Tout « ce qui coûte de sang coûte trop cher. Tais-toi! D'ailleurs, » en me montrant du doigt, « sais-tu seulement devant qui tu parles, « et si tu ne blesses pas les opinions de ce jeune homme, qui a « été élevé dans le culte des Bourbons par sa famille? »

En effet, j'étais muet par convenance, mais la rougeur de la honte colorait mes joues en entendant blasphémer ainsi ce que mon devoir était de respecter et de défendre.

Mlle Duchesnois s'en aperçut. Son bon cœur prévalut à l'instant sur sa petite colère.

« Ah! monsieur, me dit-elle, je vous demande pardon si je « vous ai affligé; oubliez ce que j'ai dit. Je n'aime pas les Bour-« bons, mais je ne veux la mort de personne. C'est que, voyez-« vous, je suis reine aussi, et je ne puis tolérer les humiliations « dont on m'abreuve! »

Après ces mots, elle se retira avec la même fougue qu'elle avait montrée en entrant.

Nous achevâmes la matinée dans une entrevue prolongée avec Talma. Je sortis pénétré de sa bonté, en lui promettant d'aller passer quelques jours à Brunoy. Et je tins parole; mais je ne donnai pas suite à mes projets de représentations théâtrales. Je repartis bientôt après pour les Alpes, où de nouveaux sites et de nouvelles impressions m'inspirèrent de nouvelles pensées.

LAMARTINE.

(Cours familier de littérature.)

TALMA PROPRIETAIRE

Talma avait acheté à Brunoy une propriété qu'il augmenta pour ainsi dire chaque année. Elle avait à sa mort soixante-dix arpents (1).

Le 8 décembre 1822, il envoyait au baron Destouches, préfet de Seine-et-Oise, cette lettre relative à un échange de chemin vicinal :

« Monsieur le Baron,

« Je prends la liberté de vous recommander la demande que j'ai fait de l'échange d'un chemin vicinal à Brunoy qui sépare de mon jardin une portion de terrain que je désire y joindre. Cette demande régulièrement faite, ainsi que le veut la loi, est maintenant dans vos bureaux. Il ne s'agit plus, je crois, que de la renvoyer avec votre approbation au ministre de l'Intérieur. Puis-je espérer que vous voudrez bien faire hâter cet envoi? Je désire ne pas laisser s'écouler cette année sans terminer cette nouvelle partie de mon jardin : à mon âge, il ne faut pas perdre de temps, si l'on veut encore se promener à l'ombre des arbres que l'on a plantés. J'aurais eu l'honneur de vous voir moi-même à Versailles, si des affaires sans nombre ne me retenaient captif à Paris. J'ose donc compter en cette occasion sur votre extrême obligeance pour moi.

Recevez, je vous prie, Monsieur le Baron, l'hommage des sentiments de respect et de haute considération que je vous ai voués.

« TALMA,

« Rue de la Tour-des-Dames, Chaussée d'Antin. »

(1) « Brunoy offre des maisons dans le goût moderne fort agréables ; on remarque surtout celle de notre premier tragédien, Talma. Lafon possède une fort jolie habitation à une distance très rapprochée. » Dufey, NOUVEAU DICTIONNAIRE HISTORIQUE DES ENVIRONS DE PARIS, 1825. Le chanteur Martin avait aussi un chalet à Brunoy. La « Revue de Paris » a publié en 1829 un fragment des « Mémoires de Pierre Louette, jardinier de Talma », mémoires qui ont été donnés en entier en 1869, dans la « petite collection de documents pour servir à l'histoire de nos mœurs » que dirigeait Loredan Larchey.

On fit droit sans retard à la requête de Talma, comme le prouve la pièce suivante :

« Paris, le 23 décembre 1822.

« Louis, par la grâce de Dieu, roi de France et de Navarre, à tous ceux que ces présentes verront, salut.

« Sur le rapport de notre ministre, secrétaire d'État au département de l'Intérieur,

« Notre Conseil d'État entendu,

« Nous avons ordonné et ordonnons ce qui suit :

« ART. 1er. — L'arrêté du préfet de Seine-et-Oise en date du 11 novembre 1822, contenant proposition d'une nouvelle direction à donner à un chemin communiquant des Bosserons à celui de Brunoy à Epinay, est approuvé,

« ART. 2. — Le maire de la commune de Brunoy est en conséquence autorisé à abandonner au sieur François-Joseph Talma l'emplacement du chemin des Bosserons à celui d'Epinay contenant 10 ares 50 centiares et à recevoir en contre-échange un autre terrain contenant 22 ares 36 centiares, nécessaire à l'établissement du chemin projeté,

« ART. 3. — Le sieur Talma est autorisé à supprimer le lavoir par lui établi pour l'usage public à l'extrémité du chemin dont la suppression est autorisée, sous la charge d'en établir un autre de même forme et dimension à l'endroit désigné dans la délibération du conseil municipal du 14 août 1822,

« ART. 4. — Le sieur Talma devra en outre payer à la commune de Brunoy par forme d'indemnité une somme de 150 francs et supporter tous les frais auxquels le projet dont il s'agit donnera lieu...

« Signé : Louis.

« Le ministre de l'Intérieur, Corbière » (1).

(1) Ces documents ont été publiés pour la première fois dans la Gazette anecdotique, en 1886.

LA MORT DE TALMA (19 octobre).

Il mourut au n° 9 de la rue de la Tour-des-Dames, rue qui était encore toute récente et où s'élevaient quelques maisons entourées de jardins. « Quand Talma eut rendu le dernier soupir, dit Jal dans son *Dictionnaire critique*, M Biet, son médecin, fit appeler M. Robert Fleury pour faire le portrait de l'artiste éminent que n'avait pu sauver la médecine. M. Fleury fit un dessin de la scène qu'il avait sous les yeux et traduisit plus tard cette esquisse en un tableau, qui appartient à son beau-frère, M. le docteur Pétros. Les personnages de ce tableau sont, avec Talma étendu sur son lit, M. A.-V. Arnault, l'auteur de *Marius et de Germanicus*, M. Jouy, l'auteur de *Sylla*, M. Biet, M. Bréchet, qui fit l'autopsie, et si je me souviens bien, une femme et un enfant. M. Fleury répéta son tableau et offrit cet ouvrage à la Comédie-Française. L'original avait été exposé au salon de 1827 » (1).

SES FUNERAILLES (21 octobre).

« Dès le matin, une multitude innombrable, surtout en jeunes gens, était rassemblée aux environs de la maison que le grand acteur habitait dans le quartier dit la *Nouvelle Athènes*, dans les rues et sur les boulevards que le cortège funèbre devait suivre. Il est parti à neuf heures dans l'ordre suivant :

« 1° Le char funèbre (2), traîné par quatre chevaux, entouré

(1) On vendit en 1827, aux enchères, ses tableaux, dessins, gravures, livres et objets d'art. Voir Catalogue de costumes, tableaux, dessins, gravures et autres objets d'art composant le cabinet de feu François-Joseph Talma, artiste sociétaire du Théâtre-Français, dont la vente se fera dans sa maison, rue de la Tour-des-Dames, n° 9, chaussée d'Antin, les jeudi 22, vendredi 23, samedi 24 mars 1827... Paris, 1827 — et Catalogue de livres... (Vendus le 17 avril et jours suivants). Paris, 1827.

(2) Sur le cercueil on avait placé une couronne dans laquelle était entrelacé le bandeau que portait Talma dans le rôle de Sylla.

de la famille, des amis intimes de Talma, et de toute la Comédie-Française, ensuite les gens de lettres qui se proposaient de prononcer un discours sur la tombe, et M. le Commissaire royal de ce théâtre;

« 2° M. l'exécuteur testamentaire (1);

« 3° MM. les notaires, gens d'affaires, etc;

« 4° Médecins et chirurgiens;

« 5° Les artistes principaux des théâtres royaux;

« 6° Les amis particuliers;

« 7° Les artistes des théâtres secondaires;

« 8° Les peintres, sculpteurs et compositeurs, etc.;

« 9° Les personnes invitées par billets ou involontairement oubliées;

« 10° Voitures de suite pour les personnes invitées à qui leur âge ne permet point de suivre à pied au champ de repos.

« On a évalué de 25 à 30 mille le nombre des personnes qui composait le cortége où l'on a remarqué les généraux Excelmans et Alix, le colonel Brack, MM. Manuel, Méchin, Laffitte, Casimir Périer, Gros, Davilliers, Rossini, Paer, Chérubini, Caraffa, Picot, Bouton, Daguerre, Picard, Béranger, Villemain, Soumet, Barré, Moreau, Coupigny, Delrieu, Ancelot, Miguel, Thiers, Tissot, Taylor, commissaire royal au Théâtre-Français, et les rédacteurs des principaux journaux. Parmi les personnes qui ne pouvait accompagner le convoi à pied, le suivaient dans les voitures de deuil, on a reconnu MM. Laïs, Saint-Phal et Martin, Mesdames Mars, Duchesnois et Volnais.

Après une heure et demie de marche, au milieu de la multitude rassemblée sur son passage, le convoi est arrivé aux portes du cimetière du Père-Lachaise, où attendait une foule nouvelle; les femmes s'y trouvaient mêlées (2). L'empressement est devenu si général pour approcher du char qu'il a fallu plus d'une heure pour transporter le corps du défunt dans la fosse où il repose. Les Comédiens français voulaient se charger de ce soin pieux, mais ils en ont cédé l'honneur aux élèves de l'école royale de déclamation.

(1) M. Davilliers.

(2) Au moment où le cortége entrait dans le cimetière, un coup de sifflet se fit entendre. On se regarda avec stupeur. C'était le gardien en chef du cimetière qui, suivant la coutume, avertissait les employés de l'arrivée d'un convoi.

« Au moment de cette éternelle séparation, MM. Lafon, camarade de l'acteur illustre, Arnault, auteur de *Marius*, et Jouy auteur de *Sylla*, ont prononcé tour à tour des discours plusieurs fois interrompus par des pleurs et des sanglots...

« Malgré le prodigieux concours de citoyens de toutes conditions qui ont assistés aux funérailles de Talma, et en l'absence de toute espèce de force armée, l'ordre le plus parfait a constamment régné dans cette importante et douloureuse cérémonie...

« Les cendres de Talma sont déposées sur les hauteurs du cimetière, non loin de Molière et de La Fontaine, et près du général Foy, qui fut l'ami de sa personne et l'admirateur de son talent.

« On vient d'ouvrir une souscription pour lui élever un monument funèbre et une statue qui sera placée à la Comédie-Française » (1).

TALMA ACTEUR

Aucun acteur peut-être n'a étudié son art avec autant de soin que Talma. Tout ce qui s'y rattachait l'intéressait au même degré. Nous essayerons à le démontrer par quelques exemples peu connus.

On lui avait écrit pour lui demander comment il fallait prononcer ce vers de Racine.

« Soumis avec respect à sa volonté sainte »

Dans sa réponse (ou son projet de réponse) il figurait ainsi la prononciation :

Soumis avec respectasa volonté sainte

et il essayait de justifier ainsi les raisons qui l'avaient déterminé.

(1) ANNUAIRE HISTORIQUE de Lesur, année 1826 — Le 19 octobre 1827, le corps de Talma qui avait été provisoirement enseveli dans un terrain appartenant à la famille Davilliers, fut exhumé et transporté dans un caveau construit près du tombeau de Delille.

« La déclamation ne peut pas toujours s'assujettir aux règles de la grammaire; elle fait des longues et des brèves, selon les circonstances, de syllabes qui n'ont par elles-mêmes aucune qualité; il en est de même de la ponctuation. Ce sont des repos dont la passion ne veut pas; impatiente de la régularité grammaticale, elle s'affranchit des points et des virgules, et ne parle et s'arrête qu'au gré de son désordre; il doit donc exister pour les vers une poésie particulière que le goût seul peut indiquer » (1).

La simplicité, le naturel, voilà ce à quoi il s'attachait par-dessus tout et ce qui lui valut, de la part du critique Geoffroy, qui en était resté à l'ancienne « déclamation » de Mlle Clairon et de Lekain, bien des attaques injustes. Il n'arriva que dans la dernière période de sa carrière à cette perfection qu'il recherchait depuis ses débuts. Il réussit alors *à faire parler les héros comme des hommes.*

Son talent était fait d'observation autant que de réflexion. Il préparait ses rôles dans la rue comme chez lui. « Je vais souvent le matin de bonne heure à la Halle, racontait-il à son ami Audibert (2). C'est le cabinet où j'étudie, non dans des livres imprimés, mais dans les feuillets du cœur humain. Pendant une de mes matinales promenades, j'assistai à une querelle entre deux hommes du peuple. Si vous aviez vu comme ils étaient beaux de colère! comme leur fureur s'exprimait avec une vérité que jamais acteur tragique ne pourrait reproduire sur la scène! Et quelle noblesse dans leurs gestes! car, ne vous y trompez pas, la passion est toujours noble. Enfin l'un des deux saisissant, sur l'étal d'un boucher, un couperet, menaça, en le brandissant, son adversaire : « Prends garde à toi, s'écria-t-il avec rage, ou je te tue! » Alors on les sépara et je me joignis à la foule qui s'était jetée entre eux. Le souvenir de cette scène me suivit chez moi. L'attitude, le geste, la voix de ces deux hommes ne me quittèrent pas. Quelques jours après je jouais Egisthe dans *Mérope.* A mon entrée, au cinquième acte, j'arrivai la hache à la main, l'agitant au-dessus de ma tête; je menaçai encore Polyphonte, quoique je vinsse de le frapper. C'était la pose, c'était le geste de mes deux hommes de la Halle. Il paraît que je fus su-

(1) Projet de lettre autogr. (4 août 1825) qui faisait partie d'une collection d'autographes vendue le 28 novembre 1861. Paris, Charavay, 1861.
(2) Audibert. INDISCRÉTIONS ET CONFIDENCES. Paris, 1858, p. 13, 14.

perbe, car la salle entière applaudit avec enthousiasme. Voilà, mon cher, à quoi sert l'étude du peuple, c'est-à-dire l'étude de la nature. »

Il avait besoin de s'exciter, de paraître tout frémissant sur la scène. On a raconté qu'avant de jouer dans *Hamlet*, il secouait par le collet, dans les coulisses, un des figurants, en prononçant ces deux vers de son rôle :

> Fuis, spectre épouvantable !
> Porte au fond des tombeaux ton aspect redoutable !

« Cela me donne, disait-il, l'irritation nerveuse dont j'ai besoin pour commencer. »

Aucun détail de la mise en scène ou du jeu de ses camarades ne lui échappait et ne lui paraissait indifférent. Charles Maurice en donne un exemple qui est aussi amusant que caractéristique.

« On jouait (le 26 février 1823) l'*OEdipe* de Voltaire. Pour se vieillir ou pour donner plus de caractère à sa physionomie, Desmousseaux, chargé du rôle d'Icare, avait employé jusqu'à l'excès le charbon qui figure les rides du visage. Talma qui ne l'avait pas vu avant d'entrer sur le théâtre, en fut frappé lorsqu'il le regarda pour lui adresser la parole. Alors s'établit ce dialogue, coupé d'une façon si plaisante :

OEDIPE.

Est-ce vous que je vois ?...
(Ah ! mon Dieu ! que vous êtes noir !)

ICARE (bas).

(Moi ? monsieur.)

OEDIPE.

Vous, ô mes premiers ans, sage dépositaire...
(Pouvez-vous vous barbouiller comme ça ?)

ICARE (bas).

(Mais c'est comme à l'ordinaire, monsieur Talma)

OEDIPE.

Vous, digne favori de Polybe, mon père...
(Vous êtes affreux, mon cher ami !)

ICARE (bas).

Je ne peux pas faire autrement.)

ŒDIPE.

Quel sujet important vous conduit parmi nous ?
(Allez donc ôter ces rides là.)

ICARE (bas).

(Je monterai tout à l'heure à ma loge.)

Et Talma rassuré par cette promesse, a poursuivi sa scène, sans plus regarder le confident dont l'aspect aurait pu l'entraîner à de nouvelles remarques » (1).

TALMA AUTEUR

Talma a peu écrit. Cependant, dans sa jeunesse, il avait songé tout d'abord non pas à jouer les pièces des autres mais à en composer lui-même. On trouva dans ses papiers, à sa mort, deux comédies, la *Méprise* et l'*Erreur agréable* (2), ébauchées par lui, et le manuscrit autographe du *Manlius* de Ducis, dont il avait changé beaucoup de vers et refait entièrement le 5ᵉ acte.

Lorsqu'un des fils de Lekain, Bernardin Caïn (3) donna, en 1825, dans la collection des *Mémoires sur l'Art dramatique*, publié par Ponthieu, les mémoires du grand acteur, on plaça en tête, en guise de préface, une assez longue étude intitulée : *Quelques réflexions sur Lekain et sur l'Art théâtral*. C'est le seul ouvrage de Talma qui ait quelque valeur, et on doit remarquer qu'il débute par cette déclaration de l'auteur : « Je n'ai pas la prétention d'être un écrivain. »

(1) Histoire anecdotique du Théatre. I. p. 290.
(2) Manuscrits autographes, avec ratures et corrections, 41 pages in-4°. Catalogue de lettres autographes (vendues le 28 novembre 1861). Paris, Charavay, 1861.
(3) On sait que c'était le véritable nom de Lekain.

FIN

I / 274   62

9 782019 983376